BLACKWELL'S FRENCH TEXTS

General Editor: R. C. D. PERMAN

MOLIÈRE
LE MISANTHROPE

Edited by
GUSTAVE RUDLER

M.A., DOCTEUR ES-LETTRES

MARSHAL FOCH PROFESSOR OF FRENCH LITERATURE, OXFORD

BASIL BLACKWELL · OXFORD
1972

ISBN 0 631 00520 X

First printed in 1947
Sixth impression 1972

PRINTED IN GREAT BRITAIN
BY COMPTON PRINTING LTD., LONDON AND AYLESBURY
FOR BASIL BLACKWELL & MOTT LTD
AND BOUND BY
THE KEMP HALL BINDERY, OXFORD

TABLE DES MATIÈRES

INTRODUCTION

I. LA GENÈSE. L'IDÉE PREMIÈRE

Dans la vie de tout grand artiste il arrive une heure où son talent se dégage et donne sa mesure. Molière l'a connue, cette heure, avec *Tartuffe* et *Le Misanthrope*. Il s'élève alors à la conception de la haute comédie.[1] Il avait 44 ans.

La genèse de *Tartuffe* reste obscure, mais de *Tartuffe* au *Misanthrope* le pas se franchit sans peine: l'hypocrisie religieuse conduit tout droit à l'hypocrisie sociale. Peu importe que Molière réprouve l'une, approuve ou tolère l'autre, du moins dans la mesure où elle est inoffensive et contribue à la paix des rapports humains; sa différence d'attitude s'explique par des raisons évidentes. On aurait donc à l'origine de sa pièce une idée, un fait d'observation sociale, non une anecdote ou l'un des personnages dont on a fait l'original d'Alceste; et ce serait tout à son honneur.

Les dates confirment la parenté des deux chefs d'œuvre. *Tartuffe*, sous sa première forme, est du 12 mai 1664; or, selon Brossette, il aurait été fait dès cette année là des lectures du premier acte du *Misanthrope*.[2] En tout cas, la pièce fut donnée au public le 4 juin 1666, tandis que le *Tartuffe* complet attendra jusqu'aux 5 août 1667 et 9 février 1669 ses deuxième et troisième représentations publiques. L'histoire d'une pièce encadre celle de l'autre. Et de l'une à l'autre le rôle d'Arsinoé jette un pont, ou du moins une passerelle.

Entre temps (15 février, 15 septembre 1665), Molière avait encore produit *Don Juan* et *L'amour médecin*; *Le Misanthrope* était sa seizième pièce. La persécution n'avait atteint ni son robuste équilibre ni son admirable fécondité.

II. GENÈSE (SUITE). LES PERSONNAGES

Peu de sujets ont dû se présenter à lui sous une forme aussi indéterminée; celui-là contenait nombre de possibles. On aimerait connaître les chemins qu'a suivis son imagination.

La pièce se compose de quatre éléments:

---

[1] Voir *Tartuffe*, Premier Placet, début.
[2] Œuvres de Boileau, I, 21 (*Sat.* II, Commentaire).

1° un thème de morale sociale, savoir, quelle attitude garder devant l'hypocrisie qui règle les rapports des hommes.

2° le tableau d'un salon du grand monde, où l'action se situe.

3° un drame d'amour, que Molière a fait de son mieux pour tourner en comédie.

4° une vengeance de gentilhomme-auteur blessé au vif dans sa vanité d'écrivain.

A prendre la pièce comme elle est, Molière a incarné dans ses personnages quelques-unes des formes d'insincérité que lui offrait le spectacle du monde, et campé en face d'elles l'homme qui s'élève contre elles; mais il a pu suivre l'ordre inverse, ou son plan lui est apparu d'un coup.[1]

Une famille de bourgeoisie riche s'était indiquée pour les appétits et les manœuvres du faux dévot; le grand monde ne s'imposait pas moins pour une étude de l'hypocrisie sociale.

L'histoire d'amour, donnée par la tradition comique (elle est donc, selon toute vraisemblance, un élément primitif ou ancien), a pour objet de mettre Alceste en contradiction avec lui-même et de nouer le faisceau de l'action, la main de Célimène devenant l'enjeu du heurt des philosophies, des tempéraments et des amours-propres.

Le motif vengeance, sans doute plus tardif, fournit le ressort.

Alceste n'est pas la cheville ouvrière de la pièce, car il est mené presque tout le temps; mais il en est la clef de voûte. Commençons donc par lui.

ALCESTE[2]

Le 21 juin 1666, Molière obtint le permis d'imprimer une comédie qu'il intitula *Le Misanthrope ou l'atrabilaire amoureux.* Ces deux derniers mots illuminent ses intentions. On n'en a guère compris le sens ni mesuré la portée, sans doute parce qu'ils ne paraissent que là; ils ont été abandonnés à l'impression.

[1] Corneille avait procédé de la même manière dans *Horace, Cinna, Polyeucte,* dont les personnages incarnent les nuances ou les degrés du patriotisme, de la foi monarchique et de la foi religieuse. Ce type d'invention ou de construction, que Molière soit ou non parti de la méditation du thème ou du milieu, n'est pas sans rappeler celui des anciens auteurs de moralités, à la différence près que leurs personnages ne sont guère que des vertus ou des vices habillés, tandis qu'il a fait des siens, avec son incomparable don de vie, des hommes et des femmes de chair et d'os, solides et authentiques.

[2] La plupart des études publiées sur *Le Misanthrope* donnant une analyse en forme des caractères, je me bornerai ici aux traits fonctionnels et aux questions de structure. Voir au surplus le Commentaire.

Or, ouvrons le *Dictionnaire de l'Académie*; on y lit:

ATRABILAIRE. Qui est plein d'une bile noire et aduste. Visage atrabilaire, humeur atrabilaire.

BILE. L'une des quatre humeurs du corps humain. Bile jaune, bile noire, avoir la bile échauffée, émouvoir la bile, exciter la bile, purger la bile, plein de bile, la bile qui regorge, vapeurs de bile, dégorgement de bile.

BILIEUX. Qui abonde en bile. Une humeur bilieuse, une complexion bilieuse, un tempérament bilieux, une personne bilieuse.

HUMEUR. Les quatre principales humeurs du corps sont, le sang, la pituite, la bile et la mélancolie. Humeur sanguine, humeur pituiteuse, ou phlegmatique, humeur bilieuse, humeur mélancolique, ou atrabilaire, l'intempérie et l'altération des humeurs causent les maladies.

MÉLANCOLIE. Celle des quatre humeurs qui sont dans le corps de l'animal, qui est la plus terrestre . . . il y a bien de la mélancolie dans ce sang, mélancolie aduste, mélancolie noire.

Et le dictionnaire de *Furetière*:

BILE. . . . Il y a deux sortes de bile, la bile jaune et la bile noire, qu'on nomme autrement mélancolie.

HUMEUR. Substance ténue et fluide de quelque corps que ce soit . . .
En termes de médecine, on appelle les quatre humeurs les substances liquides qu'on croit être cause des divers tempéraments, qui sont le flegme ou la pituite, le sang, la bile, la mélancolie (suivent des exemples médicaux précis). On les appelle de divers noms, malignes, adustes, âcres, mordicantes, crues, peccantes . . . (l'article tient une colonne).

HUMEUR se dit aussi du tempérament particulier qui vient du mélange de ces qualités: bilieuse, colérique, emportée; flegmatique, douce, posée, froide, sociable, grave; mélancolique, chagrine, inquiète, triste, noire, sombre, bizarre, insupportable, hypocondriaque; sanguine, gaie, enjouée, complaisante, volage, amoureuse; joviale, impérieuse.

MÉLANCOLIE. C'est, des quatre humeurs du corps, la plus pesante, et la plus incommode. Elle vient d'une abondance de bile échauffée, et brûlée. . . .[1]

Ces mots avaient donc au XVIIᵉ siècle une coloration médicale nette; la théorie des tempéraments était le fondement de la médecine et appartenait au domaine commun; il n'était bon homme ni bonne femme, père ni mère, qui ne la mît en avant à l'occasion. En somme, le tempérament bilieux, dans l'échelle ascendante des prédispositions morbides, venait immédiatement avant le tempérament mélancolique, qui lui-même tendait ou confinait à la folie. Molière se prend d'intérêt pour la méde-

[1] Molière applique à Alceste les mots chagrin, chagrin profond (vv. 6, 91, 97, 529, 685, 688), bile (90, 166, 449), humeur, humeur noire, (91, 1082), noirs accès (98), maladie (105), folie (157), courroux (162 etc.), âme effarouchée (497), esprit contrariant (672).
L'article 'Mélancolie' vaut la lecture.

cine avec *L'Amour médecin* (1665) et *Le médecin malgré lui* (1666), qui encadrent *Le Misanthrope*, soit pour exploiter un riche filon de ridicule, soit que sa santé s'altère et que s'annonce la maladie dont il mourra. Se soulever contre des formes de politesse dont personne, après tout, n'est dupe que les sots, ou contre l'agaçante, mais inoffensive manie d'écrivailleurs mondains, lui a paru un cas pathologique, une sorte de folie larvée. Presque d'un bout à l'autre de la pièce, il nous montre Alceste bouillant, fumant, cherchant querelle à tout et à tous, la proie d'accès sans cesse renaissants. C'est un homme ravagé par la bile, intensément personnel, très infatué de lui-même, hérissé sur son orgueil et sur son droit, furieux de n'être pas distingué, exhalant par ses violences l'amertume d'un tempérament âcre et les froissements d'un amour-propre toujours à vif. Ce qu'il prend pour des jugements de sa raison, ce sont d'abord des poussées de son humeur. Si jeune encore (vingt-cinq ans?), il a le foie atteint, il s'en ira sûrement du foie. Il ne dépare pas la collection de grands instinctifs, de grands passionnés, de maniaques ou demi-maniaques dont Molière a peuplé son théâtre.

Cela, c'est l'Alceste de base, et nous verrons dans un instant la raison d'être et l'importance de cette conception.

Sur ce fondement, Molière a bâti un caractère complexe. Alceste, digne enfant de son siècle, rationalise son humeur (vv. 89ss, 111, 118ss), faisant ainsi figure de philosophe et de moraliste; il se pose en incarnation de la franchise, de la droiture, de l'honneur, de la vertu: idéal (ou paravent) cher à la plupart des hommes, et qu'ils saluent en la personne d'Alceste comme un drapeau sacré. Il dénonce (mais à propos de *son* procès) la mauvaise administration de la justice, et le voilà, en puissance, un réformateur social. Surtout, surtout, il contracte un grand amour douloureux; de ridicule, il devient pitoyable; de puérilement agité et amer, pathétiquement sombre. Le caractère se soutient, l'humeur frémit toujours, déborde encore, mais elle se fait jour à travers une souffrance qui touche l'âme. Depuis les effusions de la sensibilité au XVIIIe siècle et les lamentations du faible romantisme, nous ne savons plus prendre une grande passion douloureuse qu'au tragique et il faut convenir que Molière prête parfois à Alceste des accents qui vont au cœur.

C'est ainsi que le misanthrope amoureux a coulé l'atrabilaire dans l'estime de la postérité. *Le Misanthrope* est l'un des plus beaux exemples qu'on connaisse d'une pièce qui a échappé à

son auteur et s'est développée largement en dehors de ses intentions, pour sa plus grande gloire d'ailleurs, tant elle était
riche de talent et d'humanité. C'est en ce sens la plus géniale de
ses comédies: géniale, c'est à dire indéterminée, susceptible de
développements imprévus.

Cette sorte de transfiguration n'a pas été, cependant, tout
bénéfice pour l'intelligence de la pièce. On s'est habitué à
prendre Molière pour un penseur, on discute à perte de vue
sur sa philosophie, on le consulte presque comme un oracle.
On oublie trop qu'avant d'être un moraliste, ou même un con-
structeur de caractères et un peintre de passions, il était poète
comique. On allait à ses pièces pour rire, et il voulait faire rire;
c'était son métier, et c'est sa gloire. Les auteurs sérieux pullu-
lent; mais depuis le commencement des âges on compterait sur
ses doigts les vrais comiques, et Molière a la palme du genre.
Or c'est une chose précise que le génie comique; il suppose un
angle de vision, une technique particulière.

D'un pessimisme à la Schopenhauer, systématique, détaché,
serein, jouissant des biens de la vie tout en la condamnant du
haut de la raison pour on ne sait quelle corruption intrinsèque
et irrémédiable, quels effets comiques même un Molière aurait-il
pu tirer? Les comédies ne sont pas des philosophies en action.
Philinte, le « vrai » misanthrope de la pièce, provoque-t-il même
une seule fois le sourire? Molière, d'instinct, n'a pu faire rentrer
son misanthrope dans l'ordre de *son* comique, *du* comique, qu'en
faisant de lui un atrabilaire, c'est à dire en l'établissant sur le
plan de l'hümeur, non de la pensée. Alors il sera comique
comme tous ses congénères, par grossissement, déformation,
excès, disproportion, contradiction, déraison. Il sera à l'état de
vibration perpétuelle, grognera, verra rouge, foncera à tout bout
de champ, injuriera, se conduira en enfant, en enfant insupportable, mal élevé, odieux, et l'on rira. Ou bien il hésitera,
reculera, se démentira, et l'on rira encore.

On rira; mais alors le personnage sympathique de la pièce en
devient le personnage comique ou ridicule, et ce dédouble-
ment ne sera pas sans troubler le dessein moral de la comédie.
Il faudra distinguer entre la probité foncière d'Alceste et les
outrances d'attitude ou d'expression auxquelles l'entraîne son
humeur, approuver sa sincérité en condamnant l'intempérance de
sa langue. C'est ce que fait Molière, du moins il le semble (v.
1163ss); mais c'est ce que ne veulent pas ou ne savent pas faire
nombre de spectateurs et de lecteurs, comme Rousseau. Il est

significatif qu'ayant à choisir entre la rigueur d'une démonstration morale et le comique, Molière ait donné la préférence au comique; il a sacrifié la pureté et compromis la solidité de sa *thèse* — s'il en avait une — au désir de faire rire; et cela prouve qu'il était poète comique avant d'être philosophe et moraliste.[1]

*

Il n'était PAS NÉCESSAIRE qu'Alceste aimât, sinon pour se conformer à la tradition du genre. Et donc il aimera, comme tout bon protagoniste de comédie, même Harpagon. Mais qui aimera-t-il? Une coquette, NÉCESSAIREMENT, pour la même raison qu'Harpagon aime une fille pauvre. Faut-il là-dessus crier au génie, admirer la profondeur du dessein et la vérité du sentiment, alléguer la loi d'attraction des contraires? Si l'on veut, — à moins qu'il n'y faille constater simplement l'automatisme du comique et son emploi intelligent. Une femme, blessée elle-même par le monde et ses voies, droite, sérieuse, tendre, — une Éliante à peine vieillie et peut-être déjà meurtrie —, cette âme-sœur, cette consolatrice, cette amie, ferait très bien dans une comédie sentimentale du siècle suivant; on l'imagine chez La Chaussée, chez Diderot; mais quelles ressources comiques cette Constance avant la lettre aurait-elle offertes même à un Molière? Éliante est-elle jamais plus drôle que Philinte son compère? Mais Célimène! Elle remuera, elle fouettera toutes les biles qui travaillent le pauvre Alceste. Et nous aurons encore, à pleines mains, le comique par excellence de Molière, celui de la contradiction. Et l'on rira aussi de la coquette, en péril d'être démasquée et se tirant habilement d'affaire (IV, 3), pour être en fin de compte prise au piège de sa coquetterie.

Je crois que cet amour va contre la vérité ou la probabilité psychologique, et Molière l'a peut-être bien pensé (vv. 209ss, 225ss, 1169ss). Personne n'a jamais douté que l'amour d'Harpagon ne fût un truc de théâtre, imaginé en vue de certains effets; l'amour d'Alceste, avec infiniment plus de profondeur et d'importance dramatique, ne serait-il pas au fond de même étoffe? Un pessimiste de principe, à la moderne, peut aimer qui lui plaît: qu'importe à la mauvaiseté radicale du monde l'insincérité de la femme? Mais il se prêtera à l'éternelle illusion — sans illusion. Un Alceste devrait, par définition, être encore plus

---

[1] Molière me paraît avoir exagéré la rudesse et les écarts de langage d'Alceste. Cela n'implique pas de sa part un jugement moral; cela prouve seulement qu'il est le prisonnier (volontaire) de sa conception comique.

misogyne que misanthrope, et réserver le meilleur de sa haine au « sexe », dont la tradition gauloise, chère à Molière, avait si bien illustré la perfidie. Seulement, on n'est pas maître de ses réflexes; un atrabilaire, un homme tout d'humeur et de premier mouvement, un naïf, en somme, presque un enfant sous ses airs bourrus, ira tout droit, sans invraisemblance, brûler ses ailes aux flammes d'une brillante et futile Célimène. L'instinct, que rien chez lui ne surveille et ne bride, aura commis ses méfaits avant que la raison n'intervienne; et le pauvre diable, pris ingénûment au piège de la nature et de la femme, victime d'une surprise des sens et du cœur, se débattra, mais trop tard, ruera dans les brancards, pestera, pleurera presque, injuriera, maudira, suppliera la femme de lui mettre un bandeau sur les yeux par un de ces mensonges qu'il dénonce à cor et à cri (v. 1385-90). Je crois son amour pleinement justifié sur le plan de la physiologie; sur le plan de la géométrie passionnelle, j'y vois une combinaison de théâtre, conçue en vue du comique, parce que fondée sur le principe de contradiction. Et c'est le second « coup de pouce » que Molière a donné au caractère pour l'accommoder à ses vues.

*

Remarquons enfin que les soupçons et la jalousie d'Alceste, par un choc en retour, émeuvent puissamment sa bile. Harpagon est un caractère statique; il est ce qu'il est, depuis vingt ou trente ans, et le restera. Alceste est un caractère dynamique. Nous l'avons ici non pas dans son état ordinaire, mais dans l'état d'exaspération où l'a mis une longue incubation de défiance et de jalousie; de là, notamment, son explosion contre Oronte. *Le Misanthrope* est une *crise* au même sens et au même titre qu'une tragédie racinienne, et c'est peut-être la seule comédie de Molière qui soit dans ce cas. Mais en même temps, par sa diversité, ses contradictions mêmes, son ampleur, il donne l'illusion de la mollesse fuyante, de l'insondable fluidité de la vie. Combien *Tartuffe* est plus coupant dans ses arêtes, plus resserré dans ses perspectives!

PHILINTE

Mais d'abord, pourquoi Philinte? A quoi bon Philinte? N'est-il pas le double d'Alceste? Sans doute, par sa philosophie. Mais il en est la contrepartie par son humeur. Il est le flegme, comme Alceste est la bile (v. 166). Deux tempéraments qui s'affrontent.[1] Philinte se prête aux manières du monde comme à un mal nécessaire auquel il ne peut rien.

Un auteur moins fin aurait fait de lui un « optimiste », pour la beauté du contraste et la rigueur de l'opposition dramatique; Molière a fait de lui un « pessimiste », et plus radical qu'Alceste, en ce qu'il l'est froidement. Il ne nous donne donc pas à choisir (s'il nous offre un choix) entre deux philosophies, puisqu'il n'en a mis qu'une dans sa pièce, mais entre deux attitudes à l'égard de l'insincérité. C'est ici qu'il faut admirer la rigueur du dessein et l'élégance de l'exécution; Molière a circonscrit d'une main sûre le sens et la portée de sa pièce.

Cela donne à réfléchir sur son « naturalisme ». S'il pensait tant de bien de la nature humaine, il avait ici, ou jamais, l'occasion de le dire; il n'en a rien fait. Il semble bien avoir eu sur l'homme l'idée de son temps, qui était, soit l'idée chrétienne (n'étaient certains vers (145ss), on pourrait même dire qu'il a connu la chute, mais ignoré la rédemption et passé le christianisme en sévérité), soit, tout simplement, l'idée d'un homme de sens. Au surplus, un auteur comique qui prendrait les hommes pour des anges couperait son comique à la racine; la seule hypothèse de la bonté de la nature humaine aurait évidemment rendu Le Misanthrope, aussi bien que Tartuffe et la comédie en général, impossibles; elle conduit tout droit à Florian et à la berquinade. On ne doit pas expliquer par la philosophie personnelle de l'auteur ce dont l'observance de nécessités ou de convenances dramatiques suffit à rendre compte. Et l'imagination dramatique consiste précisément à faire vivre en soi des êtres indépendants de soi.[2]

---

[1] Dict. de l'Académie: FLEGME. L'une des quatre humeurs qui, selon l'opinion commune, composent la masse du sang de l'animal, et qui est froide et humide (suivent des détails peu ragoûtants).

Furetière: FLEGMAGOGUE. Médicament, remède propre pour purger la pituite.

FLEGME, en langage ordinaire, se dit de ces gros crachats . . . (passons).

FLEGME, en terms de chimie . . . (18 lignes).

FLEGME, en termes de médecine, est l'une des quatre humeurs dont les Anciens disaient que la masse du sang était composée, et qui en est la partie la plus crue, froide, humide et insipide. On l'appelle autrement pituite. (Suivent des détails peu appétissants).

FLEGME. Se dit figurément de l'humeur d'un homme froid, patient et pacifique, qui s'échauffe difficilement, qui ne s'émeut point.

L'adjectif flegmatique a les sens propre et figuré qui correspondent aux sens du substantif.

[2] Molière a voulu peindre dans L'École des Femmes un maniaque de la peur du cocuage. Arnolphe a donc fait donner à celle qu'il se destine pour femme une éducation spéciale. Mais où l'a-t-il fait élever? Au couvent,

Philinte, le flegme, a d'abord pour fonction, comme Célimène, d'exaspérer Alceste, la bile; c'est pourquoi il le prend de front et le manie souvent sans tact: toujours la loi des oppositions et la chasse au comique. En outre, et surtout, il montre par son exemple qu'on peut garder la droiture du cœur sous des dehors de complaisance, se plier aux manières du monde et préserver son intégrité foncière, faire la différence entre la vanité de fantoches dont on ménage en passant l'amour-propre, et l'honnêteté d'un ami qu'on respecte même quand on le raille ou le blâme, qu'on aime, qu'on protège, auquel on irait jusqu'à abandonner la femme de son choix. *Bien qu*'il partage? non, PARCE QU'il partage sa philosophie, et à ce prix seulement, Philinte est la condamnation vivante d'Alceste; il le réfute par le fait, — en logique, car en pratique, sa philosophie est aussi stérile qu'elle est complaisante.

On l'a traité d'égoïste: il donne pourtant des preuves exemplaires de patience et de dévouement. On le trouve froid: mais puisqu'il est le flegme . . . Il est vrai que son amour pour Éliante paraît d'abord bien détaché, et que le sacrifice qu'il en ferait semble lui coûter trop peu (v. 1189ss). Mais, sans parler des aménagements dramatiques nécessaires (cf. Comm., v. 1205ss), il faut se méfier de la réserve des flegmatiques; elle équivaut à la chaleur des passionnés, ce n'est qu'une question d'étiage; et en effet, à deux reprises (v. 1214, 1799), l'empressement sensible de Philinte trahit une vive tendresse qui répugne à s'exhiber, une flamme qui se cache.

Avec les années, Molière élargit et précise son observation et sa technique; il attache plus d'importance aux milieux, enracine ses pièces plus avant dans la vie; son réalisme s'épure aux dépens de la fantaisie. J'ai dit que le grand monde s'imposait pour les coups de boutoir du misanthrope; ils ne pouvaient avoir de sel que là, par contraste. Le Français moyen ne se piquait alors d'urbanité ni dans ses manières ni dans ses propos; il aimait et

nécessairement. Et qu'est-ce que les bonnes sœurs ont inculqué à Agnès? La peur, l'horreur du péché, et spécialement du péché de la chair. Il n'y paraît pas, ou guère, dans la pièce. Mais si Agnès avait eu des scrupules, une conscience timorée, la pièce n'aurait pas tenu dans les vingt-quatre heures, et surtout le centre de gravité, le sens même en auraient été tout autres. Molière a donné une entorse à la vérité, l'a donnée sciemment, volontairement, pour des raisons de théâtre. Les exigences du *métier* et celles du *comique* sont les deux limites de son vérisme. Sa philosophie personnelle reste à démontrer par ailleurs.

prenait son franc-parler; dans *Le Roman bourgeois* de Furetière, par exemple (1666), l'humeur bougonne d'Alceste serait tombée comme mars en carême. Tous les moralistes, au contraire, donnent la Cour pour la terre d'élection de l'intrigue et de la fourberie; Molière précède La Bruyère, Saint-Simon et bien d'autres, qui ont été plus durs; il ne semble pas avoir dépassé l'opinion courante ni la limite permise.[1]

Les hommes du *Misanthrope* sont nettement de la Cour; les femmes en sont moins distinctement. Célimène a de la naissance, un rang, du bien (v. 1428); Éliante sa cousine vit dans son hôtel, à l'étage supérieur (v. 1581, 1586); Arsinoé offre ses bons offices à Alceste pour lui faire avoir une charge à la Cour (v. 1076). Molière a évité les précisions inutiles; il n'avait pas l'intention de partir en guerre contre la Cour; il lui suffisait de créer l'atmosphère appropriée à son brillant tableau de mœurs et de manières.

ORONTE, un personnage très important et que nous retrouverons à l'étude de l'intrigue, se présente d'abord (I, 2) comme une sorte de franc-tireur, l'un des familiers du salon, évidemment, et peut-être son poète. Prétend-il aussi au cœur et à la main de Célimène? Rien ne l'indique d'abord, à moins qu'on ne conclue de la « rêverie » d'Alceste, puis de sa violence (vv. 263, 341), qu'il se sait ou flaire en Oronte un rival, et c'est assez le cas (vv. 1229–30, 1237–40). Honnête homme et même galant homme par ailleurs, considéré dans le monde (v. 1144ss), mais cruellement atteint dans sa vanité d'auteur, Oronte poursuit sa vengeance implacablement; il essaie de ruiner l'amour et de flétrir l'honneur d'Alceste par tous les moyens en son pouvoir, publics ou souterrains, légitimes ou inavouables. Sa forme de mensonge (mais il ne la prend pas, en ce qui le regarde, pour un mensonge), c'est le ménagement universel des amours-propres, et d'abord du sien; il flatte, pour être flatté (vv. 253ss, 296ss); il pratique moins la flatterie qu'il ne l'exploite; il la provoque, la quémande, en jouit, en vit. Il représente le monde, rend ses arrêts et signifie sa réponse aux imprudents ou aux braves qui s'insurgent contre ses lois.

LES MARQUIS ne sont guère que des comparses.[2] Ils n'ont pas assez d'étoffe pour rien représenter qu'eux-mêmes ou leur classe;

---

[1] Le Roi ne se faisait pas d'illusion sur sa Cour. Il reçoit d'ailleurs dans la pièce deux hommages sentis (vv. 769, 802).

[2] Il est remarquable que la liste des personnages ne les désigne pas comme des « amants » de Célimène, mais simplement par leur titre: marquis.

ils jouent à la raquette avec Célimène en lui lançant les noms de
ses victimes (II, 5), meublent son salon et égaient la pièce: deux
gravures de mode, deux jolis petits pantins dont le jeu mécanique
et symétrique, signe de leur rivalité amoureuse, crée du comique.
Ils procurent le dénouement. Clitandre a plus d'importance
sociale, étant admis au levé et au petit couché du Roi, mais il
a peu de relief. Molière s'est réservé pour Acaste, le « petit
marquis », qui est resté le type du genre (III, 1). Il est
intéressant de les comparer à Oronte. Celui-ci a de l'âge, du
poids, de l'influence, de l'autorité; il est méchant, il est
dangereux; il agit, c'est un homme. Clitandre, en plus flou,
Acaste, en plus aigu, semblent (goût de la poésie à part) des
épreuves d'Oronte avant la lettre: tous trois dosent diversement
l'orgueil, la fierté, la vanité, la suffisance (on dirait d'un cours de
préciosité mise en action et rendue par l'art à la vie), tous trois
ont un fond de méchanceté brutale ou même de vilenie (vv.
658ss, 1587ss, V, 4) qui parfait leur air de famille. Molière n'a
jamais suggéré plus finement les impondérables qui lient et
différencient les membres d'une caste.

CÉLIMÈNE est la plus élégante, la plus glorieuse de ses créations.
Dans toute la fleur de ses vingt ans, bien née, riche, au moins
jolie, spirituelle, adulée, elle a une ardeur de vie, un emportement de verve, une sorte d'enivrement admirables./ Charmante,
oui, jusqu'au bout des ongles, et beaucoup de snobs en sont
tombés amoureux depuis le XVIIe siècle; mais égoïste, fourbe, *NB*
cruelle, sans cœur ni âme, puissamment armée de bec et de
griffes, redoutable, au moins en paroles. La mondaine pure/
Sa part de l'insincérité sociale et humaine, c'est la coquetterie,
en d'autres termes, la fausseté du cœur, et elle l'assaisonne de
médisance; il lui faut une cour d'adorateurs, à chacun desquels
elle fait croire qu'il est le préféré, l'unique, et qu'elle
dénigre l'un à l'autre dans les billets qu'elle prodigue. C'est là
une imprudence singulière chez une mondaine qu'on croirait
plus avertie. Imprudence encore, la férocité dans la contre-
attaque qu'elle oppose à Arsinoé (III, 4, 975ss). Mettra-t-on
l'une et l'autre au compte de sa jeunesse? Mais l'habileté
manœuvrière, la science consommée, dont elle témoigne en
faisant venir, bernant et réempaumant le pauvre Alceste? (IV, 3).
Une rouée ne ferait pas mieux. Ici, nous avons nettement un
thème de farce (le mari ou l'amant roulé par une femme ou une
maîtresse astucieuse), une scène de répertoire, un jeu stéréo-

typé, et l'on se demande si Molière, dans ces trois cas, n'a pas forcé le caractère pour des besoins de théâtre, dramatiser l'action, accuser les reliefs, et surtout créer du comique. Célimène semble parfois plus jeune, parfois plus mûre que ces vingt ans dont elle se fait gloire; Molière semble l'avoir traitée tour à tour en individu et en type, et ce serait assez dans sa manière, qui va de la plus parfaite justesse à l'outrance souvent bouffonne, ici suprêmement élégante.[1]

ARSINOÉ semble, en petit, une édition féminine de Tartuffe; elle représente l'hypocrisie de la vertu: en face de la coquette rayonnante, la coquette repentie, revenue de la galanterie et de ses plaisirs creux, convertie à la «politique» (v. 979) et qui chasse le mari. A ce titre, sa présence dans la pièce se justifie pleinement; ce portrait de femme doucereuse, bénisseuse, mais au fond aigrie, méchante, venimeuse, féroce, cette chattemite, manquerait au tableau du monde s'il n'existait pas. Mais, au point de vue du drame, n'est-elle pas un personnage épisodique? Comment la lier à l'action? Nous en discuterons à l'étude de l'intrigue (cf. p. xx).

ÉLIANTE. — Entre la coquette et la prude, enfin, il y avait place pour une autre femme, droite, sincère, équilibrée, laissant le monde aller son train sans lui rompre en visière, mais aussi sans se prêter à ses hypocrisies (v. 1160–62), et c'est Éliante. Elle ne joue aucun rôle, sinon de fournir le mariage de rigueur au dénouement; elle semble aussi un moment le porte-parole de Molière, c'est par elle, peut-être, que nous connaissons sa pensée sur Alceste (v. 1165):

> Et la sincérité dont son âme se pique
> A quelque chose, en soi, de noble et d'héroïque.

En soi, mais non dans ses manières d'être.[2] Est-elle aussi froide qu'on le dit? Trop sentencieuse, sans doute; elle moralise un peu trop à tout propos, reflet fidèle, en cela, de son siècle; mais elle a du tact, de l'âme, de l'harmonie; douée des grâces de

---

[1] Sur son sentiment pour Alceste et ses autres admirateurs, voir le Commentaire au v. 1784.

[2] Par là se trouve réfuté dès l'origine le fameux jugement de Rousseau, dont il serait vraiment temps de débarrasser l'exégèse du *Misanthrope*. Il intéresse la personnalité de Jean-Jacques et l'évolution de l'opinion sur la pièce; il est aux antipodes d'une critique qui se propose de scruter les intentions de Molière et l'organisation de sa comédie, c'est à dire, de le comprendre.

L'ACTION

ACTES	Alceste	Célimène	Oronte	Arsinoé	Marquis	Philinte
I	1 ... 3		2			
II	1–3 ... 6–7	4 ... 5				
III			3 ... 4 ... 5		1–2	1
IV	2 ... 3 ... 4					
V	1		2 ... 3 ... 4			

Les lignes indiquent la filiation des scènes
Par exemple, I, 2 donne naissance à III, 4, d'où sort III, 5,
qui produit IV, 2 et 3.

B

la femme, elle semble d'un métal plus fin que Philinte; elle repose
du trémoussement et de la violence des autres; dans un monde
agité et frelaté elle représente la raison, cette forme de la vertu si
chère au XVIIᵉ siècle. Je suis frappé de sa ressemblance avec
Elmire, de *Tartuffe*; elles ont l'une et l'autre de la placidité, mais
avec la différence de la femme du monde à la bourgeoise; ici
encore Molière se révèle maître des impondérables.

L'admirable corbeille de personnages, si variés, si vivants!
aussi frais aujourd'hui qu'au premier jour.

III. GENÈSE (SUITE). L'INTRIGUE

J'ai distingué quatre éléments dans la pièce (p. vi). L'intrigue
est faite de leurs recoupements. Chacun d'eux se développe par
son mouvement propre, ostensiblement ou secrètement, dans
l'axe ou en marge de l'action Alceste-Célimène, et ses effets
viennent s'y insérer, au moment convenable, pour en déterminer le cours.

La complexité de ces données a entraîné une facture spéciale.

Molière n'a pas moins que ses contemporains le sens de la
continuité psychologique et, d'habitude, il manie le déter-
minisme comme eux; il construit *more geometrico*, en série. *Le
Misanthrope* ne suit pas cette marche rectiligne; il laisse des
espaces, supprime des intermédiaires, admet des apparences de
hasard, des juxtapositions, des recoupements, des recommence-
ments; il procède par larges touches espacées dont il laisse à per-
cevoir les relations. C'est d'un *métier* hétérodoxe, mais d'un
métier excellent, en ce qu'il respecte l'ordre complexe et suit la
logique souvent obscure (au moins à première vue) de la vie.

Quant à l'*action*, le meneur du jeu, c'est Oronte; il est comme
l'épine dorsale de la pièce.[1] Le protagoniste apparent, Alceste,
n'est pas le protagoniste réel, ou ne l'est guère; il est agi beaucoup
plus qu'il n'agit. Ce type d'action oblique se rencontre dans le
théâtre préclassique; le canon classique ne le recommande pas.

ACTE I[2]

L'exposition, la plus admirée du théâtre de Molière avec celle
de *Tartuffe*, se réduit en somme à une scène, la première. Elle

[1] Le diagramme ci-contre en donne l'idée.
[2] J'ai dit dans mon édition de *Mithridate* qu'il ne faut pas analyser les pièces
de théâtre par actes. Cela doit s'entendre des pièces construites en série;
quand elles ne le sont pas, on ne peut que se soumettre aux coupures établies
par l'auteur.

nous montre Alceste en proie à son démon, s'échauffant contre la
politesse du temps, se déchaînant contre la fausseté humaine,
condamnant la pratique judiciaire à l'occasion d'un procès, et . . .
démentant sa philosophie par son amour pour la coquette et
médisante Célimène.

La scène 2 (juxtaposition ou recommencement; elle n'a pas de
lien *dramatique* avec la précédente, elle lui succède) a pour objet
visible de faire ressortir l'incompatibilité des principes d'Alceste
avec la vie sociale et la puérilité de son intransigeance devant
l'insignifiance de la cause qui la produit. Mais elle n'est pas
seulement ni surtout une sorte d'illustration ou de démonstration psychologique: elle amorce l'*action*, en faisant d'Oronte
l'ennemi mortel d'Alceste. Loin d'être une espèce d'anecdote ou
de parenthèse, elle est de la plus haute importance *dramatique*, et
Molière l'a mise à sa place juste.

La scène 2 s'est terminée par une altercation; la brève scène 3
en fait prévoir les suites. Elle n'est pas un hors d'œuvre;
Molière nous y donne un avertissement — qu'on n'a guère compris.

ACTE II

Il ne s'enchaîne pas au précédent. La présence d'Alceste,
continuée d'un acte à l'autre, n'est au plus qu'une liaison de
forme; il a quitté la maison avec Philinte (v. 445), rencontré
par hasard Célimène, sortie pour faire des emplettes (v. 250), et
il la ramène chez elle (v. 356).

Les scènes 1-3 (recommencement) ouvrent l'action en ce qui
regarde Alceste. Il y querelle Célimène sur sa coquetterie. Il
était venu à l'acte précédent chercher cette explication; ces scènes
sont à leur place normale: mi-exposition, mi-action.

Scènes 2-4, les familiers du salon arrivent.

La scène 5 (la fameuse scène des portraits; indépendante)
nous montre Célimène dans l'exercice de ses grâces et de son
esprit. — Éliante a été nommée (vv. 215, 244), Clitandre discuté (v. 475ss); Acaste introduit (v. 532); Molière s'est mis en
règle avec les règles.

Scènes 6-7 (conséquence de I, 2; recoupement), un Garde
vient chercher Alceste de la part des Maréchaux, dont c'est
la fonction d'empêcher les duels entre gentilshommes et
d'accorder réparation à qui de droit. Oronte, après la scène du
sonnet, a couru leur dénoncer Alceste; c'est son premier acte de
vengeance.

ACTE III

Le v. 847 montre que l'entracte s'est réduit presque à rien; les marquis n'ont pas quitté la maison. *Dramatiquement*, l'acte s'enchaîne vaguement au précédent; les marquis, transportés d'enthousiasme par l'esprit de Célimène, discutent (sc. 1) de leurs chances auprès d'elle et conviennent d'un pacte, chacun d'eux s'engageant à s'effacer devant l'autre s'il est préféré. L'objet vrai de cette scène est de préparer la scène finale.

La scène 2 annonce Arsinoé (cf. Comm., v. 847).

Les sc. 3–4 nous amènent au point le plus délicat, le plus intéressant de la structure du *Misanthrope*. La sc. 4 est ce qu'on appelle la scène tournante; d'elle va dépendre presque toute la suite.

Arsinoé entre. Molière l'a donnée (v. 216–17) pour une prude qui voit Alceste d'un œil fort doux; Célimène a tout juste fait son portrait (sc. 2), et quel portrait! Mais que vient-elle faire là? et de quoi se mêle-t-elle?

Elle prétend (v. 885) avoir entendu, *la veille* (cp. v. 1068), dans un salon, condamner la légèreté de Célimène et venir charitablement lui en donner avis. Conte tout pur! Elle les sème elle-même, ces ragots, et depuis longtemps (v. 869–70). En somme Molière explique sa visite par une coïncidence, c'est à dire par le hasard.

Il n'y a pas là coïncidence, mais logique, et serrée, et solidement motivée.

Arsinoé (III, 5, fin) emmène Alceste pour lui montrer un billet que nous saurons plus tard (vv. 1237, 1337–40) écrit par Célimène à Oronte. De qui pourrait-elle bien le tenir, ce billet, sinon d'Oronte lui-même? Et quand le lui a-t-il remis? Mais l'après-midi même, après la scène du sonnet. Et pourquoi le lui a-t-il remis? Pour le montrer à Alceste, parce que Célimène, selon son habitude, y dit à lui, Oronte, qu'il est son préféré et lui sacrifie Alceste (v. 1238).[1] Arsinoé n'a fait qu'un saut de chez elle chez Célimène, ravie de l'arme qu'on a mise entre ses mains, déjà triomphante en idée de sa rivale, pressée d'engager la bataille et de jeter le grappin sur Alceste. Elle essaiera de l'amener au mariage; s'il refuse, elle lui montrera le billet, pour le décider; s'il persiste dans son refus, elle se sera du moins vengée de lui et de Célimène. Oronte tiendra du même coup sa vengeance: Alceste humilié, frappé au cœur; Célimène lui accordant sa

---

[1] Voir le billet de Célimène à Clitandre (V, 4).

main, à lui Oronte. Et c'est à peu près ce qui arrivera. Et c'est le second acte de vengeance d'Oronte.

La complicité d'Arsinoé suppose évidemment qu'elle a des vues sur Alceste. Mais pourquoi a-t-elle jeté sur lui son dévolu? Aucune des raisons qu'on en aperçoit facilement ni toutes ensemble n'équivaut à une nécessité, et l'on pourrait bien n'avoir là, une fois de plus, qu'un arrangement de théâtre, destiné à créer une lutte et serrer l'action. Quoi qu'il en soit, il y a sûrement conspiration entre Oronte et Arsinoé; il ne lui a pas remis son billet pour rien; il s'est fait d'elle un instrument, un pion dans son jeu; il est bien le vilain de la pièce. Et il l'est dans la pièce comme il le serait dans la vie; ces petites choses là ne se crient pas sur les toits, elles se font par dessous main; peut-être aussi Molière n'a-t-il pas voulu pousser la comédie au noir en étalant la vilenie du personnage. Au v. 885, il s'est contenté d'une explication de fortune, rapide, facile, que le spectateur avale au passage sans y prendre garde ou qu'il trouve justifiée par la jalousie d'Arsinoé — sauf à dévoiler ensuite, discrètement, le dessous des cartes. Donc,

Sc. 4 (recommencement apparent, mais conséquence secrète de I, 2, recoupement) Arsinoé vient rendre son petit service à Célimène, sans prévoir la riposte écrasante (mais imprudente) qui l'attend, et qui exaspère sa rage de vengeance.

Sc. 5 (conséquence de la sc. 4, et coïncidence, v. 1035), laissée seule avec Alceste — autre imprudence, facilement explicable, ou défi?, de Célimène — Arsinoé l'entreprend, l'assiège, échoue, et l'emmène pour lui montrer le billet; elle lui en fait même cadeau, pour qu'il le relise et s'en empoisonne à plaisir (v. 1236), et le mette sous le nez de Célimène (v. 1324).

ACTE IV

Il ne s'enchaîne pas.

Sc. 1 (suite de I, 2 et de II, 7; recoupement), Philinte rend compte à Éliante de la séance des Maréchaux, et lui propose sa main (préparation au dénouement; cf. v. 244).

Sc. 2 (conséquence de III, 5), Alceste prie Éliante de le venger de la trahison de Célimène, en l'épousant; elle se dérobe, délicatement.

Sc. 3 (autre conséquence de III, 5), Alceste demande des explications à Célimène sur son billet; elle le berne de main de maître et le reconquiert.

Sc. 4 (émerge de I, 1, vv. 124ss, 183ss), le valet d'Alceste lui donne à entendre qu'il a perdu son procès et risque d'être arrêté. — C'est l'objet ostensible de la scène, mais V, 1 aurait suffi. Molière a voulu faire du comique, probablement aussi donner à l'acte l'ampleur nécessaire. La scène ne mène à rien. C'est le seul point contestable de l'intrigue.

ACTE V

Il ne s'enchaîne pas.

Sc. 1 (suit et double la précédente, n'en naît pas), Alceste s'entretient de son procès avec Philinte; il projette de se retirer du monde (préparation au dénouement). — On apprend incidemment que l'implacable Oronte appuie les calomnies infâmes semées contre lui par sa partie (vv. 1505–16): troisième acte de vengeance.

Sc. 2 (conséquence de I, 2; recoupement; la liaison est assurée pour la forme par la présence d'Alceste, réfugié dans un coin, et qui se montre v. 1603), Oronte essaie d'enlever Célimène à Alceste, d'abord sans le savoir là, puis de front; il la somme de choisir entre eux, Alceste enchérit, Célimène se dérobe péniblement et, sc. 3, demande en vain secours à Éliante.

Sc. 4, (conséquence partielle de III, 1), tous les personnages, se trouvent réunis (arrangement de théâtre) et accablent Célimène sous les preuves de sa duplicité. Alceste s'offre à l'épouser pourvu qu'elle le suive au désert: elle refuse; il s'y retire; Philinte et Éliante se marieront.

On notera qu'au dernier moment sa vengeance échappe à Oronte; il n'est pas l'artisan du malheur d'Alceste, si c'est un malheur, et lui-même est enveloppé dans la disgrâce commune, si c'est une disgrâce; il aura bien la satisfaction d'apprendre qu' Alceste et Célimène ne se marient pas, mais non celle d'avoir provoqué la rupture à son avantage; il ne peut en fin de compte que céder narquoisement Célimène à Alceste (v. 1707–08). C'est Célimène, la vilenie des marquis aidant, qui prépare le dénouement par ses sottes médisances, et c'est Alceste qui l'impose par la condition inacceptable qu'il met à leur mariage. La décision revient donc, selon les règles, aux protagonistes; le dénouement y gagne en moralité aussi bien qu'en rigueur dramatique; et ainsi le jeu souterrain d'Oronte finit par se perdre dans le sujet principal; la vie a de ces brisures et de ces convergences.

Cette intrigue est simplement, pour l'époque (et même pour la nôtre), étonnante, la plus audacieuse, la plus savante et la plus originale du théâtre de Molière. Elle n'avance pas sur la corde roide d'une logique unilinéaire; le fil en est quelquefois invisible; chaque personnage y va son chemin et se manifeste à son heure; mais son faux décousu n'enlève rien à sa solidité interne, à son aisance ni à sa clarté, qui sont parfaites. Elle se calque sur la vie, dont elle reproduit l'allure et jusqu'au secret; elle en associe la rigueur et la liberté.[1]

IV. LES UNITÉS

Molière respecte les unités; il lui arrive même, comme à d'autres, de faire remarquer qu'il les observe (vv. 775, 1480), et ce n'est pas pour les mieux violer; mais enfin, comme d'autres, il en est réduit quelquefois à ruser avec elles.

LIEU. — La pièce se passe dans le salon de Célimène, lieu aimable, élégant, — et commode. Les personnages semblent y avoir élu domicile; ils y entrent, en sortent, y reviennent, on les y croirait chez eux. Tout y converge. Philinte y discute avec Alceste de sa philosophie; Oronte y lit son sonnet à Alceste; le Garde y relance Alceste de la part des Maréchaux; Philinte y apporte le récit de leur séance; les marquis y passent leur pacte relativement à Célimène; Arsinoé s'y offre en mariage à Alceste; Du Bois y avertit son maître qu'il a perdu son procès; Alceste y discute de ce procès avec Philinte; la maîtresse de maison s'en efface toutes les fois que sa présence gênerait, Éliante prête à ses hôtes l'asile de son appartement quand il faut faire place nette pour Célimène. L'aimable salon! hospitalier, complaisant, extensible ... Élégance et atmosphère à part, il ne diffère pas tant qu'il le semble du salon neutre de tant de pièces.

Il a fallu un lieu de ce genre — lieu de rendez-vous général — pour permettre la structure de la pièce.

TEMPS. — Les auteurs, on le sait de reste, ont eu souvent bien de la peine à passer la camisole de force des 24 heures à leurs pièces. Molière a joué la difficulté dans Le Misanthrope,

---

[1] Comparer l'intrigue de *Tartuffe*; elle est classique, rectiligne. Mais Molière y donne çà et là le coup de pouce de l'auteur à la vie pour atteindre le maximum de commodité et de rapidité dramatiques (sc. I, 4; II, 4; III, 5; IV, 2; V, 4-5). Aux vv. 213-14, la fuite étrange d'Elmire quand revient son mari me semble s'expliquer uniquement par le fait que Molière tenait, combien justement, à son illustre scène 4 et que cette scène serait impossible en la présence d'Elmire; on y a pourtant cherché des raisons psychologiques, on en a tiré des conclusions sur l'état du ménage. ...

et cela, semble-t-il, pour des raisons de lieu plutôt que d'action: la vie des salons se suspendant le matin, la pièce, qui se termine le soir (v. 1480), ne peut guère commencer qu'au début de l'après-midi[1]; elle dure donc de six à huit heures. Or elle est hérissée d'allées et venues dont la discussion n'importe pas à sa valeur foncière, mais enfin, dont voici le compte.

1° Oronte quitte Alceste après leur altercation (I, 2, 438). De rage, il court demander réparation aux Maréchaux. Il est vrai que les affaires d'honneur ne souffrent pas de délai, et que le président du tribunal a qualité pour agir seul en cas d'urgence; mais l'affaire ne semble pas de nature à exiger tant de hâte. De plus, le Garde ne devrait-il pas relancer Alceste chez lui avant de venir le chercher chez Célimène? Quoi qu'il en soit, il l'y déniche (II, 6, 743). Tout cela prend 305 vers et un entracte.

2° De chez les Maréchaux, Oronte court chez Arsinoé. Celle-ci arrive chez sa rivale (III, 3, 849). Soit, 107 vers (au bas mot) et un entracte.

3° Alceste accompagne le Garde (II, 6, 776) et espère revenir sur ses pas (v. 775); autrement dit, il ne fera qu'aller et venir. Il est de retour III, 4, 1035. Soit, 259 vers et un entracte.

4° Alceste ne revient que pour être cueilli au vol par Arsinoé (III, 5, 1132); il reparaît IV, 2, 1217. Soit, 85 vers et l'entracte.

5° Son valet l'informe (IV, 4, 1436) qu'il a reçu pour lui un grimoire relatif à son procès, puis, *une heure après* (v. 1457), une lettre d'ami l'avertissant de se mettre en lieu sûr. Alceste s'en va, annonçant son retour avant la fin de la journée (v. 1480). Il revient V, 1, 1481, après l'entracte. Il a en effet perdu son procès, mais de plus il a appris que sa partie lui attribue un livre abominable « qui court parmi le monde » (v. 1501), calomnie, observe Philinte (v. 1535), à laquelle on n'a pas trop cru. Ces choses là ne tiendraient pas en une heure, elles prennent du temps, mais on peut croire que la campagne menée contre Alceste est d'abord restée souterraine. — Entre parenthèses, quand un auteur classique tire sa montre et vous fait observer l'heure, il faut en général se méfier.

Il est évident que la pièce, dans la réalité, ne tiendrait ni en douze, ni en vingt-quatre heures.

Ces complications, à l'époque, ne semblent pas avoir fait difficulté. La comédie jouissait d'une latitude refusée à la tragédie. En outre, elles sont toutes extérieures à la scène et

---

[1] Voir pourtant le v. 567. Mais il ne signifie pas nécessairement que Clitandre est venu chez Célimène aussitôt après le lever (cf. v. 739).

bénéficient toutes d'un entracte. Or, dans la doctrine classique, ce qui ne se passe pas sous les yeux ne dure que le temps de le penser, n'est que le point d'impact d'un temps fictif sur le temps réel, et les entractes se déduisent des vingt-quatre heures. Quant aux modernes, ils ne s'embarrassent pas de ces vétilles; il leur suffit que la vraisemblance ne soit pas outrageusement violée, du moment que les choses sont vraies, en fait ou idéalement; et il est vrai que cet agité d'Alceste doit soulever des résistances, créer des obstacles, à chaque pas.

ACTION. — Écartons le procès d'Alceste, élément surajouté, extérieur, qui ne tient pas au drame: l'action est à la fois complexe et une, la vengeance d'Oronte s'employant, de moitié avec la coquetterie de Célimène, à ruiner l'amour d'Alceste. J'ai dit, en un sens un peu spécial, que l'action (Oronte) est oblique au sujet (Alceste); elle l'est, si l'on entend par sujet l'amour d'Alceste. Mais Le Misanthrope est déjà, dès ce premier naturalisme des temps modernes en France qu'est le classicisme, une « tranche de vie » transportée toute chaude, en bloc, sur la scène.

On a discuté s'il y avait assez d'action ou même une action quelconque dans Le Misanthrope. Mais qu'entend-on par action? La pièce dure une huitaine d'heures: que peut-il se passer en ce temps? Et ne suffit-il pas à une comédie que le sort de deux êtres s'y décide?

Notons aussi combien l'éclairage se modifie au cours de la pièce. Le thème social pâlit devant le thème d'amour; les discussions du début s'estompent, et semblent n'avoir eu en fin de compte d'autre intérêt que de poser les caractères pour déterminer le sort des personnages. Cependant, l'insincérité du milieu demeure responsable du malheur d'Alceste, — dont la rudesse, bien qu'adoucie, se fait sentir jusqu'au bout.

V. LES MŒURS. LA PORTÉE DE LA PIÈCE

Les mœurs sont âcres.

Le parti de l'honnêteté a la délicatesse de sentiment et la rectitude de conduite qu'on attend de ses principes. Mais le parti de la sociabilité ne brille pas par le scrupule. La charmante Célimène se joue d'Alceste comme de ses autres amants; l'idée de sa souffrance ne l'émeut pas une minute; elle l'humilie devant ses rivaux (vv. 669ss); elle fonce sur Arsinoé avec une violence qui surprend d'une mondaine de qui on attendrait une escrime plus subtile. Oronte poursuit Alceste *per fas et nefas*, jusqu'à livrer une lettre de Célimène, dont il espère faire sa femme, à sa pire ennemie. Arsinoé livre cette lettre à Alceste. Acaste et Clitandre échangent leurs billets doux; ils mettent Arsinoé dans la confidence de ces petits papiers. Tout ce beau monde, qui ne se prive sans doute pas de flirter ailleurs, se ligue au dénouement contre Célimène et l'écrase sous le poids de sa vertueuse indignation. L'orgueil, la vanité, la convoitise, la vengeance ne connaissent pas plus le frein que la franchise d'Alceste. Il y a là une brutalité, une vilenie d'autant plus choquantes qu'elles paraissent aller de soi.

Si l'insincérité produit de tels effets, que devient la thèse de Molière? Mais Molière a-t-il une thèse? Trop de documents s'accordent sur la férocité des instincts et des passions qui travaillaient le XVIIe siècle (lui seul?) sous un vernis d'élégance pour laisser le moindre doute sur la vérité de sa peinture. Il peint la vie. Il n'écrit pas de berquinades ou de sermons, il ne pipe les dés en aucun sens. Il ne blâme pas la sincérité en soi, mais seulement une sincérité brutale qui aboutit au désordre et à la guerre pour des raisons souvent futiles; et même alors il ne méprise pas le brutal: on peut railler, réprouver, et estimer. Il n'approuve pas l'insincérité, sinon dans ses formes inoffensives ou bienfaisantes; encore moins approuve-t-il les bassesses auxquelles elle peut conduire; il les dénonce fortement par la bouche d'Alceste, et au surplus s'en remet à l'instinct public d'en faire justice: on peut représenter froidement, et condamner. Parce qu'on trouve bon qu'un homme suive la coutume et visite ses juges, on ne désire pas une justice corrompue; il faut seulement veiller à ce que la coutume ne dégénère pas en abus. Molière tient en tout pour le juste milieu, la raison. Sa morale ne s'affiche pas: il est poète. Elle n'est pas héroïque: l'héroïsme n'a que faire dans la comédie; les prédicateurs sont là pour l'enseigner, les saints pour en donner l'exemple; à chaque genre son domaine, ses moyens et ses limites; mais d'ailleurs la morale des honnêtes gens n'ignore pas la délicatesse. La comédie est un spectacle comme la vie qu'elle peint; comme la vie, elle a sa morale interne; au spectateur de la comprendre. Or jamais âme droite n'a méprisé un Alceste, estimé un Oronte; Molière n'a ni bravé ni dérouté ni égaré le jugement public. L'art est impartial; mais impartialité ne signifie pas complicité.

Il est clair qu'une comédie ne changera pas le train du monde, et Molière n'a jamais eu cette illusion. La portée du *Misanthrope*, pratiquement, est mince; il n'est pas un traité de morale sociale, mais une comédie; il ne fait qu'agiter la question, que frôler le social. Il n'en faut pas plus pour lui donner une dignité, un poids, que n'aurait pas eus l'exposition d'un simple fait divers; en d'autres termes, Molière a élevé sa pièce au dessus de l'anecdote. Homme intelligent, oui, mais d'abord poète, et poète comique. Sa magnifique création de caractères, sa prodigieuse ardeur de vie, et son comique, voilà sa grandeur.

VI. LE COMIQUE[1]

Les exigences du « comique » et celles du « métier, » ai-je dit plus haut, sont les deux limites du « vérisme » de Molière.

Tout rendait le problème du rire particulièrement difficile dans Le Misanthrope.

L'élégance du milieu. Comment le franc, le gros rire de la comédie bourgeoise et de la farce s'acclimaterait-il dans le grand monde et la haute comédie? Le farceur aurait beau se sublimer dans le poète, ne sentirait-on pas qu'il s'y prolonge?[2]

Les mœurs, qui n'ont rien de plaisant.

L'estime qu'Alceste s'attire malgré ses exagérations. N'a-t-il pas assez raison sur le fond, même s'il a tort dans la manière, pour que le spectateur refuse de se faire contre lui le complice de l'auteur? De l'un à l'autre ne va-t-il pas se produire un malentendu?

Et l'amour d'Alceste ne lui assurera-t-il pas la sympathie?[3]

Vraiment, Molière jouait la difficulté. Si forts étaient les obstacles qu'il ne semble pas les avoir surmontés entièrement; Le Misanthrope, à tant d'égards son chef d'œuvre, n'a pas été l'un de ses plus grands succès. Il n'en est que plus intéressant de voir comment et jusqu'à quel point il s'est tiré de ce pas difficile.

On distingue en général le comique externe et le comique interne.

Le comique externe

On entend par là le comique plaqué, sans nécessité, sur la situation, ou même sur la condition et le caractère. La farce, en est le milieu naturel.

---

[1] Voir ci-dessus, pp. ix et xv.   [2] Voir Boileau, Art P., 393–400.
[3] Les grands couplets amoureux d'Alceste (IV, 3) viennent en partie de Don Garcie de Navarre ou le Prince jaloux, Comédie héroïque (1661). La différence de niveau entre la comédie héroïque et la comédie explique clairement pourquoi l'amour d'Alceste fait éclater le comique; ces transplantations, même adaptées, ne pouvaient qu'introduire dans la nouvelle pièce des éléments qui la débordent. — Molière a d'ailleurs fait sentir lui-même la difficulté (v. 1163ss).

Molière, formé par la farce,[1] ne l'a pas bannie même du *Misanthrope*, loin de là. Mais il l'a adaptée, adoucie, déguisée, rendue élégante.

Scène de farce caractérisée, et de facture nettement moliéresque, la scène du valet (IV, 4): accoutrement risible, épuisement de chaque *idée* ou *thème* comique par voie de répétition et de synonymie, mimique, parler discrètement populaire;[2] rien n'y manque.

Scène de farce encore, au moins par l'idée, la scène 3 de l'acte IV: thème de l'amant berné par une maîtresse astucieuse. De qui et de quoi y rit-on? d'Alceste, de Célimène, ou du jeu comique, qui est délié et brillant? Le comique peut très bien se détacher des personnes et s'attacher au dessin d'un thème abstrait, si ce dessin met l'esprit en joie.

Motifs de farce, la manière dont Alceste coupe la parole à Philinte (I, 3), le revirement du même Alceste qui veut à toute force s'en aller quand on le retient, et qui reste quand on le renvoie (II, 4–5). — Et aussi le revirement de Célimène, qui saute presque au cou d'Arsinoé après l'avoir vilipendée si férocement (III, 3–4, v. 850–76).

Farce toujours, la suite de cette même scène 4: Arsinoé y est fouettée de ses propres verges: comique du type renard pris à son piège. Ici, on rit d'Arsinoé, parce qu'elle est antipathique et reçoit, avec usure, le traitement qu'elle mérite. — Mais aux scènes 2 et 4 de l'acte V, qui sont du même type, rit-on encore? Oui, ce semble, à la première, où Célimène se trouve pincée entre ses deux prétendants, comme entre deux pièges, et ne sait où se tourner; mais n'y rit-on pas d'un rire malin? Or comique n'est synonyme ni de malin ni même de risible; le comique demande l'affranchissement de toute considération étrangère à lui-même, de toute arrière-pensée vengeresse; c'est un rire bon enfant, un rire à ventre déboutonné, ou un rire intérieur (mais réservons ce point). Quant à la scène 4, il se peut que la vilenie de ses accusateurs rende pénible aux spectateurs l'épreuve de Célimène, mette la sympathie de son côté et coupe le rire à sa racine. Tant le comique dépend soit de l'atmosphère générale, soit du sentiment qu'inspirent les personnages; jamais spectateur bâti comme Alceste n'a trouvé Alceste drôle: témoin Jean-Jacques Rousseau. Le comique, pour sortir, exige une prépara-

---

[1] G. Lanson, *Molière et la farce* (Glasgow Univ. Press).
[2] Cp. par exemple *L'Avare*, V, 3, d'ailleurs scène de quiproquo.

tion adroite, une entente profonde entre l'auteur et le public, écoutant ou lisant.

Il semble pourtant que nous avons la fibre moins chatouilleuse et le rire moins facile que nos pères.

Mais la farce ne se limite pas à ces formes ou thèmes caractérisés.

Elle se définit, entre autres éléments qui n'ont pas leur entrée dans la haute comédie, par l'automatisme des mouvements et des gestes. *Punch and Judy*, le *Théâtre de Guignol*, avec le jaillissement et le trémoussement des marionnettes, avec la chute répétée de la batte du Commissaire sur la nuque de Guignol ou dans le vide, en donnent l'idée simpliste et grossière. Plus finement, tout ce qui, dans la comédie, sent le mécanisme, suggère une ligne ou un dessin, pourrait se mettre en diagramme, évoque un geste physique ou *mental*, tout cela se rattache en dernière analyse ou s'apparente à la farce. Et les dessins rythmiques, surtout quand la pièce est en vers, mais même quand elle est en prose, enchâssent de leurs lignes parallèles les équivalences ou les reprises des mouvements, qu'ils mettent en pleine valeur.

De ce comique, le plus glorieux exemple se trouve dans *Tartuffe*; le quadruple retour du fameux « *Et Tartuffe? — Le pauvre homme!* » sonne à la fois comme un déclic et atteint au lyrisme, au sublime du genre. Mais il en est fait dans *Le Misanthrope* un emploi prodigieux, qui compense l'éclat par le nombre, la variété et la subtilité. Voici les cas les plus curieux de cette géométrie rythmique et verbale.

Sans parler des « Je ne dis pas cela », les « Monsieur » d'Alceste valent une petite étude; il y en a une bonne douzaine dans la seconde scène; on dirait un tic. — La fin de la scène (I, 2, vv. 421–38) est faite de vers qui s'opposent un à un; deux couples de deux vers (427–28, 429–30) rompent, mais maintiennent, sous une autre forme, cette uniformité; un troisième couple (436–37), chose notable, n'est qu'apparent, le vers 436 correspondant au v. 435 de Philinte, le v. 437 faisant face au v. 438 d'Alceste. Autant de bottes et de ripostes; on dirait une passe d'armes; et c'en serait la préfiguration, si les Maréchaux n'intervenaient. Le duel verbal prend ainsi la forme métrique qui le dessine extérieurement; et la forme met en valeur le comique de l'idée; aller sur le terrain et risquer sa vie . . . pour un sonnet!

Observons qu'il incombe à l'acteur de faire ressortir, discrètement ou avec emphase, ces symétries. Molière, qui avait le jeu gros, n'y manquait certainement pas.[1]

Même dessin, plus curieux, plus appuyé, quand Oronte et Alceste somment Célimène de choisir entre eux (V, 2, 1609-22). On a deux couples de vers, puis dix vers qui s'opposent un à un. S'opposent-ils, ou se confondent-ils? Ils sont, deux par deux, surtout au commencement des vers, presque identiques, et on les croirait faits pour être dits ensemble; en ce cas, on aurait nettement un motif de farce: deux personnages parlant en même temps ou collant leurs répliques l'une à l'autre dans l'ardeur de leur rivalité.

Même dessin encore, non moins précis, mais le canevas est plus lâche, dans le premier assaut d'Arsinoé et de Célimène (III, 4, 879-960): les articulations des deux discours sont pareilles; Célimène reprend les mouvements, les tours de phras᾿, les termes mêmes de sa rivale et les lui renvoie, comme on renvoie le volant au jeu de raquette; il n'est pas jusqu'au petit mot *hier* du vers 885 qui n'ait son écho dans *l'autre jour* du v. 921. L'ironie n'est si perçante, la riposte si écrasante et si amusante que par cette symétrie.

On ne peut nier qu'il n'y ait quelquefois dans tout cela un peu de grosseur, mais c'est un signe de plus que nous sommes en pleine farce mondanisée.

Ceci est plus subtil.

En comparant les deux marquis à des pantins (p. xv), j'ai pris le mot au sens technique. Ce sont des pantins, en effet, par leur jeu. Ils font la cour à Célimène, bien décidés à n'être pas en reste l'un avec l'autre. La scène s'ouvre (II, 5, 567); Clitandre jette d'emblée à la jeune femme le nom de sa première victime; Acaste suit, et le jeu se poursuivra tout le long de la scène:

{	Clitandre	567-70	4 vers	« Parbleu! . . . Cléonte . . . »
{	Acaste	575-78	4 vers	« Parbleu! . . . Damon . . . »
{	Clitandre	585	1 vers	« Timante . . . »
{	Acaste	595	½ vers	« Et Géralde . . . »
{	Clitandre	603	1 vers	« Bélise . . . »
{	Acaste	617	½ vers	« Adraste . . . »
	Clitandre	623-25	2 vers	« Cléon . . . »

[1] Livet a réuni (Lexique, II, 505) des textes intéressants sur les gestes, démarches, postures, contorsions, grimaces de Molière; ce sont d'ailleurs des textes d'ennemis ou de rivaux.

Le jeu s'interrompt (mais non le dessin; Célimène répond à Clitandre en deux vers), parce que Philinte essaie de couper court à ce débordement de petites méchancetés (v. 627ss).

Le jeu reprend, les marquis s'exclament sur l'esprit de Célimène, mais le dessin se retourne, Acaste devance Clitandre:

Acaste   649   1 vers
Clitandre 650   1 vers

Clitandre prendra d'ailleurs sa revanche, en deux vers (658–659) auxquels Acaste n'oppose rien.

Jeu et dessin reprennent. Alceste blâme Célimène de son humeur médisante (691–94), les marquis protestent:

Clitandre 695–96 2 vers
Acaste   697–98 2 vers

La scène se termine, tout le monde se lève, Célimène demande aux marquis s'ils s'en vont:

Clitandre, Acaste, ensemble (733): « Non pas, Madame! »

Alceste les avertit qu'il ne leur cédera pas la place, les marquis assurent que rien ne les appelle ailleurs de toute la journée:

Acaste   737–38 2 vers
Clitandre 739–40 2 vers

Clitandre a le dernier mot comme il a eu le premier: son « petit couché » du v. 739 fait pendant à son « levé » du v. 567.[1]

Il saute aux yeux qu'un dessin aussi régulier dans sa variété n'est pas dû au hasard; Molière a mesuré ses effets, usé de toutes les combinaisons possibles pour pallier la monotonie du procédé.

C'est puéril? Mais non. C'est charmant, et c'est vrai. Le rythme seul dessine admirablement ces deux petits diables qui ont l'air de sortir de leur boîte, mus par un ressort.

L'emploi de ces parallélismes, de rythme et d'expression, pour exprimer la figuration linéaire, verbale et musicale d'une lutte ou d'une rivalité, spécialement quand elles parviennent à l'état aigu, n'est pas le monopole de la comédie. La tragédie en use aux mêmes fins, Corneille s'est fait une réputation de ce style qui convenait à son mâle génie.[2] Ils ne sont donc pas comiques en soi; mais, étant donné l'atmosphère propice, ils aiguisent

[1] Après le v. 772, les marquis rient ensemble d'Alceste. Voir aussi les v. 1663–1668.
[2] Voir, par exemple, Le Cid, 215–26, 396–405; Polyeucte 653–63, 907–920, 1281–91.

le comique, si même ils ne le constituent. Molière y a recours même aux endroits qui avoisinent le tragique, comme pour emprisonner sous un réseau brillant, miroitant, la gravité ou la passion. Sérieuse par le fond, la scène est alors comique par le jeu extérieur. *Le Misanthrope* offre en ce genre une création de comique abondante, disséminée au cours de la pièce, toute en détail, et telle qu'on n'en trouve l'équivalent, je crois, dans aucune comédie de Molière.

Le comique interne

On désigne par ce nom le comique qui irradie du caractère, de la condition ou de la situation. C'est le vrai, le grand comique, de tous le plus difficile à ménager.

Il existe sans doute un comique de l'hésitation, ce bégaiement de l'esprit. Molière l'ignore à peu près. Ses personnages n'ont pas, en général, le moindre sens critique; ils doutent rarement d'eux-mêmes, rarement ils s'interrogent sur leur être intime; ils s'acceptent, ils Sont, superbement; et parce qu'ils Sont, ils ont l'épaisseur d'inconscience et la force d'affirmation d'où jaillit le comique.

Je ne sais si la scène la plus foncièrement comique du *Misanthrope* n'est pas la scène des marquis (III, 1). De voir un être aussi totalement entiché de lui-même que l'est Acaste vous met dans une joie qui touche à la béatitude. Il désarme; point de résistance chez le spectateur, ni de moralité ni de classe; une satisfaction parfaite, une satisfaction d'artiste, qu'un homme remplisse aussi absolument sa définition.

Oronte, Arsinoé, Célimène, réalisent aussi la pureté de leur type, mais avec moins de naïveté, du moins les deux femmes. L'acteur peut facilement aiguiser ce comique, de boursouflure froide chez Oronte, de papelardise chez Arsinoé. Quant à Célimène, elle est l'étincellement et la joie de la pièce.

Alceste est le personnage litigieux. Est-il comique? Oui et non, oui ou non, selon les circonstances, les tempéraments et les points de vue. Il est complexe, divisé contre lui-même; sa philosophie et son amour se combattent; le risible et le pathétique se font chez lui concurrence. Les spectateurs réagissent selon leur humeur. Le rire est un phénomène à la fois individuel et collectif. D'aucuns l'ont facile, il part chez eux en fusées; d'autres l'ont difficile et rare, ils ne cèdent même pas à la contagion de l'ambiance. Il n'existe probablement pas de comique universel, absolu; les délicats se renfrognent où le vulgaire s'épanouit.

Et peut-être ne sommes nous plus bons juges en la matière. Les pièces de théâtre sont faites pour être vues et entendues; nous avons trop lu *Le Misanthrope*, nous l'avons lu dans un esprit trop critique; or le comique s'amortit et s'use par l'accoutumance; le souvenir et l'analyse lui sont mortels. Il faudrait revoir la pièce avec une mémoire vide, des yeux et des oreilles vierges, et comme dans sa fleur.

Si je puis invoquer mon expérience, je ne me rappelle pas une représentation du *Misanthrope* où j'aie beaucoup ri, ce qui s'appelle rire. Mais c'est que les acteurs modernes ne le jouent plus dans son esprit; ils le stylisent et l'ennoblissent. Il faut un effort pour retrouver les intentions de Molière, et il s'ensuit cette conséquence paradoxale que le comique en est plus sensible à la lecture qu'à la représentation: mais c'est un comique en idée, plutôt qu'un rire franc.

Molière comptait sur sa mimique pour faire rire d'Alceste. On induirait de là que le rôle avait besoin de ce renfort, si on ne savait que Molière outrait son jeu dans tous ses rôles.

Et dans quelle mesure voulait-il laisser Alceste sympathique tout en le rendant, quoi? comique? ridicule? Mais Molière faisait-il ces distinctions?

J'ai signalé les deux moyens par lesquels il pensait provoquer le rire: faire d'Alceste un atrabilaire, le faire amoureux d'une coquette. Jusqu'à quel point ont-ils réussi?

Derrière un réseau ou un écran représenté par l'élément de farce sublimé que nous avons vu, se discute un thème social et se joue un drame d'amour qui sont l'un et l'autre, de nature, sérieux, ou du moins qui nous le paraissent.

Un atrabilaire est par définition un homme dont la bile colore la vision et qui s'emporte à propos de tout et de rien, surtout de rien. Les formes reçues de la politesse, les affûtiaux de la poésie précieuse (spécialement dans celle d'un rival), la pratique courante des sollicitations en matière de procès, telles sont les peccadilles contre lesquelles Alceste part en guerre. On peut leur donner une valeur symbolique; mais des symboles ne font pas une comédie. Il y a disproportion certaine entre les dénonciations passionnées d'Alceste et leurs causes, qui sont minces, et toute démesure peut être source de comique. On peut donc rire, et on a ri, et on rit toujours d'Alceste à ces moments là. Par contre, ce qui se mêle de puérilité à son intransigeance, si telle est l'impression qu'on reçoit de ses emportements, peut provoquer un sourire apitoyé, un haussement d'épaules, l'impatience et l'irrita-

C

tion aussi bien que le rire. Et encore son éclatante droiture, même si on la trouve mal dirigée, commande l'estime et la sympathie; or elles coupent le rire plus sûrement encore que le dédain ou l'antipathie. De fait, Alceste l'atrabilaire a produit toutes ces réactions. En ce qui le concerne, le comique marche, si l'on ose dire, sur une corde raide, entre deux précipices.

On a soutenu que le XVIIᵉ siècle sentait ce comique ou ce ridicule plus vivement que le XIXᵉ, parce qu'il avait le sens de la norme sociale plus développé, et moins d'indulgence à l'égard des incartades individuelles. Il se peut en effet que le potentiel comique du *Misanthrope* ait baissé depuis trois cents ans. Encore faudrait-il savoir si le XVIIᵉ siècle riait de ces «cavaliers seuls» ou les blâmait. Mais dès que le rire se heurte à un réflexe de sentiment ou de moralité, il est compromis; il doit être une réponse immédiate, irréfléchie, du spectateur aux suggestions du poète.

Alceste l'amoureux se conduit encore comme un enfant dans sa première querelle avec Célimène (II, 1–4); il y est indubitablement risible; il l'est encore dans la scène des portraits (II, 5).[1] Mais à l'acte IV, sc. 3, il se sait joué par Célimène, et l'on dirait que l'homme naît de l'enfant, par la douleur d'amour qu'il éprouve. Le rôle d'amant berné est peut-être, dans la tradition gauloise, le plus comique des rôles; notons que cette scène commence par quatre vers d'imprécations bouffonnes qui sentent d'une lieue la parodie (1281–84)[2] comme si Molière avait voulu donner le *la*. Mais l'impression s'en efface vite, aujourd'hui, devant la plainte véhémente, poignante, et en même temps si raisonnable, si juste, qui les suit. Le pathétique de la situation vous prend; jamais Alceste n'a paru plus sympathique, moins risible, qu'à l'heure de sa défaite, de son abdication, de son consentement *clairvoyant* au mensonge de la coquette. Clairvoyant: tout est là; ce qui devrait consommer son ridicule restaure, pour nous, sa dignité et laisse l'indignité au compte de la perfide.[3] Il faudrait avoir l'esprit gaulois chevillé au corps pour rire de lui; dans tout le répertoire dramatique nous autres modernes ne connaissons pas de scène plus humaine, plus émouvante, et il ne faut pas moins que l'escrime effrontée et

---

[1] Cf. v. 681, 773–74.   [2] Ils viennent de *Don Garcie*.
[3] Commentaire imprévu de Pascal: «L'homme est un roseau pensant . . . Quand l'univers l'écraserait, l'homme serait encore plus noble que ce qui le tue, parce qu'il sait qu'il meurt, et l'avantage que l'univers a sur lui; l'univers n'en sait rien. Toute notre dignité consiste donc en la pensée.»

brillante de Célimène pour maintenir sur le plan de la comédie une situation qui la dépasse. L'interprétation moderne ne fait pas tort à Molière, loin de là, même si elle se méprend sur ses intentions. En tout cas, c'est un fait que l'acte V, sc. 2 et 4, nous montre un Alceste ferme et qui mène le jeu. Célimène et la douleur ont fait, ou commencé, son éducation.

S'il est vrai que Molière a quelque peu déçu et dérouté son public, comme tend à l'indiquer l'accueil relativement froid fait au *Misanthrope*, c'est — de deux choses l'une — ou que ce public ne mordait guère au sujet, ou qu'il liait le poète à une formule étroite de la comédie, celle du rire en dehors, du gros rire. Pour nous, le génie de Molière est aussi, certains diraient surtout, d'avoir su s'en dégager. Il reste d'ailleurs le maître du rire, mais de tous les rires, du plus extérieur au plus intérieur; il en a connu toute la gamme. Dans les parties de farce du *Misanthrope*, il a su changer le gros sel gaulois en sel attique; ailleurs, il a trouvé le moyen de marier avec l'émotion, déclarée ou latente, avec la noblesse de l'attitude et du ton, avec l'âpreté des moeurs, la légèreté plaisante du dessin et du cadre. Que l'on compare Alceste avec Arnolphe, dont il a fait pour finir, malgré quelques éclats de douleur assez touchants, un sot et un bouffon, on sentira mieux de quelle main délicate il a équilibré et harmonisé dans *Le Misanthrope* des éléments disparates. A cette conciliation ou à cette fusion tient ce qu'il y a d'indéfini, de provoquant, de génial dans la pièce.

Boileau a eu un mot magnifique, quand il a dit que *Le Misanthrope* fait rire dans l'âme. Mais comment rit-on dans l'âme, et par quel miracle ce comique de contemplation reste-t-il du comique?[1]

VII. LA LANGUE ET LE STYLE

Molière s'est fait une langue originale, compliquée, à l'image de son expérience, qui fut sans doute unique pour un écrivain de

[1] Je retrouve cette expression, 'rire dans l'âme,' dans la lettre de Donneau de Visé: « Voilà, Monsieur, ce que je pense de la comédie du Misanthrope amoureux, que je trouve d'autant plus admirable, que le héros en est le plaisant sans être trop ridicule, et qu'il fait rire les honnêtes gens sans dire des plaisanteries fades et basses, comme l'on a accoutumé de voir dans les pièces comiques. Celles de cette nature me semblent plus divertissantes, encore que l'on y rie moins haut: et je crois qu'elles divertissent davantage, qu'elles attachent, et qu'elles font continuellement rire dans l'âme. *Le Misanthrope*, malgré sa folie (noter ce mot) si l'on peut ainsi appeler son humeur a le caractère d'un honnête homme, et beaucoup de fermeté . . . »

son envergure. Ses longues courses à travers les provinces (1645–1658) l'ont soustrait à l'action continue du milieu parisien, la vie s'est révélée à lui avec des figures très diverses, et autant de langages.

Il saute aux yeux d'abord qu'il n'a rien d'un puriste. Il est même le parfait éclectique. En matière de langue comme de thèmes comiques, il prend son bien où il le trouve. Sa langue, essentiellement bigarrée, composite, et très souvent en marge de l'usage courant, provient de trois fonds principaux:

1° le fonds commun, la langue générale, telle que la parlaient et l'écrivaient les honnêtes gens. Beaucoup de ses vers, et des meilleurs, secs, cinglants, ou charmants, parfois délicieux, viennent de là.

2° le fonds précieux, qui a fortement marqué son langage et déterminé un aspect essentiel de sa pensée et de son style.

3° Avec quoi se combine, de façon parfois assez étrange, un réalisme marqué; Alceste emploie d'instinct le mot énergique, donc familier, à l'occasion même populaire.

Ajoutons la langue de la Cour, dans la mesure où elle se distingue de la meilleure langue générale par un degré supérieur, constant, de pureté et d'élégance. Les grammairiens et les linguistes, depuis Vaugelas, attribuent à la Cour des mots, des acceptions et des emplois, des prononciations que Molière n'a pas ignorés, sans parler des jurons dont il a émaillé *Le Misanthrope*; le beau langage lui parvenait.

Et aussi la langue de la comédie: langue écrite, traditionnelle, stéréotypée, souvent apparentée d'ailleurs à la langue populaire.

Et encore la langue académique, parfois teintée d'archaïsme et de latinisme.

A cette multiplicité d'origines s'ajoutent les conditions de vie du poète, qui ont pesé sur sa langue, sa syntaxe, son style et sa métrique. L'acteur-directeur de troupe laissait peu de loisir à l'écrivain; il lui fallait travailler vite et parfois, sans doute, à bâtons rompus; on distingue sans peine les parties qu'il a soignées et celles qu'il a expédiées. L'à peu près alterne dans ses vers avec la plus précise élégance. Quand il a, par exemple, un trou de quatre syllabes à boucher et que le mot usuel, indiqué, en a trois ou cinq, il ne se donne pas toujours la peine de refaire son vers; il accepte un synonyme de la longueur voulue qui fait à peu près l'affaire, qui se comprend, mais qui surprend aussi et qui jette sur le vers un jour douteux. Ou encore, il puise dans son arsenal de petits mots commodes par leur brièveté, *coeur*, *âme*, *gens*, *ici*, *voir*, *on* surtout, qu'il met à toutes sauces. Il est souvent très difficile de mesurer l'écart entre son mot à lui et le mot de tout le monde. La langue a évolué, nous ne jugeons plus bien des habitudes et réactions du temps; d'autre part, les pièces de théâtre sont faites pour être jouées; ce qui arrête à la lecture passe à la scène sans gratter.

La langue de Molière est donc une langue compliquée, difficile, plus difficile que celle de Racine, parce qu'elle est plus libre et plus riche.

Précisément, ce qui la définit, c'est sa liberté. Elle est ordinairement franche, drue, mâle, hardie, gonflée de suc et de sève; le plus souvent en dehors, comme il convient à la comédie; mais au besoin intérieure, délicate, et même raffinée; parfois, souvent, alambiquée, ailleurs directe, coupante et même tranchante. Ses caractères essentiels sont la force et le mouvement, c'est à dire, la vie, qui entraîne tout et fait tout passer. Racine pense et écrit par nappes; Molière est le mouvement incarné, une création incessante, une merveilleuse adaptation de l'expression et du rythme à la vibration de l'âme, un don d'expression égal à la finesse de l'intuition psychologique. Il apparaît qu'il vivait ses personnages intensément. Il peut les abandonner pour un acte ou plus, il les retrouve exactement avec leur vocabulaire, leur phraséologie, et leur accent.

Le commentaire justifiera ces vues générales. Il y a pourtant un point qui mérite plus ample considération.

Une veine curieuse, une large veine de préciosité traverse le style de Molière: curieuse, parce que *Le Misanthrope*, se tenant sur les chemins royaux de la psychologie et de la morale, ne pose aucun problème de casuistique amoureuse, que la préciosité était en baisse avant l'année 1666, et qu'elle ne s'accorde pas avec la franche allure habituelle du style; il apparaît que comme beaucoup de ses contemporains, Molière s'est nourri des romanciers. Or les Précieux, tout en raffinant sur les sentiments, les exprimaient en termes pris des choses et de la vie; leur langue et leur style sont hautement métaphoriques. Il s'était donc établi entre l'abstrait et le concret une sorte d'alliance et d'équilibre; chacun des deux termes, en se frottant à l'autre, avait perdu un peu de sa nature; l'abstrait s'était concrétisé, le concret (encore davantage) s'était abstrait; de là, entre autres, par un très curieux procédé de désignation de l'organe (cf. 1761), les extraordinaires fonctions et emplois de la chose *cœur* et du mot *cœur*, ou du mot *mains*, dans *Le Misanthrope*. Or, l'analyse ultérieure des Puristes, plus sévère et orientée autrement, s'est retournée contre les Précieux et a défait leur langue; elle a rendu le concret à sa concrétion (quand elle ne l'a pas éliminé), l'abstrait à son abstraction. Il en est résulté que des associations de choses et de mots comme il en fourmille chez Molière et comme il s'en rencontre même chez des écrivains plus stricts paraissent aujourd' hui incongrues. Déjà au XVIIᵉ siècle, de bons juges qui n'étaient pas des ennemis, Boileau, Fénelon, l'accusaient de galimatias. Le mot est fort, il n'est pas toujours injuste. Le style de Molière date par sa préciosité.

Mais, où il est bon, il est excellent, superbe de fougue, d'éclat et de précision; le vers, quand il est bien venu, est fait d'un jet; il laisse une impression de facilité et de liberté souveraines.

VIII. LA VERSIFICATION

Le Misanthrope est semé de tirades et de harangues; le caractère oratoire en frappe à première vue. Non que Molière ait souffert d'une crise d'éloquence à cette date; mais un Alceste exhale naturellement son humeur en discours; il parle beaucoup, et s'écoute parler; on le voit autant qu'on l'entend, qui s'échauffe, se monte, s'exalte, éclate enfin, sur un juron.

Quelque furieux qu'il soit, il procède par ordre, selon les règles de la rhétorique. Ses discours se divisent en paragraphes nettement délimités; l'armature générale en est forte, les articulations de détail très visibles et parfois un peu grosses. En outre, Molière écrit souvent par couplets de deux ou deux-fois-deux vers que relie la conjonction *et*. Il semble qu'il ait eu dans l'esprit et dans l'oreille, de par son entraînement d'acteur, un certain rythme qu'il affectionnait; et l'on pense au « gueuloir » de Flaubert.

Mais ce n'est là qu'un trait, saillant à vrai dire et dont l'impression vous poursuit. Ailleurs, la versification de Molière est aussi souple que robuste. Elle peut être d'une plasticité merveilleuse; elle se calque sur le mouvement intérieur de la passion; le rythme est à lui seul une révélation de l'âme, et rien, peut-être, ne montre mieux avec quelle intensité Molière vivait en lui-même ses personnages. Une foule de vers sont d'une seule venue, n'ont pas un pli; leur franchise d'allure et leur facilité coulante sont un charme. L'harmonie, sans atteindre le nuancement exquis des plus beaux vers raciniens, présente des sonorités

intéressantes. La comédie est, après tout, un genre moins intérieur que la tragédie; les méandres savants et les enveloppe-
ments suaves ne sont pas son fait. La versification de Molière
témoigne du même tempérament, offre les mêmes caractères
que sa langue et son style.

Elle n'échappe pas aux petites faiblesses inévitables, et d'ailleurs, souvent plus aimables qu'une perfection académique. Les
chevilles sont nombreuses, tantôt massives, tantôt subtiles;
les nécessités de la rime amènent bien des hémistiches ou des
vers, ou des couples de vers, ou des interruptions de phrases,
dont on se passerait. Les rimes ne sont pas toujours riches;
la consonne d'appui (qui peut être à la longue bien obsédante)
leur manque souvent. Plus de cent vers riment mal pour l'oreille;[1]
de 350 à 400 ne riment pas pour l'œil aujourd'hui, mais ce
nombre se réduirait sensiblement dans l'orthographe du temps.
Boileau enviait à Molière sa facilité à trouver la rime (*Sat.* II);
toute facilité se paie.

J'ai lu je ne sais où, il y a longtemps, que la diction poétique,
au XVIIe siècle, était beaucoup plus coupée qu'aujourd'hui, et
notamment, que la sixième syllabe était toujours suivie d'un
arrêt. J'avoue que je répugne à le croire; cela me paraît contraire
à tout sens du rythme, à tout instinct musical, et souvent dom-
mageable au sens même. 1800 vers s'avalent avec plaisir, quand
ils sont de Molière; mais 3600 hémistiches, se faisant face et se
défiant l'un l'autre, je doute que Molière lui-même les eût fait
passer. Il s'en faut d'ailleurs, chez lui comme chez les autres
classiques, que la césure médiane soit toujours la plus importante.

Le vers classique n'admet pas que la sixième syllabe tombe
dans l'intérieur d'un mot, mais elle tombe très bien au milieu
d'un groupe de mots que la syntaxe ou le sens rend inséparables.
On trouve chez Molière à peu près toutes les combinaisons, si
l'on en juge par la scansion moderne:

des vers quaternaires, rares:

Le beau temps, | et la pluie, | et le froid, | et le chaud, 611

des vers ternaires, plus fréquents:

J'ai du bien, | je suis jeune, | et sors d'une maison 783
Elle veut | que ce soit un vol | que je lui fais 868

[1] Rime de la longue et de la brève (lâche, attache); de la muette et de la
sonore (fait, net; nous, tous). Sauf la finale *nie*, cérémonie-compagnie
(v. 1033-34) ne riment exactement ni pour l'œil ni pour l'oreille.

des vers de toute facture, certains très nombreux:

1 + 11	Moi! | ¹ parbleu je ne suis de taille ni d'humeur 807
2 + 10	La maigre, | a de la taille et de la liberté 719
3 + 9	Ce flegme | pourra-t-il ne s'échauffer de rien? 168
	D'un zèle | qui m'attache à tous vos intérêts 912
	Je suis sotte, | et veux mal à ma simplicité 1411
4 + 8	Et votre cœur, | paré de beaux semblants d'amour 1701
6 + 6	Dans vos brusques chagrins | je ne puis vous comprendre 6
7 + 5	Et ce sont de ces gens qui, | je ne sais comment 543
8 + 4	Le plus honnêtement du monde | avecque moi 292
	Et tomberai d'accord de tout, | hors de ce point 1140
	Ah! je te casserai la tête, | assurément 1447
9 + 3	Et qu'il ne nous soit pas fort aisé | de juger 1003
	Et que j'eusse la joie et la gloire, | en ce jour 1431
10 + 2	Et de vous mettre un peu plus en peine | des vôtres 950
	Et ne me rompez pas davantage | la tête 1370

Jamais phrase, de vers ou de prose, n'a serré de plus près l'allure de la pensée ou du sentiment.

Il va d'ailleurs sans dire que la comédie jouit d'un régime plus libéral que l'ode ou la tragédie.²

IX. SOURCES?

On se plaisait naguère, sans le moindre souci ni la moindre idée du mystère de la création artistique, à chercher dans la vie des originaux aux personnages de théâtre. *Tartuffe* a prêté à une véritable débauche d'identifications. *Le Misanthrope* n'a pas échappé à cette petite manie.

Je me bornerai, faute de place, à signaler ces hypothèses. Aucune ne se prouve; je pencherais fortement, pour ma part, au scepticisme.

Alceste combinerait des éléments de trois personnes.

1° En tant qu'amoureux, il tiendrait de Molière lui-même. Les reproches sanglants et les objurgations passionnées qu'il adresse à Célimène feraient écho aux inquiétudes et souffrances conjugales du poète.³

¹ Je risque cette scansion (et quelques autres), qui me paraît expressive et juste en raison de l'importance du *Moi* d'Alceste. Après tout, aucune convention ne peut faire que le mouvement d'un vers ne soit pas ce qu'il est. — Je ne souscris pas à la théorie qui fait rentrer les syllabes finissant en *e* et dont l'*e* ne s'élide pas dans le groupe de syllabes qui les suit.
² Signalons l'emploi très fréquent de la diérèse, ou prononciation en deux syllabes de deux voyelles consécutives (Él-i-ante); on en compte environ 75 cas.
³ Cf. Michaut, 242–243.

2° En tant que misanthrope, il aurait eu pour prototype le duc de Montausier, un très haut personnage, ami particulier du Roi, et futur Gouverneur du dauphin.[1]

3° En tant que critique littéraire, il devrait quelque chose à Boileau. Ici, la ressemblance se limite à quelques traits; ils seront signalés à leur place.

Oronte serait François Honorat de Beauvillier, premier duc de Saint-Aignan, membre de l'Académie Française; Célimène, Mlle Molière, naturellement, et quelques autres.

De toute manière, entre ces originaux et *Le Misanthrope*, il y a des abîmes.

X. LE SUCCÈS DE LA PIÈCE

Le Misanthrope ne fut pas joué d'abord devant le Roi; la Reine mère était morte au mois de janvier, et la Cour résidait à Fontaine-bleau.

A la ville, la pièce ne fut ni le triomphe qu'elle méritait d'être ni le four qu'on a dit. Mais il est clair qu'elle n'a pas très bien tenu l'affiche, et le succès d'argent ne fut qu'honorable.

Une première série de 11 représentations se place du 4 au 29 juin 1666. Les deux premières produisirent 3064 livres (1447-1617), contre *Don Juan* 3875 et *Tartuffe* 4905. La pièce se soutint à peu près de la 3e à la 9e (5168 l.); mais les 10e et 11e accusent une chute brusque, presque un effondrement (212, 349 l.). Ces onze premières représentations firent 8793 l. (*Tartuffe*, 22800).

Après un court relâche, la pièce repartit du 9 juillet au 1er août: 10 représentations, 3749 l.

La pièce disparut de l'affiche pendant tout le mois d'août. Elle fut reprise le 3 septembre avec *Le Médecin malgré lui*, eut 5 représentations en septembre (recette: 3956 l.); — 4 en octobre (1559 l.); — 4 encore en novembre (1471 l.). Puis elle fut retirée.

Elle produisit donc au total, pour 34 représentations, 19528 livres; il faudrait multiplier ce chiffre au moins par 5 pour avoir sa valeur en francs or de 1900.[2]

Du vivant de l'auteur, elle n'eut plus que 4 représentations en 1667, 2 en 1668, 4 en 1669, 6 en 1670, 4 en 1671, et 5 en 1672. Molière mourut le 17 février 1673.

[1] Voir la pièce, II, 5, 711, sur un point particulier.

[2] *Don Juan* eut une carrière plus courte, mais plus brillante: ses 15 représentations firent 20, 114 livres contre *Le Misanthrope* 10, 488 et *Tartuffe* 27, 180; mais *Tartuffe* est une pièce à part.

XI. LE TEXTE

Il n'a paru qu'une édition du vivant de Molière, en 1667. Aucun éditeur moderne, à ma connaissance, ne l'a prise pour base jusque dans le détail matériel.

Livet en a eu l'idée. Il donne son édition (1883) pour conforme à la princeps, mais elle ne l'est qu'en partie.

« Les scènes, dit-il, y sont marquées par l'arrivée, jamais (ceci est inexact) par la sortie des personnages.» En conséquence, nos scènes 2–3 de l'acte II n'en faisaient qu'une (Acaste, annoncé au v. 532, n'entre en scène qu'au vers 559), et nos scènes 4, 5, 6, 7 portaient les numéros 3, 4, 5, 6. Mais à la scène finale (V, 4), des scènes 5, 6, 7, 8 s'ouvraient à chaque sortie de personnages. Livet ne les a pas rétablies, il les signale en note. L'auteur de la future édition critique ne devra pas s'en affranchir; dans une édition scolaire, j'ai cru préférable de ne pas me séparer des éditions courantes.

Livet a reproduit « scrupuleusement » la ponctuation. Mais elle coupe le texte au point de le déchiqueter et d'en rendre la lecture difficile. Elle m'a paru n'avoir pas sa place dans une édition du genre de celle-ci; je n'avais d'ailleurs pas le moyen de la contrôler. Je lui ai pourtant emprunté quelques signes de ponctuation que le sens des vers ou la diction recommandait.[1]

Livet n'a pas reproduit l'orthographe; elle n'importe cependant pas moins que la ponctuation.

Je m'en tiens donc à peu près au texte généralement reçu. Il n'est pas « authentique », mais il y a lieu de le croire exact.

---

[1] La ponctuation du XVIIe siècle diffère assez profondément de la nôtre. D'une part, elle tend à isoler les hémistiches, même quand le sens ne l'impose pas, et, à l'intérieur de chaque hémistiche, par un choc en retour, à isoler les groupes de mots qui peuvent l'être. D'autre part, la valeur des signes, du moins la virgule, le point et virgule et les deux points, a changé depuis lors. La ponctuation est donc en partie conventionnelle, et d'une convention qui ne nous lie plus; mais elle peut aussi être artistique, marquer les mouvements du sentiment et de la diction. Il est assez facile, en général, de reconnaître si elle est mécanique ou intentionnelle.

XII. OUVRAGES CONSULTÉS

i. ÉDITIONS

Les Grands Écrivains de la France, tome V (Paris, Hachette, 1880).

LIVET (P. Dupont, 1883).

LANSON-MORNET (Paris, Hachette, 1905).

ii. LEXIQUES

Les Grands Écrivains de la France, tomes XII-XIII.

LIVET, *Lexique de la langue de Molière comparée à celle des écrivains de son temps, avec des commentaires de philologie historique et grammaticale* (Paris, 1895–97, 3 vol.).[1]

iii. OUVRAGES DE RÉFÉRENCE

Académie française (Dictionnaire de l'), 1e éd., 1694 (réimpression récente, 2 vol.).

ALEMAND, *Nouvelles Observations*.

ANDRY DE BOISREGARD, *Réflexions sur l'usage présent de la langue française* (1689).

BOUHOURS, *Les entretiens d'Ariste et d'Eugène* (1671; éd. Radouant, Bossard, 1920). *Remarques nouvelles sur la langue française* (1675).

F. DE CALLIÈRES, *Des mots à la mode, et des nouvelles façons de parler* (1692). *Du bon et du mauvais usage dans les manières de s'exprimer* (1693).

G. CAYROU, *Le français classique: Lexique de la langue du XVIIe siècle* (Paris, Didier, 1923).

A. COURTIN, *Nouveau Traité de la civilité qui se pratique en France parmi les honnêtes gens*. Nouvelle édition revue et augmentée (Lyon, 1691).

DONNEAU DE VISÉ, *Lettre sur Le Misanthrope* (Les Grands Écrivains de la France, tome V).

A. FURETIÈRE, *Dictionnaire universel, contenant généralement tous les mots françois* (1690).

A. HAASE, *Syntaxe française du XVIIe siècle*. Trad. M. Obert (Paris, Picard, 1898).

HATZFELD ET DARMESTETER, *Dictionnaire général de la langue française* (Delagrave, s.d., 2 vol.).

---

[1] Je renvoie de préférence au lexique de Livet, qui est plus riche à tout point de vue.

Les loix de la galanterie (1644).

MÉNAGE, *Observations sur la langue françoise* (Paris, 1672).

QUICHERAT, *Histoire du costume en France* (1877).

RICHELET, *Dictionnaire de la langue française, ancienne et moderne* (1679–80).

SOMAIZE, *Le Grand Dictionnaire des Précieuses* (1660).

SOREL, *De la connaissance des bons livres* (1671).

THUROT, *De la prononciation française depuis le commencement du XVIe siècle d'après les témoignages des grammairiens* (Paris, 1881–83).

VAUGELAS, *Remarques sur la langue françoise, utiles à ceux qui veulent bien parler et bien escrire* (1647; éd. J. Streicher, Paris, Droz, 1934).—*Nouvelles Remarques* (1690).

LE MISANTHROPE

1666

ACTEURS

ALCESTE, amant de Célimène   -   -   -   - MOLIÈRE

PHILINTE, ami d'Alceste   -   -   -   -   -

ORONTE, amant de Célimène   -   -   -   -

CÉLIMÈNE, amante d'Alceste   -   -   - Mlle MOLIÈRE

ÉLIANTE, cousine de Célimène   -   -   -   -

ARSINOÉ, amie de Célimène -   -   -   -   -

ACASTE
CLITANDRE   } Marquis

BASQUE, valet de Célimène   -   -   -   -   -

Un Garde de la maréchaussée de France -   -   -

DU BOIS, valet d'Alceste   -   -   -   -   -

La scène est à Paris

LE MISANTHROPE

COMÉDIE

ACTE I

SCÈNE PREMIÈRE

PHILINTE, ALCESTE

PHILINTE

Qu'est-ce donc? Qu'avez-vous?

ALCESTE

Laissez-moi, je vous prie.

PHILINTE

Mais encor, dites-moi, quelle bizarrerie . . .

ALCESTE

Laissez-moi là, vous dis-je, et courez vous cacher.

PHILINTE

4 Mais on entend les gens, au moins, sans se fâcher.

ALCESTE

Moi, je veux me fâcher, et ne veux point entendre.

PHILINTE

Dans vos brusques chagrins je ne puis vous comprendre,
Et quoique amis, enfin, je suis tout des premiers . . .

ALCESTE

8 Moi, votre ami? Rayez cela de vos papiers.
J'ai fait jusques ici profession de l'être;
Mais après ce qu'en vous je viens de voir paraître,
Je vous déclare net que je ne le suis plus,
12 Et ne veux nulle place en des cœurs corrompus.

PHILINTE

Je suis donc bien coupable, Alceste, à votre compte?

ALCESTE

Allez, vous devriez mourir de pure honte;
Une telle action ne saurait s'excuser,

3

16 Et tout homme d'honneur s'en doit scandaliser.
Je vous vois accabler un homme de caresses,
Et témoigner pour lui les dernières tendresses;
De protestations, d'offres, et de serments,
20 Vous chargez la fureur de vos embrassements;
Et quand je vous demande après quel est cet homme,
A peine pouvez-vous dire comme il se nomme;
Votre chaleur pour lui tombe en vous séparant,
24 Et vous me le traitez, à moi, d'indifférent.
Morbleu! c'est une chose indigne, lâche, infâme,
De s'abaisser ainsi jusqu'à trahir son âme;
Et si, par un malheur, j'en avais fait autant,
28 Je m'irais, de regret, pendre tout à l'instant.

PHILINTE

Je ne vois pas, pour moi, que le cas soit pendable,
Et je vous supplierai d'avoir pour agréable
Que je me fasse un peu grâce sur votre arrêt,
32 Et ne me pende pas pour cela, s'il vous plaît.

ALCESTE

Que la plaisanterie est de mauvaise grâce!

PHILINTE

Mais, sérieusement, que voulez-vous qu'on fasse?

ALCESTE

Je veux qu'on soit sincère, et qu'en homme d'honneur,
36 On ne lâche aucun mot qui ne parte du cœur.

PHILINTE

Lorsqu'un homme vous vient embrasser avec joie,
Il faut bien le payer de la même monnoie,
Répondre, comme on peut, à ses empressements,
40 Et rendre offre pour offre, et serments pour serments.

ALCESTE

Non, je ne puis souffrir cette lâche méthode
Qu'affectent la plupart de vos gens à la mode;
Et je ne hais rien tant que les contorsions
44 De tous ces grands faiseurs de protestations,
Ces affables donneurs d'embrassades frivoles,
Ces obligeants diseurs d'inutiles paroles,
Qui de civilités avec tous font combat,
48 Et traitent du même air l'honnête homme et le fat.
Quel avantage a-t-on qu'un homme vous caresse,
Vous jure amitié, foi, zèle, estime, tendresse,

Et vous fasse de vous un éloge éclatant,
52 Lorsque au premier faquin il court en faire autant?
Non, non, il n'est point d'âme un peu bien située
Qui veuille d'une estime ainsi prostituée;
Et la plus glorieuse a des régals peu chers,
56 Dès qu'on voit qu'on nous mêle avec tout l'univers:
Sur quelque préférence une estime se fonde,
Et c'est n'estimer rien qu'estimer tout le monde.
Puisque vous y donnez, dans ces vices du temps,
60 Morbleu! vous n'êtes pas pour être de mes gens;
Je refuse d'un cœur la vaste complaisance
Qui ne fait de mérite aucune différence;
Je veux qu'on me distingue; et pour le trancher net,
64 L'ami du genre humain n'est point du tout mon fait.

PHILINTE

Mais, quand on est du monde, il faut bien que l'on rende
Quelques dehors civils que l'usage demande.

ALCESTE

Non, vous dis-je, on devrait châtier, sans pitié,
68 Ce commerce honteux de semblants d'amitié.
Je veux que l'on soit homme, et qu'en toute rencontre
Le fond de notre cœur dans nos discours se montre,
Que ce soit lui qui parle, et que nos sentiments
72 Ne se masquent jamais sous de vains compliments.

PHILINTE

Il est bien des endroits où la pleine franchise
Deviendrait ridicule et serait peu permise;
Et parfois, n'en déplaise à votre austère honneur,
76 Il est bon de cacher ce qu'on a dans le cœur.
Serait-il à propos et de la bienséance
De dire à mille gens tout ce que d'eux on pense?
Et quand on a quelqu'un qu'on hait ou qui déplaît,
80 Lui doit-on déclarer la chose comme elle est?

ALCESTE

Oui.

PHILINTE

Quoi? vous iriez dire à la vieille Émilie
Qu'à son âge il sied mal de faire la jolie,
Et que le blanc qu'elle a scandalise chacun?

ALCESTE

Sans doute.

D

PHILINTE

84   A Dorilas, qu'il est trop importun,
Et qu'il n'est, à la cour, oreille qu'il ne lasse
A conter sa bravoure et l'éclat de sa race?

ALCESTE

Fort bien.

PHILINTE

Vous vous moquez.

ALCESTE

                Je ne me moque point,
88 Et je vais n'épargner personne sur ce point.
Mes yeux sont trop blessés, et la cour et la ville
Ne m'offrent rien qu'objets à m'échauffer la bile;
J'entre en une humeur noire, en un chagrin profond,
92 Quand je vois vivre entre eux les hommes comme ils font;
Je ne trouve partout que lâche flatterie,
Qu'injustice, intérêt, trahison, fourberie;
Je n'y puis plus tenir, j'enrage, et mon dessein
96 Est de rompre en visière à tout le genre humain.

PHILINTE

Ce chagrin philosophe est un peu trop sauvage,
Je ris des noirs accès où je vous envisage,
Et crois voir en nous deux, sous mêmes soins nourris,
100 Ces deux frères que peint *l'École des maris*,
Dont ...

ALCESTE

     Mon Dieu! laissons là vos comparaisons fades.

PHILINTE

Non: tout de bon, quittez toutes ces incartades.
Le monde par vos soins ne se changera pas;
104 Et puisque la franchise a pour vous tant d'appas,
Je vous dirai tout franc que cette maladie,
Partout où vous allez, donne la comédie,
Et qu'un si grand courroux contre les mœurs du temps
108 Vous tourne en ridicule auprès de bien des gens.

ALCESTE

Tant mieux, morbleu! tant mieux, c'est ce que je demande;
Ce m'est un fort bon signe, et ma joie en est grande:
Tous les hommes me sont à tel point odieux,
112 Que je serais fâché d'être sage à leurs yeux.

PHILINTE

Vous voulez un grand mal à la nature humaine!

ALCESTE

Oui, j'ai conçu pour elle une effroyable haine.

PHILINTE

Tous les pauvres mortels, sans nulle exception,
116 Seront enveloppés dans cette aversion?
Encore en est-il bien, dans le siècle où nous sommes ...

ALCESTE

Non: elle est générale, et je hais tous les hommes:
Les uns, parce qu'ils sont méchants et malfaisants,
120 Et les autres, pour être aux méchants complaisants,
Et n'avoir pas pour eux ces haines vigoureuses
Que doit donner le vice aux âmes vertueuses.
De cette complaisance on voit l'injuste excès
124 Pour le franc scélérat avec qui j'ai procès:
Au travers de son masque on voit à plein le traître;
Partout il est connu pour tout ce qu'il peut être;
Et ses roulements d'yeux et son ton radouci
128 N'imposent qu'à des gens qui ne sont point d'ici.
On sait que ce pied plat, digne qu'on le confonde,
Par de sales emplois s'est poussé dans le monde,
Et que par eux son sort de splendeur revêtu
132 Fait gronder le mérite et rougir la vertu.
Quelques titres honteux qu'en tous lieux on lui donne,
Son misérable honneur ne voit pour lui personne;
Nommez-le fourbe, infâme et scélérat maudit,
136 Tout le monde en convient, et nul n'y contredit.
Cependant sa grimace est partout bienvenue:
On l'accueille, on lui rit, partout il s'insinue;
Et s'il est, par la brigue, un rang à disputer,
140 Sur le plus honnête homme on le voit l'emporter.
Têtebleu! ce me sont de mortelles blessures,
De voir qu'avec le vice on garde des mesures;
Et parfois il me prend des mouvements soudains
144 De fuir dans un désert l'approche des humains.

PHILINTE

Mon Dieu, des mœurs du temps mettons-nous moins en
Et faisons un peu grâce à la nature humaine;   [peine,
Ne l'examinons point dans la grande rigueur,
148 Et voyons ses défauts avec quelque douceur.

Il faut, parmi le monde, une vertu traitable;
A force de sagesse, on peut être blâmable;
La parfaite raison fuit toute extrémité,
152 Et veut que l'on soit sage avec sobriété.
Cette grande roideur des vertus des vieux âges
Heurte trop notre siècle et les communs usages;
Elle veut aux mortels trop de perfection:
156 Il faut fléchir au temps sans obstination;
Et c'est une folie à nulle autre seconde
De vouloir se mêler de corriger le monde.
J'observe, comme vous, cent choses tous les jours,
160 Qui pourraient mieux aller, prenant un autre cours;
Mais quoi qu'à chaque pas je puisse voir paraître,
En courroux, comme vous, on ne me voit point être;
Je prends tout doucement les hommes comme ils sont,
164 J'accoutume mon âme à souffrir ce qu'ils font;
Et je crois qu'à la cour, de même qu'à la ville,
Mon flegme est philosophe autant que votre bile.

ALCESTE

Mais ce flegme, Monsieur, qui raisonne si bien,
168 Ce flegme pourra-t-il ne s'échauffer de rien?
Et s'il faut, par hasard, qu'un ami vous trahisse,
Que, pour avoir vos biens, on dresse un artifice,
Ou qu'on tâche à semer de méchants bruits de vous,
172 Verrez-vous tout cela sans vous mettre en courroux?

PHILINTE

Oui, je vois ces défauts dont votre âme murmure
Comme vices unis à l'humaine nature;
Et mon esprit, enfin, n'est pas plus offensé
176 De voir un homme fourbe, injuste, intéressé,
Que de voir des vautours affamés de carnage,
Des singes malfaisants, et des loups pleins de rage.

ALCESTE

Je me verrai trahir, mettre en pièces, voler,
180 Sans que je sois . . . Morbleu! je ne veux point parler,
Tant ce raisonnement est plein d'impertinence.

PHILINTE

Ma foi! vou; ferez bien de garder le silence.
Contre votre partie éclatez un peu moins,
184 Et donnez au procès une part de vos soins.

ALCESTE

Je n'en donnerai point, c'est une chose dite.

PHILINTE

Mais qui voulez-vous donc qui pour vous sollicite?

ALCESTE

Qui je veux? La raison, mon bon droit, l'équité.

PHILINTE

188 Aucun juge par vous ne sera visité?

ALCESTE

Non. Est-ce que ma cause est injuste ou douteuse?

PHILINTE

J'en demeure d'accord; mais la brigue est fâcheuse,
Et . . .

ALCESTE

    Non: j'ai résolu de ne pas faire un pas.

192 J'ai tort, ou j'ai raison.

PHILINTE

          Ne vous y fiez pas.

ALCESTE

Je ne remuerai point.

PHILINTE

         Votre partie est forte,
Et peut, par sa cabale, entraîner . . .

ALCESTE

            Il n'importe.

PHILINTE

Vous vous tromperez.

ALCESTE

      Soit. J'en veux voir le succès.

PHILINTE

196 Mais . . .

ALCESTE

    J'aurai le plaisir de perdre mon procès.

PHILINTE

Mais enfin . . .

ALCESTE

      Je verrai, dans cette plaiderie,
Si les hommes auront assez d'effronterie,
Seront assez méchants, scélérats et pervers,

200 Pour me faire injustice aux yeux de l'univers.

PHILINTE

Quel homme!

ALCESTE

         Je voudrais, m'en coûtât-il grand'chose,
Pour la beauté du fait avoir perdu ma cause.

PHILINTE

On se rirait de vous, Alceste, tout de bon,
204   Si l'on vous entendait parler de la façon.

ALCESTE

Tant pis pour qui rirait.

PHILINTE

           Mais cette rectitude
Que vous voulez en tout avec exactitude,
Cette pleine droiture, où vous vous renfermez,
208   La trouvez-vous ici dans ce que vous aimez?
Je m'étonne, pour moi, qu'étant, comme il le semble,
Vous et le genre humain si fort brouillés ensemble,
Malgré tout ce qui peut vous le rendre odieux,
212   Vous ayez pris chez lui ce qui charme vos yeux;
Et ce qui me surprend encore davantage,
C'est cet étrange choix où votre cœur s'engage.
La sincère Éliante a du penchant pour vous,
216   La prude Arsinoé vous voit d'un œil fort doux:
Cependant à leurs vœux votre âme se refuse,
Tandis qu'en ses liens Célimène l'amuse,
De qui l'humeur coquette et l'esprit médisant
220   Semble si fort donner dans les mœurs d'à présent.
D'où vient que, leur portant une haine mortelle,
Vous pouvez bien souffrir ce qu'en tient cette belle?
Ne sont-ce plus défauts dans un objet si doux?
224   Ne les voyez-vous pas? ou les excusez-vous?

ALCESTE

Non, l'amour que je sens pour cette jeune veuve
Ne ferme point mes yeux aux défauts qu'on lui treuve,
Et je suis, quelque ardeur qu'elle m'ait pu donner,
228   Le premier à les voir, comme à les condamner.
Mais, avec tout cela, quoi que je puisse faire,
Je confesse mon faible, elle a l'art de me plaire:
J'ai beau voir ses défauts, et j'ai beau l'en blâmer,
232   En dépit qu'on en ait, elle se fait aimer;

Sa grâce est la plus forte, et, sans doute, ma flamme
De ces vices du temps pourra purger son âme.

PHILINTE

Si vous faites cela, vous ne ferez pas peu.
236   Vous croyez être donc aimé d'elle?

ALCESTE

Oui, parbleu!
Je ne l'aimerais pas, si je ne croyais l'être.

PHILINTE

Mais si son amitié pour vous se fait paraître,
D'où vient que vos rivaux vous causent de l'ennui?

ALCESTE

240   C'est qu'un cœur bien atteint veut qu'on soit tout à lui,
Et je ne viens ici qu'à dessein de lui dire
Tout ce que là-dessus ma passion m'inspire.

PHILINTE

Pour moi, si je n'avais qu'à former des désirs,
244   La cousine Éliante aurait tous mes soupirs;
Son cœur, qui vous estime, est solide et sincère,
Et ce choix plus conforme était mieux votre affaire.

ALCESTE

Il est vrai, ma raison me le dit chaque jour;
248   Mais la raison n'est pas ce qui règle l'amour.

PHILINTE

Je crains fort pour vos feux; et l'espoir où vous êtes
Pourrait...

SCÈNE II

ORONTE, ALCESTE, PHILINTE

ORONTE

J'ai su là-bas que, pour quelques emplettes,
Éliante est sortie, et Célimène aussi;
252   Mais comme l'on m'a dit que vous étiez ici,
J'ai monté pour vous dire, et d'un cœur véritable,
Que j'ai conçu pour vous une estime incroyable,
Et que, depuis longtemps, cette estime m'a mis
256   Dans un ardent désir d'être de vos amis.
Oui, mon cœur au mérite aime à rendre justice,

Et je brûle qu'un nœud d'amité nous unisse:
Je crois qu'un ami chaud, et de ma qualité,
260 N'est pas assurément pour être rejeté.
C'est à vous, s'il vous plaît, que ce discours s'adresse.

(En cet endroit Alceste paraît tout rêveur, et semble
n'entendre pas qu'Oronte lui parle.)

ALCESTE

A moi, Monsieur?

ORONTE

A vous. Trouvez-vous qu'il vous blesse?

ALCESTE

Non pas; mais la surprise est fort grande pour moi,
264 Et je n'attendais pas l'honneur que je reçoi.

ORONTE

L'estime où je vous tiens ne doit point vous surprendre,
Et de tout l'univers vous la pouvez prétendre.

ALCESTE

Monsieur . . .

ORONTE

L'État n'a rien qui ne soit au-dessous
268 Du mérite éclatant que l'on découvre en vous.

ALCESTE

Monsieur . . .

ORONTE

Oui, de ma part, je vous tiens préférable
A tout ce que j'y vois de plus considérable.

ALCESTE

Monsieur . . .

ORONTE

Sois-je du ciel écrasé, si je mens!
272 Et pour vous confirmer ici mes sentiments,
Souffrez qu'à cœur ouvert, Monsieur, je vous embrasse,
Et qu'en votre amitié je vous demande place.
Touchez là, s'il vous plaît. Vous me la promettez,
276 Votre amitié?

ALCESTE

Monsieur . . .

ORONTE

Quoi? vous y résistez?

ALCESTE

Monsieur, c'est trop d'honneur que vous me voulez faire;
Mais l'amitié demande un peu plus de mystère,
Et c'est, assurément, en profaner le nom
280 Que de vouloir le mettre à toute occasion.
Avec lumière et choix cette union veut naître;
Avant que nous lier, il faut nous mieux connaître,
Et nous pourrions avoir telles complexions,
284 Que tous deux du marché nous nous repentirions.

ORONTE

Parbleu! c'est là-dessus parler en homme sage,
Et je vous en estime encore davantage;
Souffrons donc que le temps forme des nœuds si doux.
288 Mais, cependant, je m'offre entièrement à vous;
S'il faut faire à la cour, pour vous, quelque ouverture,
On sait qu'auprès du Roi je fais quelque figure;
Il m'écoute, et dans tout, il en use, ma foi!
292 Le plus honnêtement du monde avecque moi.
Enfin, je suis à vous de toutes les manières;
Et comme votre esprit a de grandes lumières,
Je viens, pour commencer entre nous ce beau nœud,
296 Vous montrer un sonnet que j'ai fait depuis peu,
Et savoir s'il est bon qu'au public je l'expose.

ALCESTE

Monsieur, je suis mal propre à décider la chose;
Veuillez m'en dispenser.

ORONTE

Pourquoi?

ALCESTE

J'ai le défaut
300 D'être un peu plus sincère, en cela, qu'il ne faut.

ORONTE

C'est ce que je demande, et j'aurais lieu de plainte,
Si, m'exposant à vous pour me parler sans feinte,
Vous alliez me trahir, et me déguiser rien.

ALCESTE

304 Puisqu'il vous plaît ainsi, Monsieur, je le veux bien.

ORONTE

Sonnet . . . C'est un sonnet. L'espoir . . . C'est une dame
Qui, de quelque espérance, avait flatté ma flamme.

    L'espoir . . . Ce ne sont point de ces grands vers pompeux,
308 Mais de petits vers doux, tendres et langoureux.
    (A toutes ces interruptions il regarde Alceste.)

ALCESTE

Nous verrons bien.

ORONTE

             L'espoir . . . Je ne sais si le style
Pourra vous en paraître assez net et facile,
Et si du choix des mots vous vous contenterez.

ALCESTE

312 Nous allons voir, Monsieur.

ORONTE

                    Au reste, vous saurez
Que je n'ai demeuré qu'un quart d'heure à le faire.

ALCESTE

Voyons, Monsieur; le temps ne fait rien à l'affaire.

ORONTE

      L'espoir, il est vrai, nous soulage,
316   Et nous berce un temps notre ennui;
      Mais, Philis, le triste avantage,
      Lorsque rien ne marche après lui!

PHILINTE

Je suis déjà charmé de ce petit morceau.

ALCESTE

320 Quoi! vous avez le front de trouver cela beau?

ORONTE

      Vous eûtes de la complaisance;
      Mais vous en deviez moins avoir,
      Et ne vous pas mettre en dépense
324   Pour ne me donner que l'espoir.

PHILINTE

Ah! qu'en termes galants ces choses-là sont mises!

ALCESTE, *bas*

Morbleu! vil complaisant, vous louez des sottises?

ORONTE

      S'il faut qu'une attente éternelle
328   Pousse à bout l'ardeur de mon zèle,
      Le trépas sera mon recours.
      Vos soins ne m'en peuvent distraire:
        Belle Philis, on désespère,
332   Alors qu'on espère toujours.

PHILINTE

La chute en est jolie, amoureuse, admirable.

ALCESTE, bas.

La peste de ta chute! Empoisonneur au diable,
En eusses-tu fait une à te casser le nez!

PHILINTE

336 Je n'ai jamais ouï de vers si bien tournés.

ALCESTE

Morbleu! . . .

ORONTE

Vous me flattez, et vous croyez, peut-être . . .

PHILINTE

Non, je ne flatte point.

ALCESTE, bas.

Et que fais-tu donc, traître?

ORONTE

Mais, pour vous, vous savez quel est notre traité:
340 Parlez-moi, je vous prie, avec sincérité.

ALCESTE

Monsieur, cette matière est toujours délicate,
Et sur le bel esprit nous aimons qu'on nous flatte.
Mais un jour, à quelqu'un, dont je tairai le nom,
344 Je disais, en voyant des vers de sa façon,
Qu'il faut qu'un galant homme ait toujours grand empire
Sur les démangeaisons qui nous prennent d'écrire;
Qu'il doit tenir la bride aux grands empressements
348 Qu'on a de faire éclat de tels amusements;
Et que, par la chaleur de montrer ses ouvrages,
On s'expose à jouer de mauvais personnages.

ORONTE

Est-ce que vous voulez me déclarer par là
Que j'ai tort de vouloir . . .

ALCESTE

352   Je ne dis pas cela;
Mais je lui disais, moi, qu'un froid écrit assomme,
Qu'il ne faut que ce faible à décrier un homme,
Et qu'eût-on, d'autre part, cent belles qualités,
356 On regarde les gens par leurs méchants côtés.

ORONTE

Est-ce qu'à mon sonnet vous trouvez à redire?

ALCESTE

Je ne dis pas cela; mais, pour ne point écrire,
Je lui mettais aux yeux comme, dans notre temps,
360   Cette soif a gâté de fort honnêtes gens.

ORONTE

Est-ce que j'écris mal? et leur ressemblerais-je?

ALCESTE

Je ne dis pas cela; mais enfin, lui disais-je,
Quel besoin si pressant avez-vous de rimer?
364   Et qui diantre vous pousse à vous faire imprimer?
Si l'on peut pardonner l'essor d'un mauvais livre,
Ce n'est qu'aux malheureux qui composent pour vivre.
Croyez-moi, résistez à vos tentations,
368   Dérobez au public ces occupations;
Et n'allez point quitter, de quoi que l'on vous somme,
Le nom que, dans la cour, vous avez d'honnête homme,
Pour prendre, de la main d'un avide imprimeur,
372   Celui de ridicule et misérable auteur.
C'est ce que je tâchai de lui faire comprendre.

ORONTE

Voilà qui va fort bien, et je crois vous entendre.
Mais ne puis-je savoir ce que dans mon sonnet . . .

ALCESTE

376   Franchement, il est bon à mettre au cabinet.
Vous vous êtes réglé sur de méchants modèles,
Et vos expressions ne sont point naturelles.

Qu'est-ce que *Nous berce un temps notre ennui?*
380   Et que *Rien ne marche après lui?*
Que *Ne vous pas mettre en dépense,*
Pour ne me donner que l'espoir?
Et que *Philis, on désespère,*
384   *Alors qu'on espère toujours?*

Ce style figuré, dont on fait vanité,
Sort du bon caractère et de la vérité;
Ce n'est que jeu de mots, qu'affectation pure,
388   Et ce n'est point ainsi que parle la nature.
Le méchant goût du siècle, en cela, me fait peur.
Nos pères, tous grossiers, l'avaient beaucoup meilleur,

NB. le méchant goût du siècle.

Et je prise bien moins tout ce que l'on admire,
392 Qu'une vieille chanson que je m'en vais vous dire:

      Si le Roi m'avait donné
          Paris sa grand'ville,
      Et qu'il me fallût quitter
396   L'amour de ma mie,
      Je dirais au roi Henri:
          « Reprenez votre Paris,
      J'aime mieux ma mie, au gué!
400   J'aime mieux ma mie. »

La rime n'est pas riche, et le style en est vieux:
Mais ne voyez-vous pas que cela vaut bien mieux
Que ces colifichets dont le bon sens murmure,
404 Et que la passion parle là toute pure?

      Si le Roi m'avait donné
          Paris sa grand'ville,
      Et qu'il me fallût quitter
408   L'amour de ma mie,
      Je dirais au roi Henri:
          « Reprenez votre Paris,
      J'aime mieux ma mie, au gué!
412   J'aime mieux ma mie. »

Voilà ce que peut dire un cœur vraiment épris.
                              (A Philinte.)
Oui, Monsieur le rieur, malgré vos beaux esprits,
J'estime plus cela que la pompe fleurie
416 De tous ces faux brillants, où chacun se récrie.

                    ORONTE
Et moi, je vous soutiens que mes vers sont fort bons.

                    ALCESTE
Pour les trouver ainsi vous avez vos raisons;
Mais vous trouverez bon que j'en puisse avoir d'autres
420 Qui se dispenseront de se soumettre aux vôtres.

                    ORONTE
Il me suffit de voir que d'autres en font cas.

                    ALCESTE
C'est qu'ils ont l'art de feindre, et moi, je ne l'ai pas.

                    ORONTE
Croyez-vous donc avoir tant d'esprit en partage?

                    ALCESTE
424 Si je louais vos vers, j'en aurais davantage.

ORONTE

Je me passerai bien que vous les approuviez.

ALCESTE

Il faut bien, s'il vous plaît, que vous vous en passiez.

ORONTE

Je voudrais bien, pour voir, que, de votre manière,
428   Vous en composassiez sur la même matière.

ALCESTE

J'en pourrais, par malheur, faire d'aussi méchants;
Mais je me garderais de les montrer aux gens.

ORONTE

Vous me parlez bien ferme, et cette suffisance . . .

ALCESTE

432   Autre part que chez moi cherchez qui vous encense.

ORONTE

Mais, mon petit Monsieur, prenez-le un peu moins haut.

ALCESTE

Ma foi! mon grand Monsieur, je le prends comme il faut.

PHILINTE, se mettant entre-deux.

Eh! Messieurs, c'en est trop, laissez cela, de grâce.

ORONTE

436   Ah! j'ai tort, je l'avoue, et je quitte la place.
Je suis votre valet, Monsieur, de tout mon cœur.

ALCESTE

Et moi, je suis, Monsieur, votre humble serviteur.

SCÈNE III

PHILINTE, ALCESTE

PHILINTE

Hé bien! vous le voyez; pour être trop sincère,
440   Vous voilà sur les bras une fâcheuse affaire;
Et j'ai bien vu qu'Oronte, afin d'être flatté . . .

ALCESTE

Ne me parlez pas.

PHILINTE

Mais . . .

ALCESTE

Plus de société.

PHILINTE

C'est trop . . .

ALCESTE

Laissez-moi là.

PHILINTE

Si je . . .

ALCESTE

Point de langage.

PHILINTE

444 Mais quoi . . .

ALCESTE

Je n'entends rien.

PHILINTE

Mais . . .

ALCESTE

Encore?

PHILINTE

On outrage . . .

ALCESTE

Ah, parbleu! c'en est trop; ne suivez point mes pas.

PHILINTE

Vous vous moquez de moi, je ne vous quitte pas.

ACTE II

SCÈNE PREMIÈRE

ALCESTE, CÉLIMÈNE

ALCESTE

Madame, voulez-vous que je vous parle net?
448 De vos façons d'agir je suis mal satisfait;
Contre elles dans mon cœur trop de bile s'assemble,
Et je sens qu'il faudra que nous rompions ensemble.
Oui, je vous tromperais de parler autrement;
452 Tôt ou tard nous romprons indubitablement;
Et je vous promettrais mille fois le contraire,
Que je ne serais pas en pouvoir de le faire.

CÉLIMÈNE

C'est pour me quereller, donc, à ce que je voi,
456   Que vous avez voulu me ramener chez moi?

ALCESTE

Je ne querelle point; mais votre humeur, Madame,
Ouvre au premier venu trop d'accès dans votre âme:
Vous avez trop d'amants qu'on voit vous obséder,
460   Et mon cœur, de cela, ne peut s'accommoder.

CÉLIMÈNE

Des amants que je fais me rendez-vous coupable?
Puis-je empêcher les gens de me trouver aimable?
Et lorsque pour me voir ils font de doux efforts,
464   Dois-je prendre un bâton pour les mettre dehors?

ALCESTE

Non, ce n'est pas, Madame, un bâton qu'il faut prendre,
Mais un cœur à leurs vœux moins facile et moins tendre.
Je sais que vos appas vous suivent en tous lieux;
468   Mais votre accueil retient ceux qu'attirent vos yeux;
Et sa douceur offerte à qui vous rend les armes
Achève sur les cœurs l'ouvrage de vos charmes.
Le trop riant espoir que vous leur présentez
472   Attache autour de vous leurs assiduités;
Et votre complaisance un peu moins étendue
De tant de soupirants chasserait la cohue.
Mais, au moins, dites-moi, Madame, par quel sort
476   Votre Clitandre a l'heur de vous plaire si fort?
Sur quel fonds de mérite et de vertu sublime
Appuyez-vous en lui l'honneur de votre estime?
Est-ce par l'ongle long qu'il porte au petit doigt
480   Qu'il s'est acquis chez vous l'estime où l'on le voit?
Vous êtes-vous rendue, avec tout le beau monde,
Au mérite éclatant de sa perruque blonde?
Sont-ce ses grands canons qui vous le font aimer?
484   L'amas de ses rubans a-t-il su vous charmer?
Est-ce par les appas de sa vaste rhingrave
Qu'il a gagné votre âme, en faisant votre esclave?
Ou sa façon de rire et son ton de fausset
488   Ont-ils de vous toucher su trouver le secret?

CÉLIMÈNE

Qu'injustement de lui vous prenez de l'ombrage!
Ne savez-vous pas bien pourquoi je le ménage?

Et que dans mon procès, ainsi qu'il m'a promis,
492 Il peut intéresser tout ce qu'il a d'amis?

ALCESTE

Perdez votre procès, Madame, avec constance,
Et ne ménagez point un rival qui m'offense.

CÉLIMÈNE

Mais de tout l'univers vous devenez jaloux.

ALCESTE

496 C'est que tout l'univers est bien reçu de vous.

CÉLIMÈNE

C'est ce qui doit rasseoir votre âme effarouchée,
Puisque ma complaisance est sur tous épanchée;
Et vous auriez plus lieu de vous en offenser,
500 Si vous me la voyiez sur un seul ramasser.

ALCESTE

Mais moi, que vous blâmez de trop de jalousie,
Qu'ai-je de plus qu'eux tous, Madame, je vous prie?

CÉLIMÈNE

Le bonheur de savoir que vous êtes aimé.

ALCESTE

504 Et quel lieu de le croire a mon cœur enflammé?

CÉLIMÈNE

Je pense qu'ayant pris le soin de vous le dire,
Un aveu de la sorte a de quoi vous suffire.

ALCESTE

Mais qui m'assurera que, dans le même instant,
508 Vous n'en disiez, peut-être, aux autres tout autant?

CÉLIMÈNE

Certes, pour un amant, la fleurette est mignonne,
Et vous me traitez là de gentille personne.
Hé bien! pour vous ôter d'un semblable souci,
512 De tout ce que j'ai dit je me dédis ici,
Et rien ne saurait plus vous tromper, que vous-même:
Soyez content.

ALCESTE

Morbleu! faut-il que je vous aime?
Ah! que si de vos mains je rattrape mon cœur,
516 Je bénirai le Ciel de ce rare bonheur!
Je ne le cèle pas, je fais tout mon possible

E

A rompre de ce cœur l'attachement terrible;
Mais mes plus grands efforts n'ont rien fait jusqu'ici,
520 Et c'est pour mes péchés que je vous aime ainsi.

CÉLIMÈNE

Il est vrai, votre ardeur est pour moi sans seconde.

ALCESTE

Oui, je puis là-dessus défier tout le monde.
Mon amour ne se peut concevoir, et jamais
524 Personne n'a, Madame, aimé comme je fais.

CÉLIMÈNE

En effet, la méthode en est toute nouvelle,
Car vous aimez les gens pour leur faire querelle;
Ce n'est qu'en mots fâcheux qu'éclate votre ardeur,
528 Et l'on n'a vu jamais un amour si grondeur.

ALCESTE

Mais il ne tient qu'à vous que son chagrin ne passe.
A tous nos démêlés coupons chemin, de grâce,
Parlons à cœur ouvert, et voyons d'arrêter . . .

SCÈNE II

CÉLIMÈNE, ALCESTE, BASQUE

CÉLIMÈNE

532 Qu'est-ce?

BASQUE
           Acaste est là-bas.

CÉLIMÈNE
                    Hé bien! faites monter.

SCÈNE III

CÉLIMÈNE, ALCESTE

ALCESTE

Quoi! l'on ne peut jamais vous parler tête à tête?
A recevoir le monde on vous voit toujours prête?
Et vous ne pouvez pas, un seul moment de tous,
536 Vous résoudre à souffrir de n'être pas chez vous?

CÉLIMÈNE

Voulez-vous qu'avec lui je me fasse une affaire?

ALCESTE

Vous avez des regards qui ne sauraient me plaire.

CÉLIMÈNE

C'est un homme à jamais ne me le pardonner,
540 S'il savait que sa vue eût pu m'importuner.

ALCESTE

Et que vous fait cela, pour vous gêner de sorte...?

CÉLIMÈNE

Mon Dieu! de ses pareils la bienveillance importe;
Et ce sont de ces gens qui, je ne sais comment,
544 Ont gagné, dans la cour, de parler hautement.
Dans tous les entretiens on les voit s'introduire;
Ils ne sauraient servir, mais ils peuvent vous nuire;
Et jamais, quelque appui qu'on puisse avoir d'ailleurs,
548 On ne doit se brouiller avec ces grands brailleurs.

ALCESTE

Enfin, quoi qu'il en soit, et sur quoi qu'on se fonde,
Vous trouvez des raisons pour souffrir tout le monde;
Et les précautions de votre jugement...

SCÈNE IV

BASQUE, ALCESTE, CÉLIMÈNE

BASQUE

552 Voici Clitandre encor, Madame.

ALCESTE

Justement.
(Il témoigne s'en vouloir aller.)

CÉLIMÈNE

Où courez-vous?

ALCESTE
Je sors.

CÉLIMÈNE
Demeurez.

ALCESTE
Pour quoi faire?

CÉLIMÈNE

Demeurez.

ALCESTE

Je ne puis.

CÉLIMÈNE

Je le veux.

ALCESTE

Point d'affaire.
Ces conversations ne font que m'ennuyer,
556   Et c'est trop que vouloir me les faire essuyer.

CÉLIMÈNE

Je le veux, je le veux.

ALCESTE

Non, il m'est impossible.

CÉLIMÈNE

Hé bien! allez, sortez, il vous est tout loisible.

SCÈNE V

ÉLIANTE, PHILINTE, ACASTE, CLITANDRE,
ALCESTE, CÉLIMÈNE, BASQUE

ÉLIANTE

Voici les deux marquis qui montent avec nous:
560   Vous l'est-on venu dire?

CÉLIMÈNE

Oui. Des sièges pour tous.

(A Alceste.)
Vous n'êtes pas sorti?

ALCESTE

Non; mais je veux, Madame,
Ou pour eux, ou pour moi, faire expliquer votre âme.

CÉLIMÈNE

Taisez-vous.

ALCESTE

Aujourd'hui, vous vous expliquerez.

CÉLIMÈNE

564   Vous perdez le sens.

ALCESTE

Point. Vous vous déclarerez.

CÉLIMÈNE

Ah!

ALCESTE

Vous prendrez parti.

CÉLIMÈNE

Vous vous moquez, je pense.

ALCESTE

Non, mais vous choisirez; c'est trop de patience.

CLITANDRE

Parbleu! je viens du Louvre, où Cléonte, au levé,
568 Madame, a bien paru ridicule achevé.
N'a-t-il point quelque ami qui pût, sur ses manières,
D'un charitable avis lui prêter les lumières?

CÉLIMÈNE

Dans le monde, à vrai dire, il se barbouille fort;
572 Partout il porte un air qui saute aux yeux d'abord;
Et lorsqu'on le revoit après un peu d'absence,
On le retrouve encor plus plein d'extravagance.

ACASTE

Parbleu! s'il faut parler de gens extravagants,
576 Je viens d'en essuyer un des plus fatigants:
Damon, le raisonneur, qui m'a, ne vous déplaise,
Une heure, au grand soleil, tenu hors de ma chaise.

CÉLIMÈNE

C'est un parleur étrange, et qui trouve toujours
580 L'art de ne vous rien dire avec de grands discours;
Dans les propos qu'il tient, on ne voit jamais goutte,
Et ce n'est que du bruit que tout ce qu'on écoute.

ÉLIANTE, à Philinte

Ce début n'est pas mal; et contre le prochain
584 La conversation prend un assez bon train.

CLITANDRE

Timante, encor, Madame, est un bon caractère.

CÉLIMÈNE

C'est, de la tête aux pieds, un homme tout mystère,
Qui vous jette, en passant, un coup d'œil égaré,
588 Et, sans aucune affaire, est toujours affairé.

Tout ce qu'il vous débite en grimaces abonde;
A force de façons, il assomme le monde;
Sans cesse il a, tout bas, pour rompre l'entretien,
592 Un secret à vous dire, et ce secret n'est rien;
De la moindre vétille il fait une merveille,
Et, jusques au bonjour, il dit tout à l'oreille.

ACASTE

Et Géralde, Madame?

CÉLIMÈNE

        O l'ennuyeux conteur!
596 Jamais on ne le voit sortir du grand seigneur;
Dans le brillant commerce il se mêle sans cesse,
Et ne cite jamais que duc, prince ou princesse,
La qualité l'entête; et tous ses entretiens
600 Ne sont que de chevaux, d'équipage et de chiens;
Il tutaye, en parlant, ceux du plus haut étage,
Et le nom de Monsieur est, chez lui, hors d'usage.

CLITANDRE

On dit qu'avec Bélise il est du dernier bien.

CÉLIMÈNE

604 Le pauvre esprit de femme, et le sec entretien!
Lorsqu'elle vient me voir, je souffre le martyre:
Il faut suer sans cesse à chercher que lui dire,
Et la stérilité de son expression
608 Fait mourir, à tous coups, la conversation.
En vain, pour attaquer son stupide silence,
De tous les lieux communs vous prenez l'assistance:
Le beau temps, et la pluie, et le froid, et le chaud,
612 Sont des fonds qu'avec elle on épuise bientôt.
Cependant sa visite, assez insupportable,
Traîne en une longueur, encore, épouvantable;
Et l'on demande l'heure, et l'on bâille vingt fois,
616 Qu'elle grouille aussi peu qu'une pièce de bois.

ACASTE

Que vous semble d'Adraste?

CÉLIMÈNE

        Ah! quel orgueil extrême!
C'est un homme gonflé de l'amour de soi-même;
Son mérite jamais n'est content de la cour:
620 Contre elle il fait métier de pester chaque jour,

Et l'on ne donne emploi, charge ni bénéfice,
Qu'à tout ce qu'il se croit on ne fasse injustice.

CLITANDRE

Mais le jeune Cléon, chez qui vont aujourd'hui
624 Nos plus honnêtes gens, que dites-vous de lui?

CÉLIMÈNE

Que de son cuisinier il s'est fait un mérite,
Et que c'est à sa table à qui l'on rend visite.

ÉLIANTE

Il prend soin d'y servir des mets fort délicats.

CÉLIMÈNE

628 Oui, mais je voudrais bien qu'il ne s'y servît pas;
C'est un fort méchant plat que sa sotte personne,
Et qui gâte, à mon goût, tous les repas qu'il donne.

PHILINTE

On fait assez de cas de son oncle Damis;
632 Qu'en dites-vous, Madame?

CÉLIMÈNE

Il est de mes amis.

PHILINTE

Je le trouve honnête homme, et d'un air assez sage.

CÉLIMÈNE

Oui, mais il veut avoir trop d'esprit, dont j'enrage;
Il est guindé sans cesse; et dans tous ses propos,
636 On voit qu'il se travaille à dire de bons mots.
Depuis que dans la tête il s'est mis d'être habile,
Rien ne touche son goût, tant il est difficile;
Il veut voir des défauts à tout ce qu'on écrit,
640 Et pense que louer n'est pas d'un bel esprit,
Que c'est être savant que trouver à redire,
Qu'il n'appartient qu'aux sots d'admirer et de rire,
Et qu'en n'approuvant rien des ouvrages du temps,
644 Il se met au-dessus de tous les autres gens.
Aux conversations même il trouve à reprendre;
Ce sont propos trop bas pour y daigner descendre;
Et les deux bras croisés, du haut de son esprit
648 Il regarde en pitié tout ce que chacun dit.

ACASTE

Dieu me damne, voilà son portrait véritable.

CLITANDRE

Pour bien peindre les gens vous êtes admirable!

ALCESTE

Allons, ferme, poussez, mes bons amis de cour;
652 Vous n'en épargnez point, et chacun a son tour.
Cependant aucun d'eux à vos yeux ne se montre,
Qu'on ne vous voie, en hâte, aller à sa rencontre,
Lui présenter la main, et d'un baiser flatteur
656 Appuyer les serments d'être son serviteur.

CLITANDRE

Pourquoi s'en prendre à nous? Si ce qu'on dit vous blesse,
Il faut que le reproche à Madame s'adresse.

ALCESTE

Non, morbleu! c'est à vous; et vos ris complaisants
660 Tirent de son esprit tous ces traits médisants.
Son humeur satirique est sans cesse nourrie
Par le coupable encens de votre flatterie;
Et son cœur à railler trouverait moins d'appas,
664 S'il avait observé qu'on ne l'applaudit pas.
C'est ainsi qu'aux flatteurs on doit, partout, se prendre
Des vices où l'on voit les humains se répandre.

PHILINTE

Mais pourquoi pour ces gens un intérêt si grand,
668 Vous qui condamneriez ce qu'en eux on reprend?

CÉLIMÈNE

Et ne faut-il pas bien que Monsieur contredise?
A la commune voix veut-on qu'il se réduise?
Et qu'il ne fasse pas éclater en tous lieux
672 L'esprit contrariant qu'il a reçu des Cieux?
Le sentiment d'autrui n'est jamais pour lui plaire;
Il prend toujours en main l'opinion contraire,
Et penserait paraître un homme du commun,
676 Si l'on voyait qu'il fût de l'avis de quelqu'un.
L'honneur de contredire a pour lui tant de charmes,
Qu'il prend, contre lui-même, assez souvent les armes;
Et ses vrais sentiments sont combattus par lui,
680 Aussitôt qu'il les voit dans la bouche d'autrui.

ALCESTE

Les rieurs sont pour vous, Madame, c'est tout dire,
Et vous pouvez pousser contre moi la satire.

PHILINTE

Mais il est véritable, aussi, que votre esprit
684 Se gendarme toujours contre tout ce qu'on dit,
Et que, par un chagrin que lui-même il avoue,
Il ne saurait souffrir qu'on blâme, ni qu'on loue.

ALCESTE

C'est que jamais, morbleu! les hommes n'ont raison,
688 Que le chagrin contre eux est toujours de saison,
Et que je vois qu'ils sont, sur toutes les affaires,
Loueurs impertinents, ou censeurs téméraires.

CÉLIMÈNE

Mais . . .

ALCESTE

Non, Madame, non, quand j'en devrais mourir,
692 Vous avez des plaisirs que je ne puis souffrir;
Et l'on a tort, ici, de nourrir dans votre âme
Ce grand attachement aux défauts qu'on y blâme.

CLITANDRE

Pour moi, je ne sais pas, mais j'avouerai tout haut
696 Que j'ai cru, jusqu'ici, Madame sans défaut.

ACASTE

De grâces et d'attraits je vois qu'elle est pourvue;
Mais les défauts qu'elle a ne frappent point ma vue.

ALCESTE

Ils frappent tous la mienne, et loin de m'en cacher,
700 Elle sait que j'ai soin de les lui reprocher.
Plus on aime quelqu'un, moins il faut qu'on le flatte;
A ne rien pardonner le pur amour éclate;
Et je bannirais, moi, tous ces lâches amants
704 Que je verrais soumis à tous mes sentiments,
Et dont, à tous propos, les molles complaisances
Donneraient de l'encens à mes extravagances.

CÉLIMÈNE

Enfin, s'il faut qu'à vous s'en rapportent les cœurs,
708 On doit, pour bien aimer, renoncer aux douceurs,
Et du parfait amour mettre l'honneur suprême
A bien injurier les personnes qu'on aime.

ÉLIANTE

L'amour, pour l'ordinaire, est peu fait à ces lois,
712 Et l'on voit les amants vanter toujours leur choix;

Jamais leur passion n'y voit rien de blâmable,
Et dans l'objet aimé tout leur devient aimable: NB
Ils comptent les défauts pour des perfections,
716 Et savent y donner de favorables noms.
La pâle, est aux jasmins en blancheur comparable;
La noire à faire peur, une brune adorable;
La maigre, a de la taille et de la liberté;
720 La grasse, est dans son port pleine de majesté;
La malpropre sur soi, de peu d'attraits chargée,
Est mise sous le nom de beauté négligée;
La géante, paraît une déesse aux yeux;
724 La naine, un abrégé des merveilles des cieux;
L'orgueilleuse, a le cœur digne d'une couronne;
La fourbe, a de l'esprit; la sotte, est toute bonne;
La trop grande parleuse, est d'agréable humeur;
728 Et la muette, garde une honnête pudeur.
C'est ainsi qu'un amant dont l'ardeur est extrême
Aime jusqu'aux défauts des personnes qu'il aime.

ALCESTE

Et moi, je soutiens, moi . . .

CÉLIMÈNE

Brisons là ce discours,
732 Et dans la galerie allons faire deux tours.
Quoi! vous vous en allez, Messieurs?

CLITANDRE ET ACASTE

Non pas, Madame.

ALCESTE

La peur de leur départ occupe fort votre âme.
Sortez quand vous voudrez, Messieurs; mais j'avertis
736 Que je ne sors qu'après que vous serez sortis.

ACASTE

A moins de voir Madame en être importunée,
Rien ne m'appelle ailleurs de toute la journée.

CLITANDRE

Moi, pourvu que je puisse être au petit couché,
740 Je n'ai point d'autre affaire où je sois attaché.

CÉLIMÈNE

C'est pour rire, je crois.

ALCESTE

Non, en aucune sorte;
Nous verrons si c'est moi que vous voudrez qui sorte.

SCÈNE VI

BASQUE, ALCESTE, CÉLIMÈNE, ÉLIANTE, ACASTE,
PHILINTE, CLITANDRE

BASQUE

744 Monsieur, un homme est là qui voudrait vous parler,
Pour affaire, dit-il, qu'on ne peut reculer.

ALCESTE

Dis-lui que je n'ai point d'affaires si pressées.

BASQUE

Il porte une jaquette à grand'basques plissées,
Avec du dor dessus.

CÉLIMÈNE

Allez voir ce que c'est,
Ou bien faites-le entrer.

ALCESTE

748   Qu'est-ce donc qu'il vous plaît?
Venez, Monsieur.

SCÈNE VII

GARDE, ALCESTE, CÉLIMÈNE, ÉLIANTE, ACASTE,
PHILINTE, CLITANDRE

GARDE

Monsieur, j'ai deux mots à vous dire.

ALCESTE

Vous pouvez parler haut, Monsieur, pour m'en instruire.

GARDE

Messieurs les Maréchaux, dont j'ai commandement,
752 Vous mandent de venir les trouver promptement,
Monsieur.

ALCESTE

Qui? moi, Monsieur?

GARDE

Vous-même.

ALCESTE

Et pour quoi faire?

PHILINTE

C'est d'Oronte et de vous la ridicule affaire.

CÉLIMÈNE

Comment?

PHILINTE

Oronte et lui se sont tantôt bravés
756   Sur certains petits vers, qu'il n'a pas approuvés;
Et l'on veut assoupir la chose en sa naissance.

ALCESTE

Moi, je n'aurai jamais de lâche complaisance.

PHILINTE

Mais il faut suivre l'ordre, allons, disposez-vous ...

ALCESTE

760   Quel accommodement veut-on faire entre nous?
La voix de ces Messieurs me condamnera-t-elle
A trouver bons les vers qui font notre querelle?
Je ne me dédis point de ce que j'en ai dit,
764   Je les trouve méchants.

PHILINTE

Mais d'un plus doux esprit ...

ALCESTE

Je n'en démordrai point, les vers sont exécrables.

PHILINTE

Vous devez faire voir des sentiments traitables.
Allons, venez.

ALCESTE

J'irai, mais rien n'aura pouvoir
768   De me faire dédire.

PHILINTE

Allons vous faire voir.

ALCESTE

Hors qu'un commandement exprès du Roi me vienne
De trouver bons les vers dont on se met en peine,
Je soutiendrai toujours, morbleu! qu'ils sont mauvais,
772   Et qu'un homme est pendable après les avoir faits.

(A Clitandre et Acaste, qui rient.)

Par la sangbleu! Messieurs, je ne croyais pas être
Si plaisant que je suis.

CÉLIMÈNE
Allez vite paraître

Où vous devez.

ALCESTE
J'y vais, Madame, et sur mes pas
776 Je reviens en ce lieu, pour vider nos débats.

ACTE III

SCÈNE PREMIÈRE

CLITANDRE, ACASTE

CLITANDRE
Cher Marquis, je te vois l'âme bien satisfaite,
Toute chose t'égaye, et rien ne t'inquiète.
En bonne foi, crois-tu, sans t'éblouir les yeux,
780 Avoir de grands sujets de paraître joyeux?

ACASTE
Parbleu! je ne vois pas, lorsque je m'examine,
Où prendre aucun sujet d'avoir l'âme chagrine.
J'ai du bien, je suis jeune, et sors d'une maison
784 Qui se peut dire noble avec quelque raison;
Et je crois, par le rang que me donne ma race,
Qu'il est fort peu d'emplois dont je ne sois en passe.
Pour le cœur, dont, surtout, nous devons faire cas,
788 On sait, sans vanité, que je n'en manque pas,
Et l'on m'a vu pousser, dans le monde, une affaire
D'une assez vigoureuse et gaillarde manière.
Pour de l'esprit, j'en ai sans doute, et du bon goût
792 A juger sans étude et raisonner de tout,
A faire aux nouveautés, dont je suis idolâtre,
Figure de savant sur les bancs du théâtre,
Y décider en chef, et faire du fracas
796 A tous les beaux endroits qui méritent des has.
Je suis assez adroit; j'ai bon air, bonne mine,
Les dents belles surtout, et la taille fort fine.
Quant à se mettre bien, je crois, sans me flatter,
800 Qu'on serait mal venu de me le disputer.
Je me vois dans l'estime autant qu'on y puisse être,
Fort aimé du beau sexe, et bien auprès du maître.

Je crois qu'avec cela, mon cher Marquis, je croi
804 Qu'on peut, par tout pays, être content de soi.

CLITANDRE

Oui, mais, trouvant ailleurs des conquêtes faciles,
Pourquoi pousser ici des soupirs inutiles?

ACASTE

Moi? Parbleu! je ne suis de taille ni d'humeur
808 A pouvoir d'une belle essuyer la froideur.
C'est aux gens mal tournés, aux mérites vulgaires,
A brûler constamment pour des beautés sévères,
A languir à leurs pieds et souffrir leurs rigueurs,
812 A chercher le secours des soupirs et des pleurs,
Et tâcher, par des soins d'une très longue suite,
D'obtenir ce qu'on nie à leur peu de mérite.
Mais les gens de mon air, Marquis, ne sont pas faits
816 Pour aimer à crédit, et faire tous les frais.
Quelque rare que soit le mérite des belles,
Je pense, Dieu merci! qu'on vaut son prix comme elles,
Que pour se faire honneur d'un cœur comme le mien,
820 Ce n'est pas la raison qu'il ne leur coûte rien,
Et qu'au moins, à tout mettre en de justes balances,
Il faut qu'à frais communs se fassent les avances.

CLITANDRE

Tu penses donc, Marquis, être fort bien ici?

ACASTE

824 J'ai quelque lieu, Marquis, de le penser ainsi.

CLITANDRE

Crois-moi, détache-toi de cette erreur extrême;
Tu te flattes, mon cher, et t'aveugles toi-même.

ACASTE

Il est vrai, je me flatte et m'aveugle en effet.

CLITANDRE

828 Mais qui te fait juger ton bonheur si parfait?

ACASTE

Je me flatte.

CLITANDRE
           Sur quoi fonder tes conjectures?

ACASTE

Je m'aveugle.

CLITANDRE
En as-tu des preuves qui soient sûres?

ACASTE
Je m'abuse, te dis-je.

CLITANDRE
                    Est-ce que de ses vœux
832 Célimène t'a fait quelques secrets aveux?

ACASTE
Non, je suis maltraité.

CLITANDRE
                    Réponds-moi, je te prie.

ACASTE
Je n'ai que des rebuts.

CLITANDRE
                    Laissons la raillerie,
Et me dis quel espoir on peut t'avoir donné.

ACASTE
836 Je suis le misérable, et toi le fortuné;
On a pour ma personne une aversion grande,
Et, quelqu'un de ces jours, il faut que je me pende.

CLITANDRE
O çà, veux-tu, Marquis, pour ajuster nos vœux,
840 Que nous tombions d'accord d'une chose tous deux?
Que qui pourra montrer une marque certaine
D'avoir meilleure part au cœur de Célimène,
L'autre, ici, fera place au vainqueur prétendu,
844 Et le délivrera d'un rival assidu?

ACASTE
Ah, parbleu! tu me plais avec un tel langage,
Et du bon de mon cœur à cela je m'engage.
Mais, chut!

SCÈNE II

CÉLIMÈNE, ACASTE, CLITANDRE

CÉLIMÈNE
Encore ici?

CLITANDRE
                    L'amour retient nos pas.

CÉLIMÈNE

848 Je viens d'ouïr entrer un carrosse là-bas:
Savez-vous qui c'est?

CLITANDRE
Non.

SCÈNE III

BASQUE, CÉLIMÈNE, ACASTE, CLITANDRE

BASQUE
Arsinoé, Madame,
Monte ici pour vous voir.

CÉLIMÈNE
Que me veut cette femme?

BASQUE
Éliante, là-bas, est à l'entretenir.

CÉLIMÈNE
852 De quoi s'avise-t-elle? et qui la fait venir?

ACASTE
Pour prude consommée en tous lieux elle passe,
Et l'ardeur de son zèle . . .

CÉLIMÈNE
Oui, oui, franche grimace.
Dans l'âme elle est du monde, et ses soins tentent tout
856 Pour accrocher quelqu'un, sans en venir à bout.
Elle ne saurait voir qu'avec un œil d'envie
Les amants déclarés dont une autre est suivie;
Et son triste mérite, abandonné de tous,
860 Contre le siècle aveugle est toujours en courroux.
Elle tâche à couvrir d'un faux voile de prude
Ce que chez elle on voit d'affreuse solitude; NB
Et pour sauver l'honneur de ses faibles appas,
864 Elle attache du crime au pouvoir qu'ils n'ont pas.
Cependant, un amant plairait fort à la Dame,
Et même pour Alceste elle a tendresse d'âme.
Ce qu'il me rend de soins outrage ses attraits,
868 Elle veut que ce soit un vol que je lui fais;
Et son jaloux dépit, qu'avec peine elle cache,

En tous endroits, sous main, contre moi se détache.
Enfin je n'ai rien vu de si sot, à mon gré;
872   Elle est impertinente au suprême degré,
Et ...

SCÈNE IV

ARSINOÉ, CÉLIMÈNE

CÉLIMÈNE

Ha! quel heureux sort en ce lieu vous amène?
Madame, sans mentir, j'étais de vous en peine.

ARSINOÉ

Je viens pour quelque avis que j'ai cru vous devoir.

CÉLIMÈNE

876   Ah! mon Dieu, que je suis contente de vous voir!

ARSINOÉ

Leur départ ne pouvait plus à propos se faire.

CÉLIMÈNE

Voulons-nous nous asseoir?

ARSINOÉ

               Il n'est pas nécessaire,
Madame. L'amitié doit surtout éclater
880   Aux choses qui le plus nous peuvent importer;
Et comme il n'en est point de plus grande importance
Que celles de l'honneur et de la bienséance,
Je viens, par un avis qui touche votre honneur,
884   Témoigner l'amitié que, pour vous, a mon cœur.
Hier, j'étais chez des gens de vertu singulière,
Où, sur vous, du discours on tourna la matière;
Et là, votre conduite, avec ses grands éclats,
888   Madame, eut le malheur qu'on ne la loua pas.
Cette foule de gens dont vous souffrez visite,
Votre galanterie, et les bruits qu'elle excite,
Trouvèrent des censeurs plus qu'il n'aurait fallu,
892   Et bien plus rigoureux que je n'eusse voulu.
Vous pouvez bien penser quel parti je sus prendre;
Je fis ce que je pus pour vous pouvoir défendre,
Je vous excusai fort sur votre intention,

F

896   Et voulus de votre âme être la caution.
Mais vous savez qu'il est des choses dans la vie
Qu'on ne peut excuser, quoiqu'on en ait envie;
Et je me vis contrainte à demeurer d'accord
900   Que l'air dont vous viviez vous faisait un peu tort,
Qu'il prenait dans le monde une méchante face,
Qu'il n'est conte fâcheux que partout on n'en fasse,
Et que, si vous vouliez, tous vos déportements
904   Pourraient moins donner prise aux mauvais jugements.
Non que j'y croie, au fond, l'honnêteté blessée,
Me préserve le Ciel d'en avoir la pensée!
Mais aux ombres du crime on prête aisément foi,
908   Et ce n'est pas assez de bien vivre pour soi.
Madame, je vous crois l'âme trop raisonnable,
Pour ne pas prendre bien cet avis profitable,
Et pour l'attribuer qu'aux mouvements secrets
912   D'un zèle qui m'attache à tous vos intérêts.

CÉLIMÈNE

Madame, j'ai beaucoup de grâces à vous rendre;
Un tel avis m'oblige, et loin de le mal prendre,
J'en prétends reconnaître, à l'instant, la faveur,
916   Par un avis aussi qui touche votre honneur;
Et comme je vous vois vous montrer mon amie
En m'apprenant les bruits que de moi l'on publie,
Je veux suivre, à mon tour, un exemple si doux,
920   En vous avertissant de ce qu'on dit de vous.
En un lieu, l'autre jour, où je faisais visite,
Je trouvai quelques gens d'un très rare mérite,
Qui, parlant des vrais soins d'une âme qui vit bien,
924   Firent tomber sur vous, Madame, l'entretien.
Là, votre pruderie et vos éclats de zèle
Ne furent pas cités comme un fort bon modèle:
Cette affectation d'un grave extérieur,
928   Vos discours éternels de sagesse et d'honneur,
Vos mines, et vos cris, aux ombres d'indécence
Que d'un mot ambigu peut avoir l'innocence,
Cette hauteur d'estime où vous êtes de vous,
932   Et ces yeux de pitié que vous jetez sur tous,
Vos fréquentes leçons, et vos aigres censures
Sur des choses qui sont innocentes et pures,
Tout cela, si je puis vous parler franchement,
936   Madame, fut blâmé d'un commun sentiment.

« A quoi bon, disaient-ils, cette mine modeste,
Et ce sage dehors, que dément tout le reste?
Elle est à bien prier exacte au dernier point,
940 Mais elle bat ses gens, et ne les paye point.
Dans tous les lieux dévots elle étale un grand zèle,
Mais elle met du blanc et veut paraître belle;
Elle fait des tableaux couvrir les nudités, ⎫ *hypocrisy &*
944 Mais elle a de l'amour pour les réalités. » ⎰ *Arsinoé.*
Pour moi, contre chacun je pris votre défense,
Et leur assurai fort que c'était médisance;
Mais tous les sentiments combattirent le mien;
948 Et leur conclusion fut que vous feriez bien
De prendre moins de soin des actions des autres,
Et de vous mettre un peu plus en peine des vôtres;
Qu'on doit se regarder soi-même un fort long temps,
952 Avant que de songer à condamner les gens;
Qu'il faut mettre le poids d'une vie exemplaire
Dans les corrections qu'aux autres on veut faire;
Et qu'encor vaut-il mieux s'en remettre, au besoin,
956 A ceux à qui le Ciel en a commis le soin.
Madame, je vous crois aussi trop raisonnable,
Pour ne pas prendre bien cet avis profitable,
Et pour l'attribuer qu'aux mouvements secrets
960 D'un zèle qui m'attache à tous vos intérêts.

ARSINOÉ

A quoi qu'en reprenant on soit assujettie,
Je ne m'attendais pas à cette repartie,
Madame, et je vois bien, par ce qu'elle a d'aigreur,
964 Que mon sincère avis vous a blessée au cœur.

CÉLIMÈNE

Au contraire, Madame, et, si l'on était sage,
Ces avis mutuels seraient mis en usage;
On détruirait par là, traitant de bonne foi,
968 Ce grand aveuglement où chacun est pour soi.
Il ne tiendra qu'à vous qu'avec le même zèle
Nous ne continuions cet office fidèle,
Et ne prenions grand soin de nous dire, entre nous,
972 Ce que nous entendrons, vous de moi, moi de vous.

ARSINOÉ

Ah! Madame, de vous je ne puis rien entendre;
C'est en moi que l'on peut trouver fort à reprendre.

CÉLIMÈNE

Madame, on peut, je crois, louer et blâmer tout,
976 Et chacun a raison, suivant l'âge ou le goût.
Il est une saison pour la galanterie;
Il en est une, aussi, propre à la pruderie.
On peut, par politique, en prendre le parti,
980 Quand de nos jeunes ans l'éclat est amorti;
Cela sert à couvrir de fâcheuses disgrâces.
Je ne dis pas qu'un jour je ne suive vos traces:
L'âge amènera tout, et ce n'est pas le temps,
984 Madame, comme on sait, d'être prude à vingt ans.

ARSINOÉ

Certes, vous vous targuez d'un bien faible avantage,
Et vous faites sonner terriblement votre âge.
Ce que de plus que vous on en pourrait avoir
988 N'est pas un si grand cas pour s'en tant prévaloir;
Et je ne sais pourquoi votre âme ainsi s'emporte,
Madame, à me pousser de cette étrange sorte.

CÉLIMÈNE

Et moi, je ne sais pas, Madame, aussi pourquoi
992 On vous voit, en tous lieux, vous déchaîner sur moi.
Faut-il de vos chagrins, sans cesse, à moi vous prendre?
Et puis-je mais des soins qu'on ne va pas vous rendre?
Si ma personne aux gens inspire de l'amour,
996 Et si l'on continue à m'offrir chaque jour
Des vœux que votre cœur peut souhaiter qu'on m'ôte,
Je n'y saurais que faire, et ce n'est pas ma faute;
Vous avez le champ libre, et je n'empêche pas
1000 Que pour les attirer vous n'ayez des appas.

ARSINOÉ

Hélas! et croyez-vous que l'on se mette en peine
De ce nombre d'amants dont vous faites la vaine,
Et qu'il ne nous soit pas fort aisé de juger
1004 A quel prix aujourd'hui l'on peut les engager?
Pensez-vous faire croire, à voir comme tout roule,
Que votre seul mérite attire cette foule?
Qu'ils ne brûlent pour vous que d'un honnête amour,
1008 Et que pour vos vertus ils vous font tous la cour?
On ne s'aveugle point par de vaines défaites,
Le monde n'est point dupe, et j'en vois qui sont faites
A pouvoir inspirer de tendres sentiments,

1012 Qui, chez elles, pourtant, ne fixent point d'amants;
Et de là nous pouvons tirer des conséquences,
Qu'on n'acquiert point leurs cœurs sans de grandes avances,
Qu'aucun pour nos beaux yeux n'est notre soupirant,
1016 Et qu'il faut acheter tous les soins qu'on nous rend.
Ne vous enflez donc point d'une si grande gloire
Pour les petits brillants d'une faible victoire;
Et corrigez un peu l'orgueil de vos appas,
1020 De traiter, pour cela, les gens de haut en bas.
Si nos yeux enviaient les conquêtes des vôtres,
Je pense qu'on pourrait faire comme les autres,
Ne se point ménager, et vous faire bien voir
1024 Que l'on a des amants quand on en veut avoir.

CÉLIMÈNE

Ayez-en donc, Madame, et voyons cette affaire:
Par ce rare secret efforcez-vous de plaire;
Et sans . . .

ARSINOÉ

Brisons, Madame, un pareil entretien,
1028 Il pousserait trop loin votre esprit et le mien;
Et j'aurais pris déjà le congé qu'il faut prendre,
Si mon carrosse encor ne m'obligeait d'attendre.

CÉLIMÈNE

Autant qu'il vous plaira vous pouvez arrêter,
1032 Madame, et là-dessus rien ne doit vous hâter;
Mais, sans vous fatiguer de ma cérémonie,
Je m'en vais vous donner meilleure compagnie:
Et Monsieur, qu'à propos le hasard fait venir,
1036 Remplira mieux ma place à vous entretenir.
Alceste, il faut que j'aille écrire un mot de lettre,
Que, sans me faire tort, je ne saurais remettre.
Soyez avec Madame, elle aura la bonté
1040 D'excuser, aisément, mon incivilité.

SCÈNE V

ALCESTE, ARSINOÉ

ARSINOÉ

Vous voyez, elle veut que je vous entretienne,
Attendant un moment que mon carrosse vienne;

Et jamais tous ses soins ne pouvaient m'offrir rien
1044 Qui me fût plus charmant qu'un pareil entretien.
En vérité, les gens d'un mérite sublime
Entraînent de chacun et l'amour et l'estime;
Et le vôtre, sans doute, a des charmes secrets
1048 Qui font entrer mon cœur dans tous vos intérêts.
Je voudrais que la cour, par un regard propice,
A ce que vous valez rendît plus de justice:
Vous avez à vous plaindre, et je suis en courroux,
1052 Quand je vois, chaque jour, qu'on ne fait rien pour vous.

ALCESTE

Moi, Madame! Et sur quoi pourrais-je en rien prétendre?
Quel service à l'État est-ce qu'on m'a vu rendre?
Qu'ai-je fait, s'il vous plaît, de si brillant de soi,
1056 Pour me plaindre à la cour qu'on ne fait rien pour moi?

ARSINOÉ

Tous ceux sur qui la cour jette des yeux propices,
N'ont pas toujours rendu de ces fameux services.
Il faut l'occasion, ainsi que le pouvoir;
1060 Et le mérite, enfin, que vous nous faites voir
Devrait . . .

ALCESTE

Mon Dieu! laissons mon mérite, de grâce;
De quoi voulez-vous là que la cour s'embarrasse?
Elle aurait fort à faire, et ses soins seraient grands,
1064 D'avoir à déterrer le mérite des gens.

ARSINOÉ

Un mérite éclatant se déterre lui-même;
Du vôtre, en bien des lieux, on fait un cas extrême;
Et vous saurez de moi qu'en deux fort bons endroits
1068 Vous fûtes, hier, loué par des gens d'un grand poids.

ALCESTE

Eh! Madame, l'on loue aujourd'hui tout le monde,
Et le siècle par là n'a rien qu'on ne confonde:
Tout est d'un grand mérite également doué,
1072 Ce n'est plus un honneur que de se voir loué;
D'éloges on regorge; à la tête on les jette,
Et mon valet de chambre est mis dans la Gazette.

ARSINOÉ

Pour moi, je voudrais bien que, pour vous montrer mieux,
1076 Une charge à la cour vous pût frapper les yeux.

Pour peu que d'y songer vous nous fassiez les mines,
On peut pour vous servir remuer des machines,
Et j'ai des gens en main que j'emploierai pour vous,
1080 Qui vous feront à tout un chemin assez doux.

ALCESTE

Et que voudriez-vous, Madame, que j'y fisse?
L'humeur dont je me sens veut que je m'en bannisse.
Le Ciel ne m'a point fait, en me donnant le jour,
1084 Une âme compatible avec l'air de la cour;
Je ne me trouve point les vertus nécessaires
Pour y bien réussir et faire mes affaires.
Être franc et sincère est mon plus grand talent;
1088 Je ne sais point jouer les hommes en parlant;
Et qui n'a pas le don de cacher ce qu'il pense
Doit faire en ce pays fort peu de résidence.
Hors de la cour, sans doute, on n'a pas cet appui
1092 Et ces titres d'honneur qu'elle donne aujourd'hui;
Mais on n'a pas aussi, perdant ces avantages,
Le chagrin de jouer de fort sots personnages;
On n'a point à souffrir mille rebuts cruels,
1096 On n'a point à louer les vers de Messieurs Tels,
A donner de l'encens à Madame une Telle,
Et de nos francs marquis essuyer la cervelle.

ARSINOÉ

Laissons, puisqu'il vous plaît, ce chapitre de cour;
1100 Mais il faut que mon cœur vous plaigne en votre amour;
Et pour vous découvrir là-dessus mes pensées,
Je souhaiterais fort vos ardeurs mieux placées.
Vous méritez, sans doute, un sort beaucoup plus doux,
1104 Et celle qui vous charme est indigne de vous.

ALCESTE

Mais, en disant cela, songez-vous, je vous prie,
Que cette personne est, Madame, votre amie?

ARSINOÉ

Oui, mais ma conscience est blessée en effet
1108 De souffrir plus longtemps le tort que l'on vous fait;
L'état où je vous vois afflige trop mon âme,
Et je vous donne avis qu'on trahit votre flamme.

ALCESTE

C'est me montrer, Madame, un tendre mouvement,
1112 Et de pareils avis obligent un amant.

ARSINOÉ

Oui, toute mon amie, elle est et je la nomme
Indigne d'asservir le cœur d'un galant homme;
Et le sien n'a pour vous que de feintes douceurs.

ALCESTE

1116 Cela se peut, Madame, on ne voit pas les cœurs;
Mais votre charité se serait bien passée
De jeter dans le mien une telle pensée.

ARSINOÉ

Si vous ne voulez pas être désabusé,
1120 Il faut ne vous rien dire, il est assez aisé.

ALCESTE

Non; mais sur ce sujet quoi que l'on nous expose,
Les doutes sont fâcheux plus que toute autre chose;
Et je voudrais, pour moi, qu'on ne me fît savoir
1124 Que ce qu'avec clarté l'on peut me faire voir.

ARSINOÉ

Hé bien! c'est assez dit; et sur cette matière
Vous allez recevoir une pleine lumière.
Oui, je veux que de tout vos yeux vous fassent foi:
1128 Donnez-moi seulement la main jusque chez moi;
Là, je vous ferai voir une preuve fidèle
De l'infidélité du cœur de votre belle;
Et si pour d'autres yeux le vôtre peut brûler,
1132 On pourra vous offrir de quoi vous consoler.

ACTE IV

SCÈNE PREMIÈRE

ÉLIANTE, PHILINTE

PHILINTE

Non, l'on n'a point vu d'âme à manier si dure,
Ni d'accommodement plus pénible à conclure;
En vain de tous côtés on l'a voulu tourner,
1136 Hors de son sentiment on n'a pu l'entraîner;
Et jamais différend si bizarre, je pense,
N'avait de ces Messieurs occupé la prudence.
« Non, Messieurs, disait-il, je ne me dédis point,
1140 Et tomberai d'accord de tout, hors de ce point.

De quoi s'offense-t-il? et que veut-il me dire?
Y va-t-il de sa gloire à ne pas bien écrire?
Que lui fait mon avis, qu'il a pris de travers?
1144 On peut être honnête homme, et faire mal des vers:
Ce n'est point à l'honneur que touchent ces matières;
Je le tiens galant homme en toutes les manières,
Homme de qualité, de mérite et de cœur,
1148 Tout ce qu'il vous plaira, mais fort méchant auteur.
Je louerai, si l'on veut, son train et sa dépense,
Son adresse à cheval, aux armes, à la danse;
Mais pour louer ses vers, je suis son serviteur;
1152 Et lorsque d'en mieux faire on n'a pas le bonheur,
On ne doit de rimer avoir aucune envie,
Qu'on n'y soit condamné sur peine de la vie. »
Enfin toute la grâce et l'accommodement
1156 Où s'est, avec effort, plié son sentiment,
C'est de dire, croyant adoucir bien son style:
« Monsieur, je suis fâché d'être si difficile,
Et pour l'amour de vous, je voudrais, de bon cœur,
1160 Avoir trouvé tantôt votre sonnet meilleur. »
Et dans une embrassade on leur a, pour conclure,
Fait, vite, envelopper toute la procédure.

ÉLIANTE

Dans ses façons d'agir, il est fort singulier;
1164 Mais j'en fais, je l'avoue, un cas particulier,
Et la sincérité dont son âme se pique
A quelque chose, en soi, de noble et d'héroïque;
C'est une vertu rare au siècle d'aujourd'hui,
1168 Et je la voudrais voir partout, comme chez lui.

PHILINTE

Pour moi, plus je le vois, plus, surtout, je m'étonne
De cette passion où son cœur s'abandonne:
De l'humeur dont le Ciel a voulu le former,
1172 Je ne sais pas comment il s'avise d'aimer;
Et je sais moins encor comment votre cousine
Peut être la personne où son penchant l'incline.

ÉLIANTE

Cela fait assez voir que l'amour, dans les cœurs,
1176 N'est pas toujours produit par un rapport d'humeurs;
Et toutes ces raisons de douces sympathies
Dans cet exemple-ci se trouvent démenties.

PHILINTE

Mais croyez-vous qu'on l'aime, aux choses qu'on peut voir?

ÉLIANTE

1180 C'est un point qu'il n'est pas fort aisé de savoir.
Comment pouvoir juger s'il est vrai qu'elle l'aime?
Son cœur de ce qu'il sent n'est pas bien sûr lui-même;
Il aime quelquefois sans qu'il le sache bien,
1184 Et croit aimer aussi, parfois, qu'il n'en est rien.

PHILINTE

Je crois que notre ami, près de cette cousine,
Trouvera des chagrins plus qu'il ne s'imagine;
Et s'il avait mon cœur, à dire vérité,
1188 Il tournerait ses vœux tout d'un autre côté,
Et par un choix plus juste, on le verrait, Madame.
Profiter des bontés que lui montre votre âme.

ÉLIANTE

Pour moi, je n'en fais point de façons. et je croi
1192 Qu'on doit, sur de tels points, être de bonne foi:
Je ne m'oppose point à toute sa tendresse;
Au contraire, mon cœur pour elle s'intéresse;
Et si c'était qu'à moi la chose pût tenir,
1196 Moi-même à ce qu'il aime on me verrait l'unir.
Mais si dans un tel choix, comme tout se peut faire,
Son amour éprouvait quelque destin contraire,
S'il fallait que d'un autre on couronnât les feux,
1200 Je pourrais me résoudre à recevoir ses vœux;
Et le refus souffert, en pareille occurrence,
Ne m'y ferait trouver aucune répugnance.

PHILINTE

Et moi, de mon côté, je ne m'oppose pas,
1204 Madame, à ces bontés qu'ont pour lui vos appas;
Et lui-même, s'il veut, il peut bien vous instruire
De ce que là-dessus j'ai pris soin de lui dire.
Mais si, par un hymen qui les joindrait eux deux,
1208 Vous étiez hors d'état de recevoir ses vœux,
Tous les miens tenteraient la faveur éclatante
Qu'avec tant de bonté votre âme lui présente;
Heureux si, quand son cœur s'y pourra dérober,
1212 Elle pouvait sur moi, Madame, retomber.

ÉLIANTE

Vous vous divertissez, Philinte.

PHILINTE
                        Non, Madame,
Et je vous parle ici du meilleur de mon âme.
J'attends l'occasion de m'offrir hautement,
1216 Et de tous mes souhaits j'en presse le moment.

SCÈNE II

ALCESTE, ÉLIANTE, PHILINTE

ALCESTE
Ah! faites-moi raison, Madame, d'une offense
Qui vient de triompher de toute ma constance.

ÉLIANTE
Qu'est-ce donc? Qu'avez-vous qui vous puisse émouvoir?

ALCESTE
1220 J'ai ce que, sans mourir, je ne puis concevoir;
Et le déchaînement de toute la nature
Ne m'accablerait pas comme cette aventure.
C'en est fait... Mon amour... Je ne saurais parler.

ÉLIANTE
1224 Que votre esprit, un peu, tâche à se rappeler.

ALCESTE
O juste Ciel! faut-il qu'on joigne à tant de grâces
Les vices odieux des âmes les plus basses?

ÉLIANTE
Mais encor qui vous peut...

ALCESTE
                        Ah! tout est ruiné;
1228 Je suis, je suis trahi, je suis assassiné:
Célimène... Eût-on pu croire cette nouvelle?
Célimène me trompe, et n'est qu'une infidèle.

ÉLIANTE
Avez-vous, pour le croire, un juste fondement?

PHILINTE
1232 Peut-être est-ce un soupçon conçu légèrement,
Et votre esprit jaloux prend parfois des chimères...

ALCESTE
Ah! morbleu, mêlez-vous, Monsieur, de vos affaires.
C'est de sa trahison n'être que trop certain,

1236 Que l'avoir, dans ma poche, écrite de sa main.
Oui, Madame, une lettre écrite pour Oronte
A produit à mes yeux ma disgrâce et sa honte:
Oronte, dont j'ai cru qu'elle fuyait les soins,
1240 Et que de mes rivaux je redoutais le moins.

PHILINTE

Une lettre peut bien tromper par l'apparence,
Et n'est pas quelquefois si coupable qu'on pense.

ALCESTE

Monsieur, encore un coup, laissez-moi, s'il vous plaît,
1244 Et ne prenez souci que de votre intérêt.

ÉLIANTE

Vous devez modérer vos transports, et l'outrage ...

ALCESTE

Madame, c'est à vous qu'appartient cet ouvrage,
C'est à vous que mon cœur a recours aujourd'hui
1248 Pour pouvoir s'affranchir de son cuisant ennui.
Vengez-moi d'une ingrate et perfide parente,
Qui trahit, lâchement, une ardeur si constante;
Vengez-moi de ce trait qui doit vous faire horreur.

ÉLIANTE

1252 Moi, vous venger! Comment?

ALCESTE

En recevant mon cœur.
Acceptez-le, Madame, au lieu de l'infidèle,
C'est par là que je puis prendre vengeance d'elle;
Et je la veux punir par les sincères vœux,
1256 Par le profond amour, les soins respectueux,
Les devoirs empressés et l'assidu service
Dont ce cœur va vous faire un ardent sacrifice.

ÉLIANTE

Je compatis, sans doute, à ce que vous souffrez,
1260 Et ne méprise point le cœur que vous m'offrez;
Mais, peut-être, le mal n'est pas si grand qu'on pense,
Et vous pourrez quitter ce désir de vengeance.
Lorsque l'injure part d'un objet plein d'appas,
1264 On fait force desseins qu'on n'exécute pas;
On a beau voir, pour rompre, une raison puissante,
Une coupable aimée est bientôt innocente;
Tout le mal qu'on lui veut se dissipe aisément,
1268 Et l'on sait ce que c'est qu'un courroux d'un amant.

ALCESTE

Non, non, Madame, non, l'offense est trop mortelle,
Il n'est point de retour, et je romps avec elle;
Rien ne saurait changer le dessein que j'en fais,
1272 Et je me punirais de l'estimer jamais.
La voici. Mon courroux redouble à cette approche;
Je vais de sa noirceur lui faire un vif reproche,
Pleinement la confondre, et vous porter, après,
1276 Un cœur tout dégagé de ses trompeurs attraits.

SCÈNE III

CÉLIMÈNE, ALCESTE

ALCESTE

O Ciel! de mes transports puis-je être ici le maître?

CÉLIMÈNE

Ouais! Quel est donc le trouble où je vous vois paraître?
Et que me veulent dire, et ces soupirs poussés,
1280 Et ces sombres regards que sur moi vous lancez?

ALCESTE

Que toutes les horreurs dont une âme est capable
A vos déloyautés n'ont rien de comparable;
Que le Sort, les Démons, et le Ciel en courroux
1284 N'ont jamais rien produit de si méchant que vous.

CÉLIMÈNE

Voilà certainement des douceurs que j'admire.

ALCESTE

Ah! ne plaisantez point, il n'est pas temps de rire.
Rougissez bien plutôt, vous en avez raison;
1288 Et j'ai de sûrs témoins de votre trahison.
Voilà ce que marquaient les troubles de mon âme:
Ce n'était pas en vain que s'alarmait ma flamme;
Par ces fréquents soupçons, qu'on trouvait odieux,
1292 Je cherchais le malheur qu'ont rencontré mes yeux;
Et malgré tous vos soins et votre adresse à feindre,
Mon astre me disait ce que j'avais à craindre.
Mais ne présumez pas que, sans être vengé,
1296 Je souffre le dépit de me voir outragé.
Je sais que, sur les vœux, on n'a point de puissance,

Que l'amour veut partout naître sans dépendance,
Que jamais par la force on n'entra dans un cœur,
1300　Et que toute âme est libre à nommer son vainqueur.
Aussi ne trouverais-je aucun sujet de plainte,
Si, pour moi, votre bouche avait parlé sans feinte;
Et, rejetant mes vœux dès le premier abord,
1304　Mon cœur n'aurait eu droit de s'en prendre qu'au Sort.
Mais d'un aveu trompeur voir ma flamme applaudie,
C'est une trahison, c'est une perfidie,
Qui ne saurait trouver de trop grands châtiments,
1308　Et je puis tout permettre à mes ressentiments.
Oui, oui, redoutez tout, après un tel outrage,
Je ne suis plus à moi, je suis tout à la rage:
Percé du coup mortel dont vous m'assassinez,
1312　Mes sens par la raison ne sont plus gouvernés,
Je cède aux mouvements d'une juste colère,
Et je ne réponds pas de ce que je puis faire.

CÉLIMÈNE

D'où vient donc, je vous prie, un tel emportement?
1316　Avez-vous, dites-moi, perdu le jugement?

ALCESTE

Oui, oui, je l'ai perdu, lorsque dans votre vue
J'ai pris, pour mon malheur, le poison qui me tue,
Et que j'ai cru trouver quelque sincérité
1320　Dans les traîtres appas dont je fus enchanté.

CÉLIMÈNE

De quelle trahison pouvez-vous donc vous plaindre?

ALCESTE

Ah! que ce cœur est double et sait bien l'art de feindre!
Mais, pour le mettre à bout, j'ai des moyens tous prêts:
1324　Jetez ici les yeux, et connaissez vos traits;
Ce billet découvert suffit pour vous confondre,
Et contre ce témoin on n'a rien à répondre.

CÉLIMÈNE

Voilà donc le sujet qui vous trouble l'esprit?

ALCESTE

1328　Vous ne rougissez pas, en voyant cet écrit?

CÉLIMÈNE

Et par quelle raison faut-il que j'en rougisse?

ALCESTE

Quoi! vous joignez, ici, l'audace à l'artifice?
Le désavouerez-vous, pour n'avoir point de seing?

CÉLIMÈNE

1332 Pourquoi désavouer un billet de ma main?

ALCESTE

Et vous pouvez le voir sans demeurer confuse
Du crime dont, vers moi, son style vous accuse?

CÉLIMÈNE

Vous êtes, sans mentir, un grand extravagant.

ALCESTE

1336 Quoi! vous bravez ainsi ce témoin convaincant?
Et ce qu'il m'a fait voir de douceur pour Oronte
N'a donc rien qui m'outrage, et qui vous fasse honte?

CÉLIMÈNE

Oronte! Qui vous dit que la lettre est pour lui?

ALCESTE

1340 Les gens qui dans mes mains l'ont remise aujourd'hui.
Mais je veux consentir qu'elle soit pour un autre:
Mon cœur en a-t-il moins à se plaindre du vôtre?
En serez-vous, vers moi, moins coupable en effet?

CÉLIMÈNE

1344 Mais si c'est une femme à qui va ce billet,
En quoi vous blesse-t-il? et qu'a-t-il de coupable?

ALCESTE

Ah! le détour est bon, et l'excuse admirable!
Je ne m'attendais pas, je l'avoue, à ce trait,
1348 Et me voilà, par là, convaincu tout à fait.
Osez-vous recourir à ces ruses grossières,
Et croyez-vous les gens si privés de lumières?
Voyons, voyons un peu, par quel biais, de quel air,
1352 Vous voulez soutenir un mensonge si clair,
Et comment vous pourrez tourner, pour une femme,
Tous les mots d'un billet qui montre tant de flamme?
Ajustez, pour couvrir un manquement de foi,
1356 Ce que je m'en vais lire . . .

CÉLIMÈNE

                    Il ne me plaît pas, moi.
Je vous trouve plaisant d'user d'un tel empire,
Et de me dire au nez ce que vous m'osez dire.

ALCESTE

Non, non, sans s'emporter, prenez un peu souci
1360   De me justifier les termes que voici.

CÉLIMÈNE

Non, je n'en veux rien faire; et dans cette occurrence,
Tout ce que vous croirez m'est de peu d'importance.

ALCESTE

De grâce, montrez-moi, je serai satisfait,
1364   Qu'on peut, pour une femme, expliquer ce billet.

CÉLIMÈNE

Non, il est pour Oronte, et je veux qu'on le croie;
Je reçois tous ses soins avec beaucoup de joie;
J'admire ce qu'il dit, j'estime ce qu'il est,
1368   Et je tombe d'accord de tout ce qu'il vous plaît.
Faites, prenez parti, que rien ne vous arrête,
Et ne me rompez pas davantage la tête.

ALCESTE

Ciel! rien de plus cruel peut-il être inventé?
1372   Et jamais cœur fut-il de la sorte traité?
Quoi! d'un juste courroux je suis ému contre elle,
C'est moi qui me viens plaindre, et c'est moi qu'on querelle!
On pousse ma douleur et mes soupçons à bout,
1376   On me laisse tout croire, on fait gloire de tout;
Et cependant mon cœur est encore assez lâche
Pour ne pouvoir briser la chaîne qui l'attache,
Et pour ne pas s'armer d'un généreux mépris
1380   Contre l'ingrat objet dont il est trop épris!
Ah! que vous savez bien, ici, contre moi-même,
Perfide, vous servir de ma faiblesse extrême,
Et ménager pour vous l'excès prodigieux
1384   De ce fatal amour né de vos traîtres yeux!
Défendez-vous, au moins, d'un crime qui m'accable,
Et cessez d'affecter d'être envers moi coupable;
Rendez-moi, s'il se peut, ce billet innocent:
1388   A vous prêter les mains ma tendresse consent;
Efforcez-vous ici de paraître fidèle,
Et je m'efforcerai, moi, de vous croire telle.

CÉLIMÈNE

Allez, vous êtes fou, dans vos transports jaloux,
1392   Et ne méritez pas l'amour qu'on a pour vous.

Je voudrais bien savoir qui pourrait me contraindre
A descendre, pour vous, aux bassesses de feindre,
Et pourquoi, si mon cœur penchait d'autre côté,
1396 Je ne le dirais pas avec sincérité.
Quoi! de mes sentiments l'obligeante assurance
Contre tous vos soupçons ne prend pas ma défense?
Auprès d'un tel garant, sont-ils de quelque poids?
1400 N'est-ce pas m'outrager que d'écouter leur voix?
Et puisque notre cœur fait un effort extrême,
Lorsqu'il peut se résoudre à confesser qu'il aime;
Puisque l'honneur du sexe, ennemi de nos feux,
1404 S'oppose fortement à de pareils aveux,
L'amant qui voit pour lui franchir un tel obstacle
Doit-il impunément douter de cet oracle?
Et n'est-il pas coupable, en ne s'assurant pas
1408 A ce qu'on ne dit point qu'après de grands combats?
Allez, de tels soupçons méritent ma colère,
Et vous ne valez pas que l'on vous considère:
Je suis sotte, et veux mal à ma simplicité
1412 De conserver, encor, pour vous, quelque bonté;
Je devrais autre part attacher mon estime,
Et vous faire un sujet de plainte légitime.

ALCESTE

Ah! traîtresse, mon faible est étrange pour vous!
1416 Vous me trompez sans doute avec des mots si doux;
Mais il n'importe, il faut suivre ma destinée;
A votre foi mon âme est toute abandonnée;
Je veux voir, jusqu'au bout, quel sera votre cœur,
1420 Et si de me trahir il aura la noirceur.

CÉLIMÈNE

Non, vous ne m'aimez point comme il faut que l'on aime.

ALCESTE

Ah! rien n'est comparable à mon amour extrême;
Et dans l'ardeur qu'il a de se montrer à tous,
1424 Il va jusqu'à former des souhaits contre vous.
Oui, je voudrais qu'aucun ne vous trouvât aimable,
Que vous fussiez réduite en un sort misérable,
Que le Ciel, en naissant, ne vous eût donné rien,
1428 Que vous n'eussiez ni rang, ni naissance, ni bien,
Afin que de mon cœur l'éclatant sacrifice

G

Vous pût d'un pareil sort réparer l'injustice,
Et que j'eusse la joie et la gloire, en ce jour,
1432 De vous voir tenir tout des mains de mon amour.

CÉLIMÈNE

C'est me vouloir du bien d'une étrange manière!
Me préserve le Ciel que vous ayez matière . . .
Voici Monsieur Du Bois, plaisamment figuré.

SCÈNE IV

DU BOIS, CÉLIMÈNE, ALCESTE

ALCESTE

1436 Que veut cet équipage, et cet air effaré?
Qu'as-tu?

DU BOIS

Monsieur . . .

ALCESTE

Hé bien?

DU BOIS

Voici bien des mystères.

ALCESTE

Qu'est-ce?

DU BOIS

Nous sommes mal, Monsieur, dans nos affaires.

ALCESTE

Quoi?

DU BOIS

Parlerai-je haut?

ALCESTE

Oui, parle, et promptement.

DU BOIS

1440 N'est-il point là quelqu'un . . .?

ALCESTE

Ah! que d'amusement!
Veux-tu parler?

DU BOIS

Monsieur, il faut faire retraite.

ALCESTE

Comment?

DU BOIS

I! faut, d'ici, déloger sans trompette.

ALCESTE

Et pourquoi?

DU BOIS

Je vous dis qu'il faut quitter ce lieu.

ALCESTE

1444 La cause?

DU BOIS

Il faut partir, Monsieur, sans dire adieu.

ALCESTE

Mais par quelle raison me tiens-tu ce langage?

DU BOIS

Par la raison, Monsieur, qu'il faut plier bagage.

ALCESTE

Ah! je te casserai la tête assurément,
1448 Si tu ne veux, maraud, t'expliquer autrement.

DU BOIS

Monsieur, un homme noir, et d'habit, et de mine,
Est venu nous laisser, jusque dans la cuisine,
Un papier griffonné d'une telle façon,
1452 Qu'il faudrait, pour le lire, être pis que démon.
C'est de votre procès, je n'en fais aucun doute;
Mais le diable d'enfer, je crois, n'y verrait goutte.

ALCESTE

Hé bien? quoi? ce papier, qu'a-t-il à démêler,
1456 Traître, avec le départ dont tu viens me parler?

DU BOIS

C'est pour vous dire ici, Monsieur, qu'une heure ensuite,
Un homme, qui souvent vous vient rendre visite,
Est venu vous chercher avec empressement,
1460 Et ne vous trouvant pas, m'a chargé, doucement,
Sachant que je vous sers avec beaucoup de zèle,
De vous dire . . . Attendez, comme est-ce qu'il s'appelle?

ALCESTE

Laisse là son nom, traître, et dis ce qu'il t'a dit.

DU BOIS

1464 C'est un de vos amis enfin, cela suffit.
Il m'a dit que, d'ici, votre péril vous chasse,
Et que d'être arrêté le Sort vous y menace.

ALCESTE

Mais quoi? n'a-t-il voulu te rien spécifier?

DU BOIS

1468   Non, il m'a demandé de l'encre et du papier,
Et vous a fait un mot, où vous pourrez, je pense,
Du fond de ce mystère avoir la connaissance.

ALCESTE

Donne-le donc.

CÉLIMÈNE

Que peut envelopper ceci?

ALCESTE

1472   Je ne sais, mais j'aspire à m'en voir éclairci.
Auras-tu bientôt fait, impertinent au diable?

DU BOIS, après l'avoir longtemps cherché.

Ma foi! je l'ai, Monsieur, laissé sur votre table.

ALCESTE

Je ne sais qui me tient . . .

CÉLIMÈNE

Ne vous emportez pas,

1476   Et courez démêler un pareil embarras.

ALCESTE

Il semble que le Sort, quelque soin que je prenne,
Ait juré d'empêcher que je vous entretienne;
Mais, pour en triompher, souffrez à mon amour
1480   De vous revoir, Madame, avant la fin du jour.

ACTE V

SCÈNE PREMIÈRE

ALCESTE, PHILINTE

ALCESTE

La résolution en est prise, vous dis-je.

PHILINTE

Mais, quel que soit ce coup, faut-il qu'il vous oblige? . . .

ALCESTE

Non, vous avez beau faire et beau me raisonner,
1484   Rien de ce que je dis ne me peut détourner:
Trop de perversité règne au siècle où nous sommes,

Et je veux me tirer du commerce des hommes.
Quoi! contre ma partie on voit, tout à la fois,
1488   L'honneur, la probité, la pudeur, et les lois;
On publie en tous lieux l'équité de ma cause;
Sur la foi de mon droit mon âme se repose:
Cependant, je me vois trompé par le succès,
1492   J'ai pour moi la justice, et je perds mon procès!
Un traître, dont on sait la scandaleuse histoire,
Est sorti triomphant d'une fausseté noire!
Toute la bonne foi cède à sa trahison!
1496   Il trouve, en m'égorgeant, moyen d'avoir raison!
Le poids de sa grimace, où brille l'artifice,
Renverse le bon droit, et tourne la justice!
Il fait par un arrêt couronner son forfait;
1500   Et non content encor du tort que l'on me fait,
Il court parmi le monde un livre abominable,
Et de qui la lecture est même condamnable,
Un livre à mériter la dernière rigueur,
1504   Dont le fourbe a le front de me faire l'auteur!
Et, là-dessus, on voit Oronte qui murmure,
Et tâche, méchamment, d'appuyer l'imposture!
Lui, qui d'un honnête homme à la cour tient le rang!
1508   A qui je n'ai rien fait, qu'être sincère et franc!
Qui me vient, malgré moi, d'une ardeur empressée,
Sur des vers qu'il a faits demander ma pensée!
Et parce que j'en use avec honnêteté,
1512   Et ne le veux trahir, lui, ni la vérité,
Il aide à m'accabler d'un crime imaginaire:
Le voilà devenu mon plus grand adversaire!
Et jamais, de son cœur, je n'aurai de pardon,
1516   Pour n'avoir pas trouvé que son sonnet fût bon!
Et les hommes, morbleu, sont faits de cette sorte!
C'est à ces actions que la gloire les porte!
Voilà la bonne foi, le zèle vertueux,
1520   La justice, et l'honneur, que l'on trouve chez eux!
Allons, c'est trop souffrir les chagrins qu'on nous forge;
Tirons-nous de ce bois et de ce coupe-gorge.
Puisqu'entre humains, ainsi, vous vivez en vrais loups,
1524   Traîtres, vous ne m'aurez de ma vie, avec vous.

PHILINTE

Je trouve un peu bien prompt le dessein où vous êtes,
Et tout le mal n'est pas si grand que vous le faites:

Ce que votre partie ose vous imputer
1528 N'a point eu le crédit de vous faire arrêter;
On voit son faux rapport lui-même se détruire,
Et c'est une action qui pourrait bien lui nuire.

ALCESTE

Lui! De semblables tours il ne craint point l'éclat;
1532 Il a permission d'être franc scélérat;
Et loin qu'à son crédit nuise cette aventure,
On l'en verra demain en meilleure posture.

PHILINTE

Enfin, il est constant qu'on n'a point trop donné
1536 Au bruit que contre vous sa malice a tourné:
De ce côté, déjà, vous n'avez rien à craindre;
Et pour votre procès, dont vous pouvez vous plaindre.
Il vous est en justice aisé d'y revenir,
1540 Et contre cet arrêt ...

ALCESTE

      Non, je veux m'y tenir.
Quelque sensible tort qu'un tel arrêt me fasse,
Je me garderai bien de vouloir qu'on le casse:
On y voit trop à plein le bon droit maltraité,
1544 Et je veux qu'il demeure à la postérité,
Comme une marque insigne, un fameux témoignage
De la méchanceté des hommes de notre âge.
Ce sont vingt mille francs qu'il m'en pourra coûter:
1548 Mais, pour vingt mille francs, j'aurai droit de pester
Contre l'iniquité de la nature humaine,
Et de nourrir pour elle une immortelle haine.

PHILINTE

Mais enfin ...

ALCESTE

      Mais enfin, vos soins sont superflus:
1552 Que pouvez-vous, Monsieur, me dire là-dessus?
Aurez-vous bien le front de me vouloir, en face,
Excuser les horreurs de tout ce qui se passe?

PHILINTE

Non, je tombe d'accord de tout ce qu'il vous plaît,
1556 Tout marche par cabale et par pur intérêt;
Ce n'est plus que la ruse, aujourd'hui, qui l'emporte,
Et les hommes devraient être faits d'autre sorte.

Mais est-ce une raison que leur peu d'équité
1560 Pour vouloir se tirer de leur société?
Tous ces défauts humains nous donnent, dans la vie,
Des moyens d'exercer notre philosophie:
C'est le plus bel emploi que trouve la vertu;
1564 Et si de probité tout était revêtu,
Si tous les cœurs étaient francs, justes, et dociles,
La plupart des vertus nous seraient inutiles,
Puisqu'on en met l'usage à pouvoir, sans ennui,
1568 Supporter, dans nos droits, l'injustice d'autrui;
Et de même qu'un cœur d'une vertu profonde...

ALCESTE
Je sais que vous parlez, Monsieur, le mieux du monde;
En beaux raisonnements vous abondez toujours;
1572 Mais vous perdez le temps et tous vos beaux discours.
La raison, pour mon bien, veut que je me retire:
Je n'ai point sur ma langue un assez grand empire;
De ce que je dirais je ne répondrais pas,
1576 Et je me jetterais cent choses sur les bras.
Laissez-moi, sans dispute, attendre Célimène:
Il faut qu'elle consente au dessein qui m'amène;
Je vais voir si son cœur a de l'amour pour moi,
1580 Et c'est ce moment-ci qui doit m'en faire foi.

PHILINTE
Montons chez Éliante, attendant sa venue.

ALCESTE
Non, de trop de souci je me sens l'âme émue.
Allez-vous-en la voir, et me laissez enfin
1584 Dans ce petit coin sombre, avec mon noir chagrin.

PHILINTE
C'est une compagnie étrange, pour attendre,
Et je vais obliger Éliante à descendre.

SCÈNE II

ORONTE, CÉLIMÈNE, ALCESTE

ORONTE
Oui, c'est à vous de voir si par des nœuds si doux,
1588 Madame, vous voulez m'attacher tout à vous.

Il me faut de votre âme une pleine assurance:
Un amant, là-dessus, n'aime point qu'on balance.
Si l'ardeur de mes feux a pu vous émouvoir,
1592 Vous ne devez point feindre à me le faire voir;
Et la preuve, après tout, que je vous en demande,
C'est de ne plus souffrir qu'Alceste vous prétende,
De le sacrifier, Madame, à mon amour,
1596 Et de chez vous, enfin, le bannir dès ce jour.

CÉLIMÈNE

Mais quel sujet si grand contre lui vous irrite,
Vous, à qui j'ai tant vu parler de son mérite?

ORONTE

Madame, il ne faut point ces éclaircissements,
1600 Il s'agit de savoir quels sont vos sentiments.
Choisissez, s'il vous plaît, de garder l'un, ou l'autre,
Ma résolution n'attend rien que la vôtre.

ALCESTE, sortant du coin où il s'était retiré.

Oui, Monsieur a raison, Madame, il faut choisir,
1604 Et sa demande, ici, s'accorde à mon désir.
Pareille ardeur me presse, et même soin m'amène;
Mon amour veut du vôtre une marque certaine,
Les choses ne sont plus pour traîner en longueur,
1608 Et voici le moment d'expliquer votre cœur.

ORONTE

Je ne veux point, Monsieur, d'une flamme importune
Troubler aucunement votre bonne fortune.

ALCESTE

Je ne veux point, Monsieur, jaloux, ou non jaloux,
1612 Partager de son cœur rien du tout avec vous.

ORONTE

Si votre amour, au mien, lui semble préférable . . .

ALCESTE

Si du moindre penchant elle est pour vous capable . . .

ORONTE

Je jure de n'y rien prétendre désormais.

ALCESTE

1616 Je jure, hautement, de ne la voir jamais.

ORONTE

Madame, c'est à vous de parler sans contrainte.

ALCESTE

Madame, vous pouvez vous expliquer sans crainte.

ORONTE

Vous n'avez qu'à nous dire où s'attachent vos vœux.

ALCESTE

1620 Vous n'avez qu'à trancher, et choisir de nous deux,

ORONTE

Quoi! sur un pareil choix vous semblez être en peine!

ALCESTE

Quoi! votre âme balance et paraît incertaine!

CÉLIMÈNE

Mon Dieu! que cette instance est là hors de saison,
1624 Et que vous témoignez, tous deux, peu de raison!
Je sais prendre parti sur cette préférence,
Et ce n'est pas mon cœur maintenant qui balance:
Il n'est point suspendu, sans doute, entre vous deux,
1628 Et rien n'est si tôt fait que le choix de nos vœux.
Mais je souffre, à vrai dire, une gêne trop forte,
A prononcer en face un aveu de la sorte:
Je trouve que ces mots qui sont désobligeants
1632 Ne se doivent point dire en présence des gens;
Qu'un cœur de son penchant donne assez de lumière,
Sans qu'on nous fasse aller jusqu'à rompre en visière;
Et qu'il suffit, enfin, que de plus doux témoins
1636 Instruisent un amant du malheur de ses soins.

ORONTE

Non, non, un franc aveu n'a rien que j'appréhende,
J'y consens pour ma part.

ALCESTE

                              Et moi, je le demande;
C'est son éclat, surtout, qu'ici j'ose exiger,
1640 Et je ne prétends point vous voir rien ménager.
Conserver tout le monde est votre grande étude;
Mais plus d'amusement et plus d'incertitude;
Il faut vous expliquer nettement là-dessus,
1644 Ou bien, pour un arrêt, je prends votre refus;
Je saurai, de ma part, expliquer ce silence,
Et me tiendrai pour dit tout le mal que j'en pense.

ORONTE

Je vous sais fort bon gré, Monsieur, de ce courroux,
1648   Et je lui dis, ici, même chose que vous.

CÉLIMÈNE

Que vous me fatiguez avec un tel caprice!
Ce que vous demandez a-t-il de la justice,
Et ne vous dis-je pas quel motif me retient?
1652   J'en vais prendre pour juge Éliante qui vient.

SCÈNE III

ÉLIANTE, PHILINTE, CÉLIMÈNE, ORONTE, ALCESTE

CÉLIMÈNE

Je me vois, ma cousine, ici persécutée
Par des gens dont l'humeur y paraît concertée.
Ils veulent l'un et l'autre, avec même chaleur,
1656   Que je prononce entre eux le choix que fait mon cœur,
Et que, par un arrêt qu'en face il me faut rendre,
Je défende à l'un d'eux tous les soins qu'il peut prendre.
Dites-moi si, jamais, cela se fait ainsi.

ÉLIANTE

1660   N'allez point là-dessus me consulter ici;
Peut-être y pourriez-vous être mal adressée,
Et je suis pour les gens qui disent leur pensée.   NB

ORONTE

Madame, c'est en vain que vous vous défendez.

ALCESTE

1664   Tous vos détours, ici, seront mal secondés.

ORONTE

Il faut, il faut parler, et lâcher la balance.

ALCESTE

Il ne faut que poursuivre à garder le silence.

ORONTE

Je ne veux qu'un seul mot pour finir nos débats.

ALCESTE

1668   Et moi, je vous entends si vous ne parlez pas.

SCÈNE IV

ACASTE, CLITANDRE, ARSINOÉ, PHILINTE,
ÉLIANTE, ORONTE, CÉLIMÈNE, ALCESTE

ACASTE

Madame, nous venons, tous deux, sans vous déplaire,
Éclaircir avec vous une petite affaire.

CLITANDRE

Fort à propos, Messieurs, vous vous trouvez ici,
1672 Et vous êtes mêlés dans cette affaire aussi.

ARSINOÉ

Madame, vous serez surprise de ma vue;
Mais ce sont ces Messieurs qui causent ma venue:
Tous deux ils m'ont trouvée, et se sont plaints à moi
1676 D'un trait, à qui mon cœur ne saurait prêter foi.
J'ai du fond de votre âme une trop haute estime,
Pour vous croire jamais capable d'un tel crime:
Mes yeux ont démenti leurs témoins les plus forts;
1680 Et l'amitié passant sur de petits discords,
J'ai bien voulu chez vous leur faire compagnie,
Pour vous voir vous laver de cette calomnie.

ACASTE

Oui, Madame, voyons, d'un esprit adouci,
1684 Comment vous vous prendrez à soutenir ceci.
Cette lettre, par vous, est écrite à Clitandre?

CLITANDRE

Vous avez, pour Acaste, écrit ce billet tendre?

ACASTE

Messieurs, ces traits, pour vous, n'ont point d'obscurité,
1688 Et je ne doute pas que sa civilité
A connaître sa main n'ait trop su vous instruire;
Mais ceci vaut assez la peine de le lire.

Vous êtes un étrange homme, de condamner mon enjouement, et de me
reprocher que je n'ai jamais tant de joie que lorsque je ne suis pas avec
vous. Il n'y a rien de plus injuste; et si vous ne venez bien vite me demander
pardon de cette offense, je ne vous la pardonnerai de ma vie. Notre grand
flandrin de Vicomte . . .

Il devrait être ici.

Notre grand flandrin de Vicomte, par qui vous commencez vos
plaintes, est un homme qui ne saurait me revenir; et depuis que je l'ai vu,

trois quarts d'heure durant, cracher dans un puits pour faire des ronds, je
n'ai pu jamais prendre bonne opinion de lui. Pour le petit Marquis ...

C'est moi-même, Messieurs, sans nulle vanité.

Pour le petit Marquis, qui me tint hier longtemps la main, je trouve qu'il
n'y a rien de si mince que toute sa personne; et ce sont de ces mérites qui
n'ont que la cape et l'épée. Pour l'homme aux rubans verts .... *Acaste*

A vous le dé, Monsieur.

Pour l'homme aux rubans verts, il me divertit quelquefois avec ses brus-
queries et son chagrin bourru; mais il est cent moments où je le trouve
le plus fâcheux du monde. Et pour l'homme à la veste ...

Voici votre paquet.

Et pour l'homme à la veste, qui s'est jeté dans le bel esprit et veut être
auteur malgré tout le monde, je ne puis me donner la peine d'écouter ce qu'il
dit; et sa prose me fatigue autant que ses vers. Mettez-vous donc en tête
que je ne me divertis pas toujours si bien que vous pensez; que je vous
trouve à dire plus que je ne voudrais, dans toutes les parties où l'on m'entraîne; et que c'est un merveilleux assaisonnement aux plaisirs qu'on goûte
que la présence des gens qu'on aime.

CLITANDRE

Me voici maintenant moi.

Votre Clitandre dont vous me parlez, et qui fait tant le doucereux, est le
dernier des hommes pour qui j'aurais de l'amitié. Il est extravagant de se
persuader qu'on l'aime; et vous l'êtes de croire qu'on ne vous aime pas.
Changez, pour être raisonnable, vos sentiments contre les siens; et voyez-
moi le plus que vous pourrez, pour m'aider à porter le chagrin d'en être
obsédée.

D'un fort beau caractère on voit là le modèle,
1692   Madame, et vous savez comment cela s'appelle?
Il suffit, nous allons, l'un, et l'autre, en tous lieux,
Montrer de votre cœur le portrait glorieux.

ACASTE

J'aurais de quoi vous dire, et belle est la matière;
1696   Mais je ne vous tiens pas digne de ma colère;
Et je vous ferai voir que les petits marquis
Ont, pour se consoler, des cœurs du plus haut prix.

ORONTE

Quoi! de cette façon je vois qu'on me déchire,
1700   Après tout ce qu'à moi je vous ai vu m'écrire,
Et votre cœur, paré de beaux semblants d'amour,
A tout le genre humain se promet tour à tour!
Allez, j'étais trop dupe, et je vais ne plus l'être.
1704   Vous me faites un bien, me faisant vous connaître:

J'y profite d'un cœur qu'ainsi vous me rendez,
Et trouve ma vengeance en ce que vous perdez.

    (A Alceste.)

Monsieur, je ne fais plus d'obstacle à votre flamme,
1708 Et vous pouvez conclure affaire avec Madame.

ARSINOÉ

Certes, voilà le trait du monde le plus noir;
Je ne m'en saurais taire, et me sens émouvoir.
Voit-on des procédés qui soient pareils aux vôtres?
1712 Je ne prends point de part aux intérêts des autres;
Mais Monsieur, que, chez vous, fixait votre bonheur,
Un homme comme lui, de mérite et d'honneur,
Et qui vous chérissait avec idolâtrie,
1716 Devait-il . . .?

ALCESTE

      Laissez-moi, Madame, je vous prie,
Vider mes intérêts moi-même là-dessus,
Et ne vous chargez point de ces soins superflus.
Mon cœur a beau vous voir prendre ici sa querelle,
1720 Il n'est point en état de payer ce grand zèle;
Et ce n'est pas à vous que je pourrai songer,
Si par un autre choix je cherche à me venger.

ARSINOÉ

Hé! croyez-vous, Monsieur, qu'on ait cette pensée,
1724 Et que de vous avoir on soit tant empressée?
Je vous trouve un esprit bien plein de vanité,
Si de cette créance il peut s'être flatté.
Le rebut de Madame est une marchandise
1728 Dont on aurait grand tort d'être si fort éprise.
Détrompez-vous, de grâce, et portez-le moins haut:
Ce ne sont pas des gens comme moi qu'il vous faut;
Vous ferez bien encor de soupirer pour elle,
1732 Et je brûle de voir une union si belle.

                (Elle se retire.)

ALCESTE

Hé bien! je me suis tu, malgré ce que je voi,
Et j'ai laissé parler tout le monde avant moi.
Ai-je pris sur moi-même un assez long empire,
1736 Et puis-je, maintenant . . .?

CÉLIMÈNE

            Oui, vous pouvez tout dire:
Vous en êtes en droit, lorsque vous vous plaindrez,
Et de me reprocher tout ce que vous voudrez.
J'ai tort, je le confesse, et mon âme confuse
1740 Ne cherche à vous payer d'aucune vaine excuse.
J'ai des autres, ici, méprisé le courroux,
Mais je tombe d'accord de mon crime envers vous.
Votre ressentiment, sans doute, est raisonnable, *admirable*
1744 Je sais combien je dois vous paraître coupable, *honesty*
Que toute chose dit que j'ai pu vous trahir,
Et qu'enfin, vous avez sujet de me haïr.   NB
Faites-le, j'y consens.

ALCESTE

           Hé! le puis-je, traîtresse?
1748 Puis-je ainsi triompher de toute ma tendresse?
Et quoique avec ardeur je veuille vous haïr,
Trouvé-je un cœur en moi tout prêt à m'obéir?

(A Éliante et Philinte.)

Vous voyez ce que peut une indigne tendresse,
1752 Et je vous fais, tous deux, témoins de ma faiblesse.
Mais, à vous dire vrai, ce n'est pas encor tout,
Et vous allez me voir la pousser jusqu'au bout,
Montrer que c'est à tort que sages on nous nomme,
1756 Et que, dans tous les cœurs, il est toujours de l'homme.
Oui, je veux bien, perfide, oublier vos forfaits;
J'en saurai, dans mon âme, excuser tous les traits,
Et me les couvrirai du nom d'une faiblesse
1760 Où le vice du temps porte votre jeunesse,
Pourvu que votre cœur veuille donner les mains
Au dessein que j'ai fait de fuir tous les humains,
Et que, dans mon désert, où j'ai fait vœu de vivre,
1764 Vous soyez, sans tarder, résolue à me suivre.
C'est par là seulement que, dans tous les esprits,
Vous pouvez réparer le mal de vos écrits,
Et qu'après cet éclat, qu'un noble cœur abhorre,
1768 Il peut m'être permis de vous aimer encore.

CÉLIMÈNE

NB   Moi, renoncer au monde avant que de vieillir!
Et dans votre désert aller m'ensevelir!

ALCESTE

Et s'il faut qu'à mes feux votre flamme réponde,
1772 Que vous doit importer tout le reste du monde?
Vos désirs, avec moi, ne sont-ils pas contents?

CÉLIMÈNE

La solitude effraye une âme de vingt ans;
Je ne sens point la mienne assez grande, assez forte,
1776 Pour me résoudre à prendre un dessein de la sorte.
Si le don de ma main peut contenter vos vœux,
Je pourrai me résoudre à serrer de tels nœuds;
Et l'hymen . . .

ALCESTE

Non, mon cœur, à présent, vous déteste,
1780 Et ce refus lui seul fait plus que tout le reste.
Puisque vous n'êtes point, en des liens si doux,
Pour trouver tout en moi, comme moi tout en vous,
Allez, je vous refuse, et ce sensible outrage
1784 De vos indignes fers pour jamais me dégage.

(Célimène se retire, et Alceste parle à Éliante.)

Madame, cent vertus ornent votre beauté,
Et je n'ai vu qu'en vous de la sincérité;
De vous, depuis longtemps, je fais un cas extrême;
1788 Mais laissez-moi toujours vous estimer de même;
Et souffrez que mon cœur, dans ses troubles divers,
Ne se présente point à l'honneur de vos fers;
Je m'en sens trop indigne, et commence à connaître
1792 Que le Ciel, pour ce nœud, ne m'avait point fait naître;
Que ce serait pour vous un hommage trop bas
Que le rebut d'un cœur qui ne vous valait pas;
Et qu'enfin . . .

ÉLIANTE

Vous pouvez suivre cette pensée;
1796 Ma main de se donner n'est pas embarrassée;
Et voilà votre ami, sans trop m'inquiéter,
Qui, si je l'en priais, la pourrait accepter.

PHILINTE

Ah! cet honneur, Madame, est toute mon envie,
1800 Et j'y sacrifierais et mon sang et ma vie.

ALCESTE

Puissiez-vous, pour goûter de vrais contentements,
L'un pour l'autre, à jamais, garder ces sentiments!

Trahi de toutes parts, accablé d'injustices,

1804 Je vais sortir d'un gouffre où triomphent les vices,

Et chercher sur la terre un endroit écarté

Où d'être homme d'honneur on ait la liberté.

consistency of Acaste [handwritten annotation]

PHILINTE

Allons, Madame, allons employer toute chose,

1808 Pour rompre le dessein que son cœur se propose.

COMMENTAIRE

Molière jouait Alceste; Mlle Molière, Célimène. On ignore comment étaient distribués les autres rôles.

Alceste — en grec un nom de femme, illustré par la tragédie d'Euripide — se rencontre dans une tragédie de Du Ryer, *Alcionée* (1640) et un roman de Des Escuteaux, *Le fils d'Alceste* (L.-M.)

Célimène, en grec la charmée et non la charmeuse, a fourni son titre à une comédie de Rotrou (1633; impr. 1636); Molière l'y a peut-être pris (L.-M.).

Noter que les marquis ne sont pas donnés comme amants de Célimène; Alceste n'a de rival qu'Oronte.

La pièce se passe dans l'hôtel de Célimène: le salon se trouve au premier étage (v. 253, 559) et donne sur la galerie (v. 732). Cette disposition provient de l'Hôtel de Rambouillet, qui fit loi pour les constructions nouvelles.

D'après le 'Mémoire de décorations', il faut 6 chaises (II, 5), 3 lettres (IV, 3; v. 4); des bottes (IV, 4). — L'habit d'Alceste consistait en « haut de chausses et juste-au-corps de brocart rayé or et soie gris, doublé de tabis [gros taffetas], garni de rubans verts; la veste de brocart d'or; les bas de soie et jarretières » (G.É., v, 398).

ACTE PREMIER

SCÈNE PREMIÈRE

Cette scène, d'une vie si intense, d'un mouvement si ardent, et qui fait à elle seule l'exposition (cf. p. xviii), est d'une longueur inusitée: 249 vers. Elle se divise, somme toute, en quatre parties: 1° une discussion sur les formes de la politesse courante (1–86); 2° une dénonciation de la nature humaine et une déclaration de principes qui se croit philosophique (87–166); 3° une condamnation de la justice à propos du procès d'Alceste (167–205); 4° une discussion sur l'amour d'Alceste pour Célimène (205–249).

La fureur sans cesse renaissante d'Alceste a des dessous. Il ne s'emporte pas seulement ni surtout pour les raisons apparentes de la querelle. La coquetterie de Célimène le tracasse; il est venu chercher une explication avec elle; Philinte paie pour son déséquilibre intérieur.

NOTES

2 *Encor* était (Ac.) et est permis en poésie.

4 Voici le premier des quelque 220 'on' dont Molière a émaillé *Le Misanthrope*: c'est un des petits traits saillants de son style. Le mot désigne tout le monde, un groupe de personnes, une personne; il équivaut en ce cas à 'je, vous, lui, elle'. Il s'emploie par courtoisie, pour envelopper un propos désobligeant, ou, surtout, pour la commodité du vers. Molière en abuse dans des constructions dures, sinon incorrectes.

I. *Alceste l'atrabilaire* (v. 1-86)

La « méchante » estampe de l'édition princeps montre Alceste assis et tournant la tête vers Philinte, debout à quelques pas (G.É.). Cette mise en scène s'est maintenue.

1-16 Noter la brusquerie discourtoise d'Alceste et surtout le caractère énigmatique de ce début si entraînant: un homme en querelle un autre, l'accuse d'on ne sait quelle infamie (3, 10-12, 14-16), pendant seize vers; cela pique la curiosité et prépare le comique.

Noter aussi, çà et là, le caractère presque proverbial du style: 'courez vous cacher': c'est ce qu'on dit aux enfants qui ont fait une sottise; 'on entend..., rayez... Allez.'

5 *Moi*: ce mot reviendra souvent; il marque le personnalisme intense d'Alceste. — Le vers est d'une déraison enfantine.

8 Alceste se lève brusquement, comme mû par un ressort. Et pourquoi? Sur le mot 'ami', qu'il rejette comme une injure. Molière accorde le geste au sentiment.

17-33 Enfin nous voici fixés sur ce petit mystère; Alceste part en guerre contre la politesse mondaine, la montagne accouche d'une souris, et le rire se déclenche, ou un sourire apitoyé.

Où Molière a-t-il pris l'idée de prêter à Alceste cette intransigeance futile en matière de politesse?

Le potentiel comique des manières du temps l'avait frappé de bonne heure (*Préc. Rid.*, sc. 12, 1659; *Fâcheux*, I, 1, 1661 etc.). Quinault venait d'écrire dans *La Mère coquette* (I, 3, 1664):

> Estimez-vous beaucoup l'air dont vous affectez
> D'estropier les gens par vos subtilités?
> Ces compliments de main, ces rudes embrassades,
> Ces saluts qui font peur, ces bonjours à gourmades?
> Il faut être à la mode, ou l'on est ridicule;
> On n'est point regardé, si l'on ne gesticule,
> Si, dans les jeux de main, ne cédant à pas un,
> On ne se sait un peu distinguer du commun.

La pièce était célèbre, Molière la connaissait certainement. Les moralistes dénonçaient depuis cent ans la mode du baiser et les formes outrées de la politesse; les commentateurs (G.É., Livet, Éd. 118-119) renvoient à nombre de textes (dont Montaigne, III, 5) et à de gros traités, allemands, français,

---

5 'Point' nie bien plus fortement que 'pas' (Vaugelas, 409).

6 *chagrin*: « mélancolie, ennui, fâcheuse, mauvaise humeur; grand, noir chagrin » (Ac.); peine d'amour.

7 Ellipse: quoique nous soyons. — *Enfin* ne qualifie pas ce qui précède; la princeps met le mot entre virgules.

tout servait à « donner quelque énergie » (Ac.) à ce qui suivait.

9 *faire profession*: « se piquer particulièrement » (Ac.).

13 Les éditions donnent 'conte' jusqu'en 1710, pour la rime. Danet (1683) et Furetière (1690) distinguent les premiers entre 'compte' et 'conte'.

16 *s'en doit scandaliser*: quand le verbe principal en précédait immédiatement un autre à l'infinitif, on plaçait le pronom complément du second devant le premier (Haase, 437). On en trouve plus de 30 exemples dans la pièce. Mais ce n'était pas une règle: cf. v. 6, 15, etc.

anglais, que Molière n'avait certainement pas lus et qu'on peut écarter. Tout près de lui, Courtin ne mentionne qu'en passant et pour les interdire à l'église les « embrassades » et les « compliments » (Éd. 1671, ch. VII; éd. 1672 et ss, ch. IX): ce qui donne à penser qu'il n'y voyait pas d'inconvénient ailleurs. Il faut bien en effet qu'Alceste se singularise pour paraître comique. Et l'idée même de le rendre ridicule pour des vétilles éclaire bien l'optique du comique.

17 ss Premier discours ou première diatribe d'Alceste, caractéristique de plusieurs autres. Étudier comme il s'échauffe, se monte, multiplie les gros mots, fait enfin explosion, au v. 25, si bien lancé sur un juron, si bien lesté d'épithètes énormes, au v. 28, avec son « pendre » (après la césure) qui passe tout en absurdité. Il prend tout au pied de la lettre, signe de sa terrible sincérité; il manque totalement du sens de l'humour. — On ne saurait mieux calquer le discours sur le mouvement intérieur.

26 *trahir son âme*: très belle expression, très bien amenée. Les G.É. relèvent les mots « abaisser son âme », « trahir ses sentiments » (p. 508) dans un passage du *Grand Cyrus* qui s'applique à M. de Montausier.

---

20 L'Académie donne 'embrassement' et 'embrassade', le second mot ne s'appliquant qu'à l'amitié et à la politesse.

22 *Comme* pour 'comment'. Vaugelas 334 distingue entre les deux mots. Mais il admet 'comme' et 'comment' après 'savoir', exige 'comment' après 'demander'. 'Comment' a prévalu; 'comme' s'emploie encore quand il signifie 'à quel point'.

23 *en vous séparant*: au moment où vous (implicite dans votre) et lui vous séparez. Le participe présent et le gérondif s'employaient alors très librement (Haase, 234, qui cite le v. 1303); on en trouvera une douzaine d'exemples plus loin, quelques-uns assez durs.

25 Les jurons étaient de bon ton; ils sentaient leur gentilhomme. — *Bleu* était une déformation respectueuse de *Dieu*. Mais le nom de Dieu est aussi pris à témoin, depuis d'inoffensifs Mon Dieu! jusqu'au sacrilège *Dieu me damne!* d'Acaste (v. 649).

26 *Âme*: Molière emploie le mot une quarantaine de fois (onze fois à la rime, où il est à surveiller de plus près); c'est un des mots-clef de son vocabulaire. — Il appartient à la langue spirituelle, d'où il a passé à la langue précieuse. — Il ne diffère pas essentiellement du mot 'coeur', avec lequel il est interchangeable pour les besoins de la scansion et voisine deux fois (v. 1622-26, 1677-76); cependant il exprime une nuance plus vague, plus moelleuse, plus évocatrice. — Il désigne le principe de l'activité sentimentale et morale, le siège des affections. Par suite, il signifie, dans ce complexe, le sentiment particulier en jeu à tel ou tel moment, selon que l'âme est agissante ou agie: loyauté, sincérité, honneur, amour, disposition intérieure opposée à la conduite, conscience, pensée, humeur même. — Ailleurs, il désigne le personnage qui parle ou à qui on parle et peut se traduire par *je, vous, lui, elle*, sous la réserve qu'il évoque parfois de manière intéressante la partie du personnage envisagée (Cf. *Cœur*, 36, fin.). — Ailleurs encore, et souvent, il n'est qu'une cheville; au v. 1758 il bouche nettement un trou, mais il détermine dans bien des cas le tour de la phrase. — Cinq emplois sont particulièrement heureux: vv. 855, 866, 1214, 1418, 1774. La pierre de touche du mot comme de tous les autres, c'est sa nécessité. Les seuls emplois de Molière qui soient restés vivants sont ceux où il ne peut être remplacé par rien qui le vaille.

29 ss L'ironie amusée et courtoise de Philinte (on aurait tort de le croire piqué; cf. v. 33) révèle dès l'abord le flegme de l'homme, fait ressortir l'extravagance d'Alceste et dirige l'impression du spectateur.

33 Il n'y a rien que les Alceste aiment moins que la plaisanterie ou l'ironie; elles les enragent. Les deux personnages s'opposent finement.

34 ss Ce qui précède ne traite que d'une anecdote; suit une déclaration de principes, encore limitée. Le principe d'Alceste est juste en ce qu'il a de négatif; il n'oblige pas à dire tout ce qu'on a dans ou sur le coeur; il réserve donc (en théorie) les droits de la courtoisie, de la réserve, de la charité.

37–40 (A) Philinte oppose un fait à un principe: c'est d'une bonne méthode, qu'il emploiera plus d'une fois. Au surplus, il plaide les circonstances atténuantes (il faut bien, comme on peut); il n'a rien d'un fanatique; il se plie à l'usage, mais il sait ce qu'en vaut l'aune. Cette sorte d'objection ne peut qu'encourager Alceste.

41–64 Alceste revient à la charge, sur un démenti brutal: *Non!* l'un de ses mots favoris (combien de mères n'ont-elles pas dit à leurs enfants: on ne dit pas non!). Et nous avons une seconde tirade. Elle diffère sensiblement de la précédente. Tout à l'heure Alceste, révolté par la conduite de Philinte, exprimait crûment son indignation; sa sortie l'a calmé; maintenant, à l'objection de fait de Philinte, il oppose un raisonnement en deux points et une conclusion. Même verdeur de style; encore des gros mots, mais moins âpres; un ton moins échauffé, bien qu'encore violent; un crescendo moins marqué, un « tempo » plus lent. Toutefois, la conclusion s'amorce encore par un juron.

(a) 41–48 Premier point: Alceste réaffirme sa haine de toutes ces grimaces.

41 Souvenir plus que probable d'un vers d'une pièce de Mlle Desjardins, *Le Favori* (I, 4, v. 2) que la troupe de Molière jouait alors:

Non, je ne puis souffrir cette étrange méthode.

42 *vos*: que vous soutenez, aimez. Toujours de l'âcreté personnelle. Alceste ne s'attire-t-il pas par là l'antipathie autant ou plus qu'il n'excite le rire?

---

27 *un*: cet article, aujourd'hui explétif, n'était alors ni rare ni obligatoire (cf. v. 429 et Haase, 130).

28 *de* marque la cause (emploi fréquent dans la pièce). — *tout à l'instant*: locution donnée par l'Académie.

31 *sur*: quant à, au sujet de (Dict., Lex.). N'y aurait-il pas ici l'idée d'un rabais sur . . . ?

33–34 Rimes inexactes pour l'oreille (*a* long, *a* bref): il y en a une vingtaine de ce type (en *a*) dans la pièce. Port-Royal (Art. poét.) admet ces rimes; la prononciation était indécise (Thurot, II, 565, in L.-M.).

36 *Cœur* prête aux mêmes observations qu'*âme* (v. 26). Le mot reviendra 80 fois, avec des nuances de sens variées. Molière lui prête des fonctions où la physiologie et la psychologie jurent d'aller ensemble. C'est un des tours les plus curieux, sinon toujours les plus heureux, de son style, que cette substitution à la personne de l'organe ou de la faculté intéressés dans l'action (cf. v. 1761).

38 *en*: la seule préposition que donne l'Académie. Nous disons *de*.

47 *font combat*: construction très usitée et qui reviendra une douzaine de fois. L'Académie en donne plus de 50 exemples, dont le nôtre (sous 'Battre'). La plupart ont disparu.

44–46 Vers fluides, remarquables d'allégresse et de verve. Leur effet est dû à leur similitude de structure. Noter 1° leurs rimes intérieures à l'hémistiche (interdites en principe): 'faiseurs, donneurs, diseurs': trois mots de deux syllabes, la terminaison *eur* indiquant l'habitude et marquant du dédain; 2° le balancement des substantifs et de leurs adjectifs au second et au troisième; le second est disposé en « garniture de cheminée »; 3° le nombre des *l*.

(b) 49–58 Second point: Alceste fait en quelque mesure la théorie de son humeur. Elle n'est pas très heureuse. Pourquoi l'honnête homme trouverait-il un 'avantage' à être caressé?

53 *Non, non*: Alceste s'échauffe, le ton monte.

57 Et voilà un principe. Mais pourquoi *une*? Pour faire le vers, ou, toujours, par égotisme?

(c) 59–64 Conclusion. Alceste applique d'abord sa théorie à Philinte, à qui il signifie une sorte de rupture. Il a toujours prêt un argument ad hominem.

---

48 *Air*: « manière, façon. De l'air dont il vit, il ne durera pas longtemps » (Ac.).

Honnête homme: le mot est l'un des mots-type, la chose l'une des créations essentielles du siècle; mais ce n'est pas de cela qu'il s'agit ici. L'Académie en a, pour ainsi dire, décanté la définition; elle distingue trois sens: 1° homme d'honneur, homme de probité; ceci s'applique à Alceste; 2° homme d'honneur et de probité qui a aussi « toutes les qualités qu'un homme peut avoir dans la vie civile »; 3° homme réduit à ces qualités agréables et aux manières du monde. — Par opposition, *fat* (du latin fatuum, lourd, épais, stupide), est « un sot: sans esprit, qui ne dit que des fadaises » (Furet.); un « impertinent, sans jugement » (Ac.).

Combat rime mal avec *fat*, dont le t se prononçait. Mais se prononçait-il obligatoirement? Des 110 mots finissant en *at* que donne mon dictionnaire des rimes, un seul, *mat*, a le *t* final sonore. Littré donne la prononciation *fat*'; il penche lui-même pour *fa*.

50 *foi*: « probité, régularité qui fait qu'un homme observe exactement ce qu'il a promis » (Ac.); donc loyauté, sincérité.

52 *faquin*: (de l'italien facchino, portefaix): « homme de néant, qui fait des actions indignes d'un honnête homme » (Ac.).

53 *un peu bien*: ces trois mots, ne formant qu'une locution, signifient, par litote, beaucoup trop (Haase, 257). Ici, *un peu* et *bien* ont chacun leur sens normal.

située: l'Académie n'emploie ce mot que de choses matérielles. Nous disons 'bien placé', un coeur bien placé.

55 *Régal*: « festin, grand repas; divertissement, présents » (Ac., sous l'orthographe Régale). Le vers se comprend sans peine et n'arrête pas. Cependant Boileau y voyait du « jargon ». (Cf. G.É., V, 447 et 392).

peu chers: de peu de prix.

56 Construction équivoque. Le premier *on* désigne l'homme loué en général, y compris Alceste; le second désigne le public des « loueurs » (cf. 690); *nous* revient au premier *on*.

58 *C'est . . .*: Molière construit le second infinitif de trois façons: 1° *que* (v. 556, 641, 1236; cp. 1508); 2° *que de* (280, 1072, 1400); 3° *de* (26, 142, 158). Cf. Haase, 209–10.

59 *y* revient une vingtaine de fois. Il se rapporte (sauf peut-être au v. 1661) à un nom de chose de tout genre et de tout nombre, à un groupe

59 *Puisque* souligne l'allure argumentative de la tirade. Le vers est d'une coupe parfaite, prise de la plus pure conversation.

60 Le juron (je n'y reviendrai pas) marque le point culminant de la tirade; Alceste n'a plus qu'à s'appliquer le bénéfice de sa théorie. Ses deux *je* font saillir de nouveau son personnalisme intense: *je refuse*: toujours brutal; *je veux*: toujours impérieux.

61 Très beau vers, d'un tour élégant et original, et même qui touche à la poésie par l'ampleur vague des mots qui le terminent.

64 Conclusion frappante, qui exprime parfaitement l'opposition de l'individu à l'espèce, la solitude d'Alceste.

65–86 La suite n'apporte à peu près rien de nouveau.

Philinte laisse tomber toutes les personnalités, tous les mots blessants, (le v. 75 contient peut-être un reproche voilé), garde son sang-froid et sa courtoisie. Il réaffirme son principe antérieur (v. 37-40), qui est d'une sagesse toute pratique et sans grande valeur foncière. Il rabat la question, comme plus haut, de l'absolu au relatif, et oppose aux généralités d'Alceste deux cas particuliers: le premier (v. 81) paraît le plus topique et fait toucher du doigt la brutalité inadmissible de la thèse d'Alceste. Celui-ci ne recule pas d'une ligne; il en revient à ses *je veux*, à ses sèches et péremptoires affirmations: *oui, sans doute, fort bien*; il s'entête, même s'il sent qu'il a tort.

67 *châtier, sans pitié*: exagérations absurdes.

Toute cette première partie est une création de caractère admirable, en ce qu'une humeur farouche et apparemment intraitable a pourtant des nuances fugaces et un rythme finement varié dans une violence à première vue monotone. Il faut en suivre les vibrations avec soin.

---

de mots, à une proposition; la préposition non exprimée (à, dans, vers) varie avec le verbe dont *y* dépend.

Donner dans (cf. 220): terme de guerre et de chasse: « se dit en parlant d'une inclination qui nous porte vers quelque chose, la curiosité des médailles, le jeu, etc. (Furet., Ac.), le marquis (*L'Avare*, I, 4). Expression récente et « fort élégante » (Bonhours 90). L'article du Lexique a deux pages.

du a le sens d'un démonstratif: de ce temps. Cf. 204.

temps, gens riment mal pour l'œil. Cf. v. 983.

60 *être pour*: fait pour, disposé à, de nature à; tournure très fréquente. Cf. Haase, 175, B, qui cite notre vers. — *mes*: que j'estime et aime.

63 *le trancher*: on disait « trancher le mot, la différence » (Ac.); *le* signifie le mot, la chose.

64 *fait*: « ce qui est propre et convenable à quelqu'un » (Ac.). Nous dirions 'affaire'. Le *t* se prononçait.

65 On rendait ses devoirs, ses respects (Ac.), des civilités, des soins, etc. Mais des dehors? Aucun des 13 exemples du Lexique ne ressemble à l'emploi hardi, d'ailleurs logique, de Molière. Pour Philinte, tout cela n'est que dehors et n'entame pas le fond.

civils: polis. Cf. 47.

68 *commerce*: « communication et correspondance ordinaire . . . pour la société seulement . . . » (Ac.): commerce de la vie, du monde, de l'humanité, de galanterie. de lettres, d'amitié, etc. Selon Bouhours (*Nouv. Rem.*, 1675) l'usage en est « des plus élégants ».

II. *Alceste le misanthrope* (87-166)

Alceste va tirer la philosophie de ses expériences et de son humeur; l'atrabilaire persiste, mais le misanthrope se fait jour à travers.

88-95 Ces vers montrent très bien comment des maux réels et sans doute incurables, mais mêlés de bien, heurtent la *sensibilité* d'Alceste et provoquent chez lui une réaction de fureur qui devance le jugement; c'est d'ailleurs, au degré près, la démarche de la plupart des hommes.

93-94 De l'effet des énumérations sur l'humeur d'Alceste; elles amènent une explosion ('j'enrage', équivalent à un juron), après quoi la phrase retombe. Le v. 96 est presque grotesque dans son exagération.

97-108 Philinte garde son ton débonnaire, malgré quelques mots piquants (sauvage, etc.). Ceux qui importent sont 'chagrin, des noirs accès, maladie'; ils expriment le point de vue de Molière. Point de vue médical ou semi-médical. Au v. 105, Philinte retourne sa franchise à Alceste.

Pour le fond, il allègue l'inutilité de vouloir réformer le monde et le ridicule auquel on s'expose en l'essayant. Cela est sage, mais d'une sagesse assez courte.

---

78 *gens*: ce mot, dont Molière use abondamment à cause de sa brièveté, n'a pas alors le sens péjoratif qu'il a souvent aujourd'hui. Pour le genre, cf. v. 575. Le mot, s'appliquant ici aux deux sexes, est naturellement du masculin.

de: On dit 'penser du mal de . . .'. Cf. v. 972.

81 *Oui* est en général monosyllabique chez Molière. Malherbe le préférait de deux syllabes.

84 *sans doute*: sans aucun doute, assurément. Sens à peu près constant.

86 *à* marque la manière. — 'Conter' va mal avec des mots abstraits, mais ils évoquent des choses concrètes.

90 *à* : propres à, de nature à. — *bile*: cf. p. vii. 'Échauffer' était un mot technique de la médecine.

91 *en* =dans; Cf. Haase, 356 B. — L'Académie donne 'humeur noire, bile noire, noir chagrin' (cf. v. 1584).

92 « *Faire* s'emploie d'une manière relative, avec la plupart des autres verbes, et alors il prend toujours la qualité et la signification » (Ac.) du verbe précédent: ici *vivent*.

96 *rompre en visière*: « dire en face à quelqu'un quelque chose de fâcheux, d'injurieux, fièrement, brusquement, incivilement » (Ac.); au sens propre, rompre sa lance dans la visière (l'endroit le plus dangereux) de celui contre lequel on courait (Ac.). Terme de tournoi.

97 *philosophe*, adjectif, n'est donné ni par Furetière ni par l'Académie. On en trouve (Lex.) un autre exemple de Molière (*Fem. Sav.*, 1728), un de Pascal, un de Loret, deux de Racine. Dans Littré, tous les exemples proviennent du XVIIIe siècle, à partir de Fontenelle.

99 *Soins*, au pluriel, revient une vingtaine de fois dans la pièce. Il a deux sens principaux: 1° efforts (affectueux, dévoués), peines, soucis; 2° empressements, assiduités, hommages amoureux.

100 Sganarelle, le tuteur soupçonneux; Ariste, le tuteur confiant.

102 *Quitter* commande alors toute sorte de compléments (Cf. **Lexique** et La Fontaine, *Fables*, XI, 8).

Incartades: « espèce d'insulte subite et imprévue, avec extravagance » (Ac.). Ce mot, d'origine inconnue, est réservé par Richelet (1680) pour le style simple, le comique, le burlesque ou le satirique (Lex.).

(B) 113 Nous en arrivons aux principes.

114-115 Noter le contraste puissant des sentiments et des expressions. Philinte plaint les pauvres hommes comme les victimes d'une malédiction. Par opposition, l'effroyable haine d'Alceste paraît contre nature.

119-120 Cf. Érasme (*Apophtegmes*, liv. VI), dont les recueils d'Adages étaient très répandus: « Timon d'Athènes, dit le misanthrope, à qui on demandait pourquoi il poursuivait tous les hommes de sa haine, répondit: les méchants, j'ai toute raison de les haïr; tous les autres, je les hais de ne pas haïr les méchants ». — Voir Shakespeare, *Timon*, IV, 3: « Je ne t'ai jamais fait de mal. — Si, tu as dit du bien de moi » (Livet).

122 *le vice*: Alceste n'a guère dénoncé jusqu'ici que les grimaces de la politesse. Mais le mot est vague. Qu'est ce vice?

Parenthèse: le procès d'Alceste (123-144).

Livet (Éd., XXXIV-XXXV et 122) voit, étrangement, dans les vers, 113-14, 188ss, 123-128, 179, 1592-95) des reflets de l'affaire de *Tartuffe*, et même, v. 124, une allusion à Molière. Il a du moins le mérite de chercher à expliquer pourquoi celui-ci a mis un procès sur les bras d'Alceste, ce que les commentateurs semblent trouver tout naturel, et qui ne l'est pas. Donneau de Visé (G.É., V, 433) en donne une autre explication: Molière a cherché toutes les occasions qui peuvent exercer la patience des hommes; il n'y en a presque pas qui n'ait quelque procès, et les plus sages s'emportent quand ils en ont. L'explication vaut ce qu'elle vaut.

La haine d'Alceste n'est pas si désintéressée qu'il l'imagine, et il n'est pas long à montrer le bout de l'oreille. Haïr le vice, c'est un principe; se plaindre d'un procès, c'est un grief personnel. On constate une fois de plus son égotisme foncier.

Il repart pour une diatribe enflammée, mais mieux fondée que les précédentes, car la corruption de la justice est, ou serait, un mal indéniable.

La discussion sur le procès ne s'ouvrira vraiment qu'au v. 180, en attendant la scène V, 1. Ces vers 123-140 n'ont-ils pas été surajoutés par Molière pour la préparer? En tout cas, jamais encore la parole d'Alceste n'a atteint le même degré d'éclat, de vigueur et d'emportement qu'en cette matière qui le touche de si près dans ses intérêts.

---

104 « *Appast* se prend fig. pour tout ce qui attire, qui engage à faire quelque chose; au pluriel, se dit particulièrement en poésie et signifie charmes, attraits, agrément, ce qui plaît; se dit encore plus particulièrement des attraits et de la beauté des femmes » (Ac.).

107 *Si* s'employait pour 'aussi' (Haase, 248); Molière n'emploie à peu près que lui. — *courroux*: « colère. Son plus grand usage est dans le genre sublime et dans la poésie » (Ac.). Le mot s'applique donc bien à Alceste, qui fait un drame de tout; mais il n'a pas toujours son sens fort et peut, à la rime, n'être qu'une cheville.

108 *Ridicule* était « quelquefois substantif », un « ridicule » signifiait « un homme ridicule » (Ac.; cf. v. 568).

113-114 Rimes imparfaites, mais à peine.

120 *Pour* et l'infinitif: parce que . . . Tour fréquent, et souple. Cf. Haase, 208 D et 382, Rem. II, fin. — *aux*: nous dirions 'pour' (v. 123), 'envers'; mais 'plaire' et 'complaire' se construisent avec *à*. Cp. indulgent à (Haase, 353).

124ss Ici Livet n'a pas tort: les mots *scélérat, masque, roulement d'yeux, ton radouci* (Tartuffe, 875), *pied-plat* (ibid. 59; *Mis*. 129), *fourbe, grimace* (ibid., 330, 362, 1618) ne s'appliqueraient pas mal aux faux dévots. Voir aussi *Don Juan*, V, 2 (toute la tirade est à lire): « quelque baissement de tête, un soupir mortifié et deux roulements d'yeux rajustent dans le monde tout ce qu'ils (les faux dévots) peuvent faire »; et Th. Corneille, *Don Juan*, V, 2. — Noter le mot *ami* (169); il n'en sera plus question.

129-132 Noter spécialement l'énergie de ces vers; la beauté du troisième (cf. 1564); la précision du style dans le quatrième, et la force des antithèses.

141 'Têtebleu' ne paraît qu'ici dans la pièce, pour la scansion.

144 *désert*: préparation lointaine au dénouement.

Si amère, si emportée que soit cette dénonciation, Alceste fait-il rire?

Retour aux principes (141–166)

Dans ce qui suit, il y a lieu de distinguer entre la philosophie, celle du juste milieu, qui passe pour avoir été celle de Molière, et les raisons, purement pratiques, sur lesquelles Philinte l'appuie. Elles sont sages, prudentes, mais assez courtes; elles expriment un tempérament plutôt qu'une philosophie, et les critiques de J.-J. Rousseau ne manquent pas de fondement. Bien des sympathies iraient ici à Alceste.

Noter les atténuations de Philinte: *moins* en peine, *un peu grâce*, dans *la grande* rigueur, *quelque* douceur, etc. Mais où s'arrêter?

---

124 *Franc* « se joint à toute sorte de termes injurieux . . . par énergie, pour lui donner encore plus de force » (Ac.).

qui, selon Vaugelas 55, ne s'attribue jamais, au génitif, datif et ablatif, qu'aux personnes. Il a des vues compliquées sur l'emploi de 'qui' et de 'lequel' (118, 575). Molière préfère 'qui', pour la brièveté du mot. L'emploi de 'lequel' s'est étendu depuis.

j'ai procès: l'Académie ne donne pas cette locution.

125 *à plein*: tour donné par l'Académie.

126 C'est à dire, rien n'est ignoré de sa coquinerie.

128 L'Académie, en 1762, ne reconnaîtra plus que 'en imposer à'; c'est l'usage actuel.

129 *pied-plat*: rustre, paysan qui a des souliers tout unis (Furet.) au contraire des gentilshommes qui portaient des souliers à haut talon; paysan, homme grossier (Ac.), sans dignité, capable de toutes les bassesses.

confondre: « troubler, mettre en désordre, couvrir de honte » (Ac.), écraser. Le mot est très fort.

131 *sort*: « hasard, Destinée » (Ac.), fortune bonne ou mauvaise, état, condition.

134 *misérable honneur*: alliance de mots. — *misérable*: qui ne vaut rien. Sens nouveau (Bouhours, 97; 1671).

135 *fourbe, infâme*: substantifs, comme scélérat.

137 *grimaces*: « au figuré, feinte, dissimulation » (Ac.).

138 *rit*: nous dirions plutôt 'sourit'. « La fortune lui rit, tout lui rit, tout rit à ses désirs » (Ac.).

139 *brigue*: intrigue, surtout en matière de politique.

142 *garder des mesures*: expression récente (Bouhours, 84).

143 *mouvements*: « impulsions, passions ou affections de l'âme » (Ac.). C'est le sens cartésien. On dit toujours 'avoir un bon mouvement'.

178 LE MISANTHROPE

149, 156 *Il faut*: pour des raisons pratiques.

151 On connaît l'adage: « In medio stat virtus », la vertu se tient entre les extrêmes. Le v. 152 reflète une phrase de Saint Paul (*Rom.* xii, 3), que cite Montaigne (I, 30): « Ne soyez pas plus sages qu'il ne faut, mais soyez sobrement sages ». Cette parole semble être passée en proverbe.

La raison pratique, peut-être; pour la raison en soi, cela reste à démontrer.

153 Illusion et préjugé, comme l'âge d'or.

156ss Ce Philinte a un fameux flegme. Sa politique d'abdication n'est-elle pas aussi outrée en son genre que celle d'Alceste? Il semble avoir (v. 166) toute la satisfaction de soi qu'impliquent ses principes. Mais Molière ne pousse-t-il pas à bout sa philosophie moins par fidélité interne à la vérité de son caractère que pour forcer l'opposition dramatique des personnages et des thèses?

III. *Le procès d'Alceste* (Suite) (167–205)

167–181 Au tour d'Alceste, maintenant, d'opposer des exemples, des faits, aux généralités de Philinte.

167 Il y a du mépris dans ce mot *flegme*, que souligne sa reprise au vers suivant: tour de conversation excellent, nuance psychologique finement imaginée. — On dit couramment du flegme, humeur froide et humide, qu'il s'échauffe; mais qu'il raisonne? Sans doute, par extension de l'homme flegmatique au flegme lui-même, et Philinte n'est-il pas le flegme en personne? La variante des éditions 1674, 1682, 1734, *raisonnez*, est sans autorité.

169 Est-ce un hasard, dans la philosophie d'Alceste, qu'un ami vous trahisse? Y a-t-il même des amis? Il doit vouloir dire 'par exemple'. On ne peut d'ailleurs attendre de lui une logique absolue; la bile n'est pas 'philosophe'; et le pessimisme ne tue pas les regrets ni les aspirations à un monde meilleur.

---

144 *approche*: l'Académie n'en donne que le sens actif, action d'approcher.

147 *dans*, pour *à* ou *avec*, seules prépositions que donne l'Académie; mais elle explique 'à la dernière rigueur' par 'dans la dernière exactitude'. Le Lexique abonde en constructions analogues. Cf. Haase, 364 C, où notre vers est cité.

149 *le monde*: 'parmi' doit avoir pour complément un pluriel indéfini ou un singulier collectif (Ac., 1762). Molière est en règle. Nous disons 'dans le monde'.

traitable: affable, doux (Ac.). Nous disons 'maniable' et 'intraitable'.

153-4 Rimes imparfaites. — 155 *aux*: dans, chez les.

156 *fléchir à*: par analogie avec 'se soumettre' (Ac.), 'céder à'. — *au temps*: en général, ou celui où l'on vit.

157-8 Rimes rebattues. Boileau s'en moque, *Sat.* II, 37-38 (adressée à Molière).

160 *prenant*: en prenant, si elles prenaient. Exemple simple du gérondif.

161 Ce vers semble bien être là pour faire la paire.

164 *j'accoutume*: nous dirions 'j'habitue'.

169 *s'il faut* ne semble pas signifier ici plus que s'il arrive; *par hasard* s'oppose à toute idée de nécessité.

170 'Dresser' un piège, des embûches, un plan, etc. (Ac.). 'Artifice' implique seulement plus de finesse.

175ss Voilà la vraie misanthropie.

185ss Alceste va encore manifester son obstination. En principe, il a raison; mais il s'oppose violemment à l'usage et il a dû paraître comique, absurde: une sorte de phénomène.

187 Cela devrait suffire en effet.

192 Tout ceci peint Alceste au naturel: un homme tout d'une pièce et qui ne voit les choses qu'en blanc et noir.

196 et 202 Plaisir enfantin. — Mais alors, de quoi Alceste se plaint-il? Sa misanthropie sera confirmée aux dépens de sa bourse; il gagnera sur l'un ou l'autre tableau.

199 Noter l'accumulation des adjectifs; la répétition est l'un des tics d'Alceste; un mot suffit rarement à épuiser son humeur.

---

171 On disait tâcher *à* et *de* (cf. v. 813 et Haase 347, Rem. II); mais *à* était infiniment plus fréquent (Lex.). Loret (1662) trouve le mot vulgaire et bourgeois et propose *essayer*. Nous n'employons que *de*.

174 *comme vices*: l'emploi de l'article fut facultatif jusqu'à la fin du siècle; Molière use des deux constructions. (Cf. Haase, 319-20, qui cite notre vers.)

180 *mettre en pièces*: quant à sa fortune (v. 170, 1547), si le mot a un sens précis?

181 *impertinence*: au sens latin, quod non pertinet: ce qui n'a pas de rapport à . . .; « sottise, ce qui est contre la raison, la bienséance et le jugement » (Ac.). Cf. La Bruyère, V, 18.

183 *partie*: le demandeur ou le défendeur dans un procès. — *éclat*: « grand bruit, avec ou sans scandale; rumeur, scandale » (Furet.; Ac.). — — *éclater*: faire paraître son ressentiment, devenir public avec bruit et scandale. Philinte entend 'éclater en paroles'.

186 C'était l'usage de solliciter les juges, ou, absolument, de « solliciter », soit en personne, soit par des 'solliciteurs' de métier, pour leur exposer l'affaire, éclairer et hâter leur décision. Cette pratique, peu recommandable en soi, prêtait à l'abus; certains plaideurs essayaient de gagner la faveur des juges par des présents, que la loi, d'ailleurs, autorisait, s'ils étaient matières « comestibles et corruptibles » (cf. *Les Plaideurs*, I, 6, etc.; Livet, Lex. et Éd., 123). Il a fallu l'affaire retentissante (1767-74) de Beaumarchais avec le Conseiller Goezman (et sa femme) pour le discréditer.

186-187 Ces *qui* sont des masculins, malgré la fin du vers 187. — La construction *qui . . . qui, que . . . qui* (v. 742) est fréquente alors, et toujours possible, mais plus rare (Haase, 87).

190 *brigue* (cf. 139): ici, manœuvres des plaideurs.

193 Nous disons, familièrement, 'bouger'.

194 *cabale*: « se prend ordinairement en mauvaise part » (Ac.). Le mot a désigné le parti dévot dans l'affaire de *Tartuffe*; il ne s'ensuit pas que cette histoire de procès y fasse allusion.

195 *tromperez*: amènerez un résultat que vous n'attendez pas. — *succès*: issue, bonne ou mauvaise; ce sens est constant.

197 *plaiderie*, forme supplantée par 'plaidoirie', et qui a peut-être un sens péjoratif.

201 *Grand* s'employait même devant un pluriel (cf. 746). L'apostrophe représente un *e* qu'on supposait tombé.

200 Redoublement d'enfantillage. L'opposition de l'univers au moi d'Alceste jette un jour cru sur sa déraison. Qui prendra garde à son procès? Toute cette partie de la scène progresse à la perfection; les personnages et les thèses s'y opposent avec éclat. Elle montre à quel point la contradiction enrage Alceste et lui fait dépasser son sentiment.

IV. *Alceste l'amoureux* (205–249)

Cette fin de scène a un double objet: 1° compléter l'exposition en annonçant les autres personnages et précisant leurs positions; 2° mettre Alceste devant sa faiblesse, sa contradiction radicales: son amour pour une coquette, confronter ses principes et sa pratique, lui prouver son inconséquence par un argument *ad hominem* irréfutable. Tout ce qui précède la prépare et la sous-entend; le malaise secret du démenti qu'il s'inflige se cache derrière l'humeur rogue d'Alceste. Philinte abat enfin (preuve de tact) sa carte maîtresse et produit l'argument décisif qu'il a gardé pour lui jusque là. Il sera d'une modération étudiée, mais d'une netteté implacable. Alceste se montrera beaucoup moins fier et moins arrogant: il est atteint dans son endroit faible. D'ici, l'architecture générale de la scène apparaît dans toute sa clarté.

205–24 Nous avons là une argumentation en règle: 1° (205–212) inconséquence générale d'Alceste: aimer; 2° (213–220), inconséquence particulière et suprême: aimer une coquette; 3° (221–24) conclusion, et qui finit par un dilemme. Cela est conduit comme une démonstration.

212 *chez lui*: mais où l'aurait-il pris?

215–16 Noter le nuancement délicat de l'expression.

221ss Deux questions directes, pressantes; et le dilemme.

204 *de la façon*: *la* fait fonction de démonstratif; ou sous-entendre 'dont vous vivez, agissez'. Cf. 506, 1630.

216 *prude*: cf. III, 3.

217 *vœux*: l'Académie ne donne que le sens religieux. Dans la langue précieuse, le mot signifie hommage dévotieux à la femme, désir d'épouser etc. Le mot reviendra une quinzaine de fois.

218 *liens*: « se prend fig. et poétiquement pour Servitude, et principalement en parlant des amants » (Ac.).
amuser: « arrêter inutilement, faire perdre le temps » (Ac.).

219 Sur le pronom relatif (de qui) séparé de son antécédent, tour alors fréquent, cf. Haase, 445 et 67 Rem.

220 *semble*: le singulier après deux sujets considérés comme formant un tout est possible même après un nom pluriel suivi d'un nom au singulier (Haase, 416).

222 « *Bien* sert quelquefois pour ajouter, augmenter dans le discours » (Ac.). Ici le mot semble atténuer, marquer une opposition: tout de même, vous allez jusqu'à. — *cette belle*: langage précieux ou semi-précieux.

223 « *Objet* se dit aussi poétiquement des belles personnes qui donnent de l'amour » (Furet.) Cf. *Polyeucte*, 495 et 571; *Phèdre*, 636.

226 'Trouver' et 'treuver' sont, au dire de Vaugelas 133, tous deux bons, mais 'trouver' est sans comparaison meilleur; tous les bons auteurs en prose et la Cour n'emploient que lui, les poètes usent des deux formes à la fin des vers pour la commodité de la rime. — L'Académie (1694) ne donne pas 'treuver' et en constate la disparition dix ans plus tard, dans ses 'Remarques sur Vaugelas'. Molière l'emploie même en prose (*Préc. Rid.*, 4).

225-34 Ces vers attestent la clairvoyance d'Alceste, admettent le triomphe, chez lui, de l'instinct sur le jugement, et résolvent cette contradiction par la confiance que son amour guérira Célimène des vices 'du temps': ce ne sont donc pas les siens. Ingénieuse illusion de l'amour!
230 *L'art*: il ne croit pas si bien dire.
235 Vers magnifiquement sec, simple et plat. Pure conversation. — Mettre une légère emphase sur 'cela'.
236 Question brutale, qui provoque un haut le corps — un juron — chez Alceste.
238 Même question directe qu'au v. 221. On dirait un interrogatoire.
245 Que ferait l'orageux Alceste de l'amour-estime?
247-48 Jolis vers, qu'on ne peut s'empêcher de trouver mélancoliques, et qui sont peut-être amers. Quel contraste entre l'appréhension de Philinte, la modération d'Alceste et les violences qui précèdent!

Cette scène est d'un souffle puissant et d'un mouvement admirable. Est-elle comique? Oui et non, selon les moments et les humeurs; la fougue parfois furieuse et l'entêtement souvent absurde d'Alceste peuvent exciter l'étonnement ou la réprobation autant que le rire. En tout cas, par son rythme, qui va de l'extrême agitation à un apaisement relatif, elle est comme la préfiguration de toute la pièce.

227 *ardeur*: terme précieux: amour.
229 Le second hémistiche est là pour la rime.
232 *en dépit que*: bien que. L'Académie donne ce tour, mais non Richelet ni Furetière.
234 *purger*: purifier. L'Académie et le Lexique en donnent nombre d'emplois avec des mots 'nobles'. On connaît la purgation des passions d'Aristote.
235 'Donc', pour le sens, devrait précéder 'être'.
238 *amitié*: réticence précieuse pour 'amour'. — *se fait paraître*: se montre. L'actif, 'faire paraître' existe; d'où probablement le réfléchi, que l'Académie ne donne pas. Le Lexique cite encore *Tartuffe* 1014 et Malherbe, Corneille, Boursault. Le mot doit être écrit 'parestre' dans la princeps.
239 « *Ennui* signifie aussi généralement fâcherie, chagrin, déplaisir, souci » (Ac.). Le mot pouvait avoir un sens très fort; il exprime la déception d'Horace quand il croit avoir perdu Agnès (*Éc. des F.*, 1714), mais aussi le désespoir d'Antiochus après le départ de Bérénice (v. 234; cf. *Andr.*, 376; *Phèdre*, 225: trois vers célèbres; le mot est éminemment racinien.)
240 'Atteindre, atteinte' se disaient de l'amour: par allusion aux flèches de Cupidon? Langue précieuse; le vers est d'ailleurs bien venu et senti.
243 Former un dessein, un projet, se former des chimères, dit l'Académie. Pourquoi pas des désirs?
244 *la*: façon de parler curieuse; familière, je crois.
soupirs: langue galante. Livet (Éd., 124) rappelle deux dissertations, l'une, de M. Amat, sur les douze variétés de soupirs (d'amour, d'amitié, d'ambition, de douleur...), l'autre de Lérine (Mlle de la Martinière), sur les différentes formes d'estime (v. 245).
246 *conforme*: à votre caractère. Les 5 exemples que donne l'Académie ont tous un complément: ceux du Lexique, sans complément, sont moins elliptiques et moins durs.

LA SCÈNE DU SONNET

Il n'y a pas de lien dramatique entre la scène précédente et celle-ci; mais, psychologiquement, l'une déborde sur l'autre. Alceste persiste d'abord dans le calme qu'il vient de montrer; il reste préoccupé, absent, n'entend pas Oronte ou feint de ne pas l'entendre; il faudra l'insistance prolongée de celui-ci pour le rendre à son emportement naturel.

I. *Alceste essaie de se dérober aux avances d'Oronte* (250–304)

Molière se dispense tout le long de la pièce des formalités d'usage. Oronte, en l'absence des maîtresses de la maison (v. 251), entre là comme chez lui; pour Philinte, qui s'arrête court en l'apercevant, il n'a ni un mot ni un regard; il est tout à Alceste, qu'il bombarde d'une véritable déclaration, sans démasquer d'abord ses batteries (même facture qu'aux v. 1–16).

251 Il serait normal de nommer Célimène la première, mais le vers n'y serait pas.

253, 257 Tout n'est pas faux, ni vrai, dans ces compliments (cf. v. 1598); mais le « coeur » est de trop.

255 *depuis longtemps*: les occasions n'ont pas manqué de le lui dire plus tôt. Ici perce l'insincérité.

256ss *ardent, je brûle, ami chaud*: noter la récidive dans la métaphore.

259–61 Oronte a remarqué l'air absent d'Alceste; ces trois vers semblent rendre un autre son que les précédents. On y sent comme un soupçon de raideur.

de ma qualité: Oronte semble de meilleure noblesse qu'Alceste (cf. 289ss, 433). Son orgueil, une fois blessé, promet un ennemi redoutable.

---

249 *feux*: langue précieuse. Livet cite cette jolie phrase de *l'Astrée*: « L'amour n'est-ce pas un désir, et tout désir n'est-il pas de feu? Et la jalousie n'est-ce pas une crainte, et toute crainte n'est-elle pas de glace? »

250 *là-bas*: en bas, à la porte; le salon est au premier étage.

253 *j'ai*: le Lexique n'en donne que deux autres exemples. Nous disons 'je suis'. — *véritable*: qui dit vrai (Rich.).

253–54 Ces gros adjectifs ou adverbes à la rime ont mauvaise réputation, à moins qu'ils ne soient, comme ici et aux v. 613–14, intentionnels.

255–56 *mis* (pour la rime) se construit plutôt avec 'en' (Ac., Lex.).

258 *je brûle que*: construction par analogie avec désirer? Le Lexique en donne deux autres exemples, de Racine, *Iph.*, 673 et de La Fontaine (Ragotin, I, 1), avec la remarque qu'on trouve plutôt 'de' (Cf. Haase, 390, Rem. I), — mais quand le sujet des deux verbes est le même.

264 'Je ne m'attendais pas à', dirions-nous. Mais 's'attendre à' signifiait 'se fier à, se tenir presque assuré de' (Ac.). — *reçoi*: c'est la forme ancienne; l'*s* a été ajoutée par analogie avec la seconde personne. Vaugelas 131 estime qu'il est « beaucoup mieux » de mettre toujours l'*s* en prose, mais qu'en poésie et à la rime elle n'est pas nécessaire. Cf. v. 803.

266 'Prétendre' était actif et neutre; le complément pouvait être un nom de personne (v. 1594) ou un nom de chose. On ne dit plus aujourd'hui, sauf devant un infinitif, que 'prétendre à'. Cf. Haase, 133, 142.

COMMENTAIRE ET NOTES 83

262 Alceste est là comme s'il n'y était pas; pense-t-il à Célimène et à leur prochaine explication, obéit-il à une antipathie ancienne pour un rival qu'il ne prend d'ailleurs pas très au sérieux? (cf. v. 1238–40). Il se réveille. Sa réponse est courtoise.

265–74 Oronte se jette maintenant à sa tête, accumule les hyperboles, finit par une imprécation et une embrassade! (271, 273). Il tombe bien. Cet encens épais, ce crescendo d'éloges, si évidemment insincère, va contre tous les principes d'Alceste. Et, chose curieuse, c'est de lui qu'on rit. Mais la raison en est simple. Oronte joue son jeu naturel; la disconvenance, d'où naît le rire, existe entre l'énormité de ses compliments et la réaction connue, bien qu'inexprimée, d'Alceste, qu'on sent bouillir intérieurement, et qui se tait.

267 ... Il ne proteste que par quatre 'Monsieur' qui trahissent une gêne croissante. En étudier la gamme. Le premier (v. 262) n'est que de politesse.

275 Oronte fait de nouveau fausse route. Il ne dit presque pas un mot qui ne blesse une des susceptibilités d'Alceste. — *Touchez là*: c'est un pacte qu'il lui propose. Il tend la main: Alceste la prend-il? et de quel air?

277 Ce 'Monsieur' ci est posé, solennel; il introduit une déclaration de principes. Alceste est l'homme des principes; il fait de l'amitié une sorte de sacrement (v. 279). Et ces quelques vers ressemblent à un sermon.

279 On disait 'profaner la parole de Dieu' (Ac.). D'où 'le nom'. L'amitié qu'offre Oronte n'est d'ailleurs qu'un mot. Alceste, s'il y entend malice, raisonne au plus juste.

282 *nous lier*: il s'agit bien de cela! Alceste parle-t-il dans l'innocence de son cœur ou se moque-t-il d'Oronte?

284 *marché*: le mot est cru et perce à jour la tactique d'Oronte, qui appellera cela, plus dignement, un 'traité' (v. 339).

285ss Et en effet le voici qui, après avoir accepté la leçon de bonne grâce (en termes précieux), lui fait des offres de service, essaie de 'l'acheter'. Il se trompe encore d'adresse. L'incompatibilité des deux hommes éclate à chaque mot. Oronte est incapable de sortir de lui-même pour se mettre au point de vue d'Alceste.

---

269 *de ma part*: quant à moi (Ac.).
tiens préférable: construction attestée par l'Académie et par le Lexique. Nous disons 'tenir pour'.
270 *y*: dans l'état.
271 *du* = par; 'de' s'employait souvent après les formes passives du verbe (Haase, 311–12).
276 *y*: à la promettre.
278 *mystère*: « secret » (Ac.), pudeur.
280 'Mettre à' s'emploie avec toute sorte de compléments (Ac.; cf. 359). Cp. le vulgaire 'mettre à toutes sauces'.
281 *lumière*: « intelligence ... » (Ac.), discernement. Vers médiocre.
282 Molière emploie 'avant que' et 'avant que de' devant un infinitif. Vaugelas 319 exige le *de*. La forme moderne 'avant de' apparaît çà et là dès le XVIIᵉ siècle, mais l'Académie ne l'admet, avec et après 'que de', qu'en 1835. Elle condamne 'avant que' en 1704. Cf. Haase 212 (notre vers est cité) et Lexique.
283 'De' n'est nullement nécessaire devant 'telles'; l'absence en est même préférable. Cf. v. 1096 et Haase, 128–29.
complexions: tempérament, constitution du corps (Ac.).

289–90 Comparer les deux 'quelque': le second est emphatique (litote; fausse modestie, démentie aussitôt). — Ces vers sont d'une simplicité de tour affectée qui font mieux ressortir que de grands mots l'orgueil d'Oronte; il traite le Roi de pair à compagnon.

291 Le seul regard du Roi, distinguant un courtisan dans la foule, était tenu à honneur. 'Il m'écoute' marque un degré de plus dans sa faveur et fait valoir l'offre d'Oronte. — Livet (Éd., 126) cite Le Pays, 'Amitiés, Amours et Amourettes' (1665): « A l'entendre, le Roi ne voit que par ses yeux et ne parle que par sa bouche ». On disait: « Le Roi n'est pas son cousin ».

294 Grosse flatterie, et pas trop juste.

295 Oronte découvre ses batteries, brusquement, et non sans grosseur. Toute cette discussion doit l'agacer.

297 Il n'en doute pas: fausse modestie.

299 *veuillez*: noter la courtoisie d'Alceste.

304 Il se résigne; il est perdu.

300 La défaite d'Alceste est naïve.

La diversité de l'invention de Molière est vraiment chose plaisante; ce morceau de scène est un bijou psychologique et dramatique. Comment, en fin de compte, expliquer la mansuétude d'Alceste?

II. *Alceste repart en guerre* (305–438)[1]

Le sonnet

D'où l'idée de la discussion d'un sonnet est-elle venue à Molière?

Dans la *Mélite* de Corneille (1629; II, 4) Tircis sollicite de sa soeur Cloris « un mot d'avis sur un méchant sonnet Que je viens de brouiller dedans mon cabinet ». Mais la discussion en est à peine amorcée; elle dérive immédiatement vers la casuistique amoureuse.

Le Roman bourgeois de Furetière (1666, liv. II) nous rapprocherait du *Misanthrope*. Belastre va montrer de ses vers à Collantine; Charoselles (Sorel)

[1] Cf. Introd., p. xx.

---

289 *ouverture*: cp. 's'ouvrir de quelque chose à quelqu'un'.

291 *ma foi*: ma parole. Ellipse de 'sur'.

292 *honnêtement*: civilement; par litote, gracieusement.

avecque moi: Vaugelas 311–15 condamne 'avecques' en vers et en prose, trouve 'avecque' et 'avec' tous deux bons, en vers et en prose, pour des raisons de mètre et d'harmonie, et compte l'*m* parmi les dix consonnes devant lesquelles 'avecque' est préférable. Molière est en règle. Mais le mot vieillissait; Corneille ne l'emploie plus depuis 1650.

Noter la coupe du vers: 8–4.

287, 295 *des nœuds si doux* (cf. 1587), *ce beau nœud*: fade langue précieuse. Ces mots s'emploient plutôt de l'amour que de l'amitié.

297 *exposer*: faire connaître (Ac.).

298 'Mal' s'employait comme négation devant un grand nombre d'adjectifs et d'adverbes. — 'Mal-propre': « qui n'a pas de disposition, d'aptitude pour quelque chose » (Ac.). Le mot vieillissait; 'peu propre', selon Richelet (1680), est plus usité en ce sens. Cf. Haase, 261, qui cite notre vers. — *la* équivaut à un démonstratif.

301 *lieu*: moyen, sujet, occasion (Ac.). L'Académie ne construit 'lieu de' qu'avec l'infinitif, et c'est l'usage actuel; 'lieu à' admet le substantif complément. Cf. v. 499.

en relève durement les sottises. L'idée est la même de part et d'autre, mais l'exécution diffère absolument. Les deux ouvrages sont de 1666. Même si le roman a précédé la comédie, rien n'indique que Molière s'en soit inspiré. Sa supériorité, en tout cas, est éclatante, à tout point de vue; une comparaison illustrerait surtout les moyens par lesquels il pousse au comique ce qui chez Furetière n'est que brutal.

Autre source: Alceste serait ici une copie de Boileau. Celui-ci combattit la candidature de M. de Sainte Aulaire à l'Académie: « je jouai, écrit-il à M. de Mimeure, le vrai personnage du Misanthrope, ou plutôt j'y jouai mon vrai personnage, le chagrin de ce misanthrope contre les mauvais vers ayant été, comme Molière me l'a confessé plusieurs fois, copié sur mon modèle » (Livet, Éd. XXVII). La candidature étant de 1708, Boileau se réfère à des scènes antérieures à 1666, mais sa mémoire n'est pas suspecte. Toutefois, nous n'aurions là encore que le germe de la scène.

Elle pourrait être née de ce que j'ai appelé « la méditation du milieu ». Célimène tient salon, fait des portraits: Oronte, son poète ou l'un de ses poètes, fait des sonnets, et l'on a conjecturé, avec raison, je crois, que sa Philis n'est autre que Célimène (G.É., v. 544, note 7). Ces lectures et discussions littéraires étaient l'une des occupations mondaines les plus en vogue. Molière est là dans le vif des mœurs littéraires du temps.

Il n'était pas indispensable de lier cette scène à l'action: la scène des portraits, à ce point de vue, est en l'air. Molière y a vu le moyen de créer, d'Oronte à Alceste, une inimitié féroce, qui aura des suites graves, et aussi d'illustrer l'intransigeance d'Alceste à propos d'une matière aussi mince que de méchants vers: intransigeance dans laquelle il entre bien, secrètement, quelque jalousie.

Ainsi la peinture des mœurs, l'action, le développement des caractères sont intéressés à cette scène, et la complexité de la pièce — l'un de ses mérites essentiels — y gagne.

On n'a pas retrouvé le sonnet. On l'a attribué à Molière. Livet (Éd., 128) conjecture que celui-ci l'a pris dans un recueil manuscrit. Une tradition conservée par La Chaussée le prête « à un fat, et qui plus est, marquis », mais qui l'aurait emprunté à quelque auteur espagnol; l'hypothèse semble reposer sur la pointe finale, qui se trouve chez plusieurs poètes d'outre Pyrénées.

« Le sonnet, remarque la lettre de Donneau de Visé, n'est point méchant selon la manière d'écrire aujourd'hui », et certains spectateurs auraient crié que le sonnet était bon avant qu'Alceste en fît la critique. Mais il est clair qu'il ne doit pas, ne peut pas, être très mauvais, sans quoi Alceste aurait raison de l'exécuter: il faut qu'il y ait disproportion entre la valeur de la pièce et la férocité de l'exécution; alors, Alceste paraîtra déraisonnable et fera rire.

---

302 *m'exposant*: on disait 'exposer son honneur, sa réputation, sa gloire' (Ac.); *à vous*: à 'votre critique'. — Ce gérondif (alors que je . . .) continue régulièrement 'j'aurais', puis le sujet (vous) change, il se produit une anacoluthe. Cette construction se présente plusieurs fois dans la pièce; elle était courante. Cf. Haase, 233-34.

pour me parler: pour que vous me parliez. Sur cette substitution de l'infinitif au subjonctif cf. Haase, 208, 85 D.

303 *rien*, au sens latin, *rem*, quelque chose. Sens toujours vivant dans les phrases affirmatives.

I

1° *Le silence d'Alceste* (305–341)

305–308 Oronte, avec ses trois suspensions et ses trois commentaires, fait lui-même les honneurs de son sonnet, par amour-propre d'auteur et pour diriger les compliments: le mouvement est bien vu. — *C'est un sonnet:* que veut-il dire? Il n'y a rien là de bien remarquable; le sonnet, dont la belle époque en France se place aux XVIᵉ et XIXᵉ siècles, était encore très en faveur jusque vers 1650. — *une dame* (Célimène) . . .: il y a là une certaine nonchalance satisfaite (noter le 'quelque'). — *ces:* emphatiquement dédaigneux: qui n'en finissent pas, qui courent les rues. — *langoureux:* le mot désigne spécialement la langueur d'amour (Ac.). Le dernier vers est charmant, de sens et d'harmonie. Oronte est un poète précieux de l'école mignarde, et visiblement enchanté de lui-même.

308 Noter, par contraste, la brièveté sèche d'Alceste. Il regrette déjà sa complaisance. Étudier le ton et le style de ses deux autres répliques (312, 314).

309–11 Même jeu que ci-dessus.

316 Alceste critiquera ce vers (v. 379): il ne manque pourtant pas d'une certaine grâce nostalgique. Et pourquoi ne bercerait-on pas un ennui, pour l'endormir?

317 *Philis:* l'un des noms précieux les plus goûtés, mais voués à déchoir (cf. La Fontaine, *Fab.*, VII, 2).

triste: faible, pauvre — et sombre (sens latin).

318 *marche:* le mot détonne, parce qu'il introduit un mouvement physique, et sans grâce, dans une langue sentimentale. Alceste le relèvera justement.

319 Oronte s'arrête, regarde Alceste, attend le compliment. Alceste se taisant, Philinte se dévoue et sauve la situation: de quoi il est remercié aussitôt. Même jeu plus loin.

charmé: le compliment est parfaitement banal, et 'petit morceau' ne le relève pas.

321 *vous eûtes:* sonorité intéressante. Cp. *Phèdre*, 254.

324 Mettre un léger silence avant 'espoir'. Le premier quatrain commence par ce mot, le second finit par lui: symétrie artiste.

Le sonnet est irrégulier; les quatrains ne sont pas sur les mêmes rimes.

325 Philinte reste dans la banalité; Alceste (326) en est déjà à jurer et presque à insulter.

---

308 *petits:* l'alexandrin était dès le XVIᵉ siècle le vers habituel, mais non obligatoire, du sonnet.

311 Le siècle entier, depuis Malherbe, a porté son effort sur la précision de la langue.

313 Vaugelas 137, critiquant le confusion de 'demeurer' et de 'rester' (être de reste), prouve qu'Oronte emploie le mot correct; cependant 'rester' a prévalu. — *je n'ai:* cf. 253.

320 *front:* impudence (Ac.); familièrement, toupet.

323 *mettre en dépense:* antithèse avec 'donner', et pointe. Le Lexique donne l'expression avec un complément (de ton loisir; Scarron); l'Académie ne donne que 'faire dépense'.

325 *galant:* agréable, poli: s'applique aux choses, air, façon, esprit, manières, habit, lettre, style, etc. (Ac.).

328 *zèle:* amour, « en ce sens il vieillit » (Furet.); « affection ardente . . . spécialement pour les choses saintes » (Ac.).

331-32 Allusion à la coquetterie de Célimène? — Cette pointe ou chute finale fait écho aux v. 315 et 324; elle 'boucle' le sonnet. — Les commentateurs citent près d'une douzaine de textes, français, italiens et espagnols, dans lesquels l'antithèse 'espoir-désespoir' est retournée sous toutes les formes possibles; la version d'Oronte a le mérite de la simplicité, sinon de l'originalité.   Ce n'est pas un chef d'œuvre que ce sonnet; il est fait de centons précieux et tombe, entre temps, dans la platitude; par dessus tout, il est banal.   Mais il est bien construit, et la lenteur de son allure, jointe à sa tonalité assourdie, lui donne une mélancolie qui ne déplaît pas.

333 Vers passé en proverbe; crescendo d'adjectifs expressif.

334 La flatterie est un poison. Cf. *Phèdre*, 1308, 1325.

335 Jeu de mots digne de la 'chute' du sonnet.

339 Cf. 301-04. *notre traité*: Voilà Alceste pris au piège. Ses critiques seront un mélange gauche de rudesse et de réserves transparentes (nous, il, on), où la brutalité augmente progressivement.   Ici comme partout, il s'échauffe en parlant.

2° *Alceste revient à son naturel* (340-387)

341 Ce 'Monsieur', tant soit peu gourmé, n'annonce rien de bon.

342 *nous*: généralité polie dans laquelle Alceste feint de se comprendre. Le 'Mais' suit de près.

343 *dont je tairai le nom*: et pour cause.

344 *de sa façon*: expression désobligeante.

345 *galant homme*: Oronte ne l'est donc pas?

347-50 Vers embarrassés, volontairement (nous, on, on). Alceste multiplie les mots discourtois; noter « nous prennent »: terme familier: la démangeaison me prend de.

---

330 *vos soins*: quels soins? Philis-Célimène en prend-elle? Le mot a-t-il un sens objectif: le soin, l'amour de vous?—*distraire*: détourner (Ac.).

334 *La peste de:* sous-entendre 'soit' après 'peste'. De même, 335: puisses-tu en avoir fait une . . .
   au diable (cf. 1473): digne d'aller . . . Cf. *L'Avare*, II, 5, « chien de vilain à tous les diables ».

335 *à*: de force à.

337 Que croit-il? Ces phrases coupées sans nécessité évidente, ces hémistiches bouche-trou se rencontrent trop souvent.

342 Il y a toute une littérature sur le 'bel esprit' (cf. Lex., art. de 2 pp. et demie in 8).   Le mot se prenait encore dans un sens favorable, comme Alceste le fait ou semble le faire ici, mais plus souvent dans un sens défavorable (d'afféterie, pédantisme).   Cf. La Bruyère V, 75, le portrait de Cydias (Fontenelle).

345 *galant homme*: Vaugelas (476-78) a là-dessus un long article: « en un mot c'était un composé où il entrait du je ne sais quoi, ou de la bonne grâce, de l'air de la Cour, de l'esprit, du jugement, de la civilité, de la courtoisie et de la gaîté, le tout sans contrainte, sans affectation et sans vice ».   Pour l'Académie (1694): l'homme civil, honnête, poli, de bonne compagnie et de conversation agréable.   *Empire*: « commandement, puissance, autorité » (Ac.).

347 *tenir la bride*: terme de manège.   Le Lexique n'en donne que deux autres exemples, de Malherbe et de Corneille.

348 *Amusements*: Alceste prend la poésie d'Oronte pour une bagatelle, et Oronte la prend très au sérieux.

350 *personnages*: terme de théâtre.

352, 358, 362: les trois reniements d'Alceste, promptement suivis d'un 'mais' qui les annule. Scarron (*Roman comique*, II, ch. x; 1657) a déjà ce tour (Livet, Éd., 130).

353 Joli tour. Le *je* fictif (352) se défend de vouloir critiquer; le *moi* réel (353) n'en critique que plus âprement. — *assomme*, en fin de vers, a son plein effet. L'Académie n'en donne même que le sens physique.

357 Question directe, mise au pied du mur. — Quel contraste entre cette brièveté et les effusions du début!

360 *Soif*: mot péjoratif.

361 *j'écris mal*: Oronte parle comme un homme du métier.

362 *lui disais-je*: la fiction continue.

363 Sous prétexte de rapporter ses propos à un inconnu, Alceste passe à la seconde personne; l'application de ses paroles à Oronte se fait transparente. — *rimer*: terme péjoratif; cp. rimeur, rimailleur.

366 Vers particulièrement blessant.

368 *dérobez*: soustrayez, cachez. Sens courant.

372 Les gros mots arrivent. — De Balzac à Chapelain (23 nov. 1637; publ. 1656 (G.É.); rééd. par Conrart, 1665, t.I.): «Est-il possible qu'un homme qui n'a pas appris l'art d'écrire et à qui il n'a point été fait de commandement de par le Roi (cf. v. 769), et sur peine de la vie, de faire des livres, veuille quitter son rang d'honnête homme (cf. 1142 ss) qu'il tient dans le monde, pour aller prendre celui d'impertinent et de ridicule parmi les docteurs et les écoliers? »

---

349 *chaleur de*: par analogie avec désir? Le Lexique ne donne pas d'exemple de cette construction. Corneille (*Le Cid*, 1253) emploie 'à', comme nous ferions.

354 « On dit: J'ai connu sa 'faiblesse' et j'ai connu son 'faible', mais les courtisans se servent de la dernière expression » (Bary, *Rhétorique*, 1676; in Lex.). — *à* = pour. — *Décri* « perte de réputation et de crédit » (Ac.).

355-6 Les deux 'on' représentent la personne critiquée, puis les critiques. Style de conversation.

357 *méchant*: mauvais, qui ne vaut rien . . . (Ac.).

359 *mettre aux yeux*: de même *Tartuffe*, 27, *Mélicerte*, 347; Racine, *Thébaïde*, II, 3. — *aux*: devant (sous) les. Haase, 330, cite ce vers.

comme a ici son sens naturel, au contraire du v. 22.

dans « sert aussi pour marquer le temps » (Ac.).

364 *qui*, au neutre: qu'est-ce qui? Selon Vaugelas (57), *qui*, au nominatif singulier et pluriel, s'attribue aux personnes et aux choses indifféremment.

diantre: « terme populaire dont se servent ceux qui ont scrupule de nommer le diable » (Furet.); le mot manque à l'Académie. Le Lexique en donne 12 exemples de Molière.

365 *essor*: « Terme de vénerie et de fauconnerie, fort élégamment transporté ailleurs: prendre l'essor » (Bouhours, 72). On trouve l'essor d'une plume (Mme de Sévigné), de discours (ibid.), de sentiments (Bossuet); Lex.

370 Vaugelas admet 'dans' et 'à' la cour; Molière use des deux tournures (cf. v. 165 etc.; Haase, 363–64).

373 *Je tâchai:* ce vers ruinerait, s'il en était besoin, toutes les précautions d'Alceste. Il s'est échauffé en parlant, il est à bout de patience, et d'ailleurs l'art d'insinuer n'est pas son fort. — Philinte s'est retiré dans sa coquille, sagement; il n'aurait fait que l'irriter.

374 *je crois:* Alceste a été assez clair; mais Oronte a son amour-propre à sauvegarder.

Dans tout cela, Alceste est franchement risible. Il l'est, par ses ménagements qui n'en sont pas, par ses contorsions de pensée, les efforts infructueux qu'il s'impose, le bouillonnement intérieur qu'il réprime, mal, et qui finit par déborder.

3° *La poésie selon le cœur d'Alceste* (388–416)

A l'idéal poétique d'Oronte, Alceste oppose le sien. C'est, si l'on veut, l'idéal classique par opposition à l'idéal précieux, mais un idéal abaissé, rapetissé, vidé du sens de l'art et de la grandeur. La nature (378, 388)— l'un des grands mots de Boileau — est vaste, et l'art n'a pas pour fonction de parler exactement comme elle.

400 Molière a probablement voulu jeter quelque ridicule sur Alceste en lui prêtant cette admiration. Alceste n'est pourtant pas tout à fait dénué de sens critique (v. 401).

---

376 *Cabinet:* « lieu de retraite . . . pour y serrer des papiers, des livres; espèce de buffet à plusieurs rayons » (Ac.). Des flots d'encre ont coulé sur le sens de ce mot, dont Furetière le premier (1690) donne le sens moderne (au pluriel). Alceste veut dire: des vers comme ceux là, on les cache.

385 Les figures sont des « tours de pensées et de paroles qui font beauté et ornement dans le discours » (Ac.); par exemple, la métaphore, que l'Académie donne pour la plus ordinaire, l'apostrophe, l'hyperbole, l'antithèse, etc; et le style figuré est un style plein de figures. Cf. Boileau, *Art. poét.*, III, 287.

386 Le 'bon caractère' n'est pas très différent de la vérité; mais la vérité est plus large qu'Alceste ne le croit.

387 jeu de mots: la pointe espère-désespère.

390 *tous grossiers:* tout grossiers qu'ils étaient (Cf. Haase 103 qui cite notre vers). Vaugelas 95–97 condamne, et c'est une faute presque universelle, l'emploi de *tous* au lieu de *tout* devant un adjectif masculin; *tout* y est adverbe, donc indéclinable. Mais devant un féminin, il faut dire *toutes* (cf. v. 1113), *tout* se convertissant en nom (?). Selon Ménage, *Observations*, I, 25, aucune de ses règles n'a été plus admirée ni plus citée que celle-là (elle l'a été mille fois dans l'Académie), et pourtant elle est fausse; c'est ainsi qu'on a toujours parlé.

391 *priser:* estimer, apprécier (to appraise). On dit encore commissaire-priseur.

392 *s'en aller,* pour 'aller', s'emploie encore au XVIIIe siècle (Haase, 148, Rem.).

393 On a attribué cette chanson à Antoine de Bourbon, père d'Henri IV, qui possédait le château de Bonne Aventure (d'où le refrain), près du Gué du Loir, dans le Vendômois; à Ronsard, de la pièce duquel il ne s'est sauvé que deux vers, qu'on chante encore: « La bonne aventure au gué, La bonne aventure »; à Molière lui-même. Divers érudits y voient un thème de folklore, constaté dans le midi de la France, où Molière a pu le connaître, et en Italie.

404 *la passion toute pure*: en effet, et c'est pourquoi elle trouve un écho dans le cœur de l'amoureux Alceste. Idée déjà romantique.

405 Alceste redit la chanson sur un ton lyrique, inspiré.

413 « Ah! frappe-toi le cœur, c'est là qu'est le génie » a dit Musset, dans un vers discutable et discuté.

414 *Monsieur le rieur*: qui cela?

4° L'*altercation* (416–438)

La querelle trouvera sa forme rythmique au v. 421 (voir Introduction, xxix). Cette opposition des vers un par un vient du théâtre grec. Chaque vers ressemble à un coup de rapière. — Noter les symétries d'expression, v. 433–34, 437–38.

419 *vous trouverez bon*; 426 *s'il vous plaît*: formules convenues de courtoisie dans la dispute.

428 *com-po-sa-ssiez*: on croirait ce long mot prononcé syllabe par syllabe, avec un rictus d'ironie féroce.

435 Philinte s'interpose, comme s'il craignait des voies de fait. Il y a mis le temps. Mais son intervention ne lui aurait attiré qu'une rebuffade, aurait gêné la révélation des caractères et troublé le dessin de la scène. N'importe, il fait en tout cela assez pauvre figure.

437 *je suis votre valet*: « ces mots prononcés d'un ton fier veulent dire qu'on n'est ni serviteur ni servante d'une personne, qu'on s'en rit, et qu'elle n'obtiendra rien de nous » (Rich.). Plutôt que de la fierté, il semble y avoir ici une affectation de courtoisie; les deux adversaires se quittent correctement, comme c'est l'usage en pareil cas.

Cette scène est plus franchement comique que la précédente; elle n'implique aucune question sérieuse de morale sociale, le sujet en est plus léger; Alceste y a plus évidemment tort; sa sincérité est trop prête à pactiser et lui attire moins de sympathie; elle fait rire d'abord par les démentis qu'elle se donne, puis par ses précautions et ses prudences, enfin par ses explosions. D'autre part, la réserve qu'y montre d'abord Alceste ajoute aux nuances de son caractère.

---

396 Vaugelas 352 donne *m'amie, m'amour*. *Mie* apparaît chez Richelet et Furetière (1680, 1690), qui ne citent que des exemples de Molière. L'Académie (1694) écrit *mamie* et ajoute *mie*, abrégé de *mamie*; en 1718, elle écrit *ma mie*.

414 *vos*: que vous admirez.

415 *pompe*: le mot, et encore plus son adjectif, jure avec 'faux brillants'; Alceste tombe dans le péché de la métaphore incohérente qu'il reproche à Oronte. Il n'y regarde pas de si près.

425 *que*: nous dirions 'de ce que'. Cf. v. 258 et Haase, 390, Rem. I, où notre vers est cité.

433 et 748 L'élision de l'*e* était usuelle. — *le*, au neutre: la chose. — *haut*: sur un ton moins haut, moins fier. On dit plus souvent 'le prendre de haut'.

434–45 *entre-deux*: L'Académie, à 'entre', donne le mot comme 'nom' et renvoie à 'deux', où il manque.

440 *sur les bras*: style familier; Molière nous prévient que l'affaire ne s'arrêtera pas là.

SCÈNE III

Un dramaturge moderne aurait probablement fait l'économie de cette scène; mais Molière, avec son besoin classique de tout annoncer, tout expliquer, veut en faire prévoir les suites, qui seront décisives.

Dans la fureur d'Alceste contre Philinte n'entre-t-il pas quelque mécontentement contre lui-même?

Philinte va pourtant quitter Alceste; mais il fallait amener sa sortie; on notera que sa rentrée (II, 5) n'est pas annoncée, non plus que l'entrée d'Éliante.

ACTE II

SCÈNE PREMIÈRE

1° *Alceste cherche querelle*

Alceste a rencontré Célimène dans la rue et il a 'voulu' (v. 456) la ramener chez elle. Il ouvre la querelle ex abrupto (s'il ne l'a pas commencée dans la rue) et ne parle de rien moins que de rompre!

452 in-du-bi-ta-ble-ment: ce gros adverbe est comique. Il vaut le com-po-sa-ssiez d'Oronte (428).

455 Célimène, fine mouche, ne se commet pas. Elle constate simplement qu'il la querelle et le laisse venir.

donc: ce mot fait la vie du vers et lui donne son allure naturelle. La vraie césure le suit (7-5).

457 *Je ne querelle point*: il s'explique, simplement, et il le croit. Cp. ses 'Je ne dis pas cela' et le *mais* qui les suit (352 etc.). C'est un tic.

461 Célimène n'est jamais à court d'une défense ou d'un prétexte. Elle rejette la faute sur ses amants.

462 Mais ne fait-elle rien pour les attirer? Cf. v. 466. Sa mauvaise foi paraît ici. Et le mot 'doux', mot galant, mot fade, la trahit.

---

442 *Plus de société*; 443 *Point de langage*: l'Académie ne donne pas ces expressions; quant à la seconde, le Lexique donne dix exemples analogues: *que de langage! Sans plus de, trêve de, point tant de, moins de langage, sans langage, après tout ce langage.* Donc, *trêve de paroles*, pas un mot!

444 On outrage: qui? quoi?

447-48 La règle de l'alternance des rimes n'est pas observée d'un acte à l'autre.

448 Nous disons plutôt 'manières d'agir'.

449 Mauvaise physiologie.

450 *rompre ensemble*: l'Académie donne cette expression; on la retrouve (exemple unique) dans *Le Bourg. gentilh.*, III, 9, avec 'je' pour sujet (Lex.)

451 *de parler*: en parlant.

454 *en pouvoir*: manière de dire attestée par l'Académie. Nous disons encore 'il n'est pas en mon pouvoir de'.

458 Une humeur qui ouvre accès, et trop d'accès, dans une âme: mauvaise métaphore.

459 *amants*: soupirants (cf. 474). — *obséder*: au sens étymologique: entourer, assiéger.

461 *fais*, dans l'argot actuel, paraîtrait brutal et vulgaire. Le mot n'implique pas une action de Célimène; son charme produit de lui-même ses effets naturels.

464 *un bâton*: elle prend la chose en riant et essaie de s'en tirer par une plaisanterie.

465–74 Alceste manie très gauchement la langue de la galanterie: en quoi il reste fidèle à lui-même. Mais est-ce lui qui parle ou Molière qui écrit? La suite, au contraire, est excellente, brillamment écrite, d'un franc réalisme, et même spirituelle: chose rare chez Alceste.

476 *votre*: que vous favorisez. La jalousie d'Alceste s'égare, comme au v. 1239. Mais Clitandre assiste au lever et au coucher du Roi; il peut être un rival redoutable.

477 Alceste a-t-il lui-même ce fonds?

479ss Toutes ces figurines de mode sont très bien brossées; le morceau est écrit de verve.

---

466 On ne 'prend' pas un cœur (avec ses mains); mais le mot, appelé par 'bâton', est entraîné dans le mouvement de la phrase, qui est excellent.

467 *suivent*: mot étrange, même au sens du v. 104.

469 *sa douceur offerte*; latinisme. Le latin manquait de mots abstraits. (Cf. v. 473, 1201.)

478 *appuyer*: soutenir, fonder (Ac.). Molière mêle de nouveau l'abstrait au concret.

479 *l'ongle long*: d'Aubigné (1616), Scarron (1656) en parlent; un texte de 1661 date 'd'il y a quelque temps' cette « belle mode qui courut parmi nos godelureaux » (Lex.). C'était une élégance; mais, dit Courtin (1671), « c'est ne pas savoir le monde que de heurter » aux portes dans la maison des Grands, « il faut gratter ».

480 *s'est acquis*: a acquis pour soi (Ac.); datif d'intérêt. Construction abandonnée.

481 *rendue*: langue militaire, comme au v. 469.

482 Les cheveux blonds étaient à la mode, « parce qu'en France on tient ce poil pour le plus beau » (Furetière). — Les perruques pouvaient atteindre des dimensions énormes (l'une d'elles était dite in-folio): elles pesaient souvent un kilog. et valaient jusqu'à mille écus (Quicherat, 512–13).

483 *canons*: « Ornement de toile rond fort large et souvent orné de dentelles qu'on attache au dessous du genou . . ., ce qui était il y a quelque temps fort à la mode » (Furet.). Mlle Desjardins (*Récit de la farce des Précieuses*, 1660) dit que les canons de Mascarille (Molière) n'étaient faits que « pour servir de cache aux enfants qui jouent à la clinemusette » et les compare à des tentes (Lex.); voir Molière lui-même (*École des maris*, I, 1, 35; 1661).

484 La profusion des rubans était telle que selon l'auteur des *Lois de la galanterie* (1644), on disait que « c'était faire une boutique de sa propre personne et mettre autant de mercerie à l'étalage que si l'on voulait vendre »; et on les appelait des gallands (Quicherat, 499).

485 *rhingrave*: « culotte . . . fort ample, attachée aux bas avec plusieurs rubans » (Furet.); « propre pour ceux qui montent à cheval et qui s'attachait à des bas spéciaux par des aiguillettes qui se passaient dans des œillets » (Richelet). La mode en avait été lancée par un comte du Rhin et datait d'environ 1660. — Emploi caractéristique du mot 'appas'.

486 'Cœur' ne ferait pas le vers. — *faisant*: contrefaisant. Le Lexique, 15°, cite 20 exemples, aucun avec 'votre'.

487 *fausset*: « voix aiguë qui contrefait le dessus . . . et qui d'ordinaire est désagréable et discordante » (Furet.). Cf. Boileau, *Sat.* III, 146–48.

490 Célimène a dû se féliciter de cette longue digression. — Noter qu'elle ne médit pas de Clitandre. Que n'est-elle aussi prudente dans ses billets?

495 Célimène laisse tomber ce conseil saugrenu, qu'Alceste tire de sa propre pratique (cf. 179ss) et dont Donneau de Visé dit qu'il « ne se peut payer ». Sa réponse amène le progrès de la scène, qui pivote sur le mot 'jaloux'.

2° L'amour de Célimène

496 Riposte du tac au tac, piquante, mais peu flatteuse. On en vient au fond des choses, et le dialogue s'aiguise immédiatement. Célimène, qui a conduit son jeu finement, prend l'offensive.

498–500 Vers d'une assez belle inconscience.

503 Joli vers. — La situation se précise; tout ce centre de la scène va bon train.

508 *Peut-être* est honnête! *Disiez* l'est aussi. — Ces deux vers sont bien imprudents; Célimène saisit l'avantage.

509 *pour un amant*: qui doit croire implicitement en la personne qu'il aime. Conception précieuse et tout à l'avantage de Célimène, qui ignore la jalousie.

512 Allusion aux v. 503, 505–6, etc.

513 Puisque je retire mes aveux et ne vous en ferai plus . . . — Suit une jolie flèche.

514 Battu en un tournemain, presque congédié (pour la forme), Alceste retourne à son emportement; il jure, il maudit, renie son amour. — *faut-il*: par quelle fatalité . . .

---

489 'Prendre, faire, donner de l'ombrage' se trouvent ailleurs, mais aussi 'faire ombrage' (Lex.). Nous disons 'prendre, porter ombrage'.

491 « Il ne sera pas si méchant qu'il a promis » (Ac.). Je ne vois rien dans Haase, 53ss. Nous dirions 'l'a promis'.

497ss Ces quatre rimes en *é* sont peu agréables; il ne semble pas qu'elles répondent à une intention.

rasseoir: « se dit fig. de l'esprit . . .; il est quelquefois actif: rasseoir son esprit » (Ac.): remettre d'aplomb, apaiser.

effaroucher (inquiéter, effrayer) se disait des bêtes (pigeons, gibier, etc.); (Ac.).

498 *épancher*: verser, répandre (Ac.), mais à profusion. Cf. *Tart.*, 939; *Bérénice*, 677.

500 *ramasser*: recueillir, réunir ses forces (Ac.).

501 *de* = pour. On dit 'accuser de'. — *de trop de*: style de conversation.

505 *ayant pris*: cf. 302. Nous disons 'pris soin'.

506 *de la sorte*, équivaut à un adjectif: pareil; ne s'emploie plus qu'après un verbe (Haase, 63, Rem. II).

509 *fleurette*: « cajolerie que l'on dit à une femme » (Ac.). Somaize (I, 113; 1661) cite « effrayer un cœur à force de fleurettes », pour dire « surprendre un cœur ». On connaît l'expression 'conter fleurette'.

510 « Vous faites là un gentil personnage, un gentil métier, pour dire un vilain » (Ac.).

511 « Oter de peine, d'inquiétude » (Ac.). Nous disons 'tirer'.

515 rattraper: cent pistoles, sa montre, sa santé (Ac.). Le mot est familier.

516 *de* = à cause de. « Bénissez Dieu de la grâce . . . » (Ac.).

518 *de* = pour. Haase 348 cite ce vers.

521 Célimène ironise, mais poursuit la conversation. Elle n'a pas la moindre envie de rompre, elle ne veut que mater Alceste. Et celui-ci rebondit (522); dans une protestation touchante de jeunesse, le voilà qui défie l'univers! — Même mouvement dans *Don Garcie*, 249–50.

524 Illusion de l'amour! — *comme*: Alceste veut dire 'autant que'; Célimène feint d'interpréter: de la façon que.

525–28 Joli couplet, où il est difficile de doser la malice et la mutinerie.

529 Alceste, sans précisément s'excuser, baisse le ton, cherche un accommodement. — Célimène fera mieux, mais elle donne déjà ici une jolie idée de son habileté.

531 *à cœur ouvert*: Pauvre Alceste! Les écailles ne lui sont pas encore tombées des yeux.

La scène fait un joli contraste avec l'acte I. Et elle est comique: Célimène y joue d'Alceste comme une souris jouerait d'un chat. C'est là, moins l'élégance, un jeu de farce.

SCÈNE II

Basque: les domestiques portaient souvent le nom de leur province.

532 Curieux, cette façon d'annoncer un marquis par son prénom (cf. 552, 849, 851) — Célimène est bien sèche, paraît énervée. Ne l'est-elle que par cette interruption intempestive?

SCÈNE III

533 L'entrée imminente d'Acaste réveille la colère d'Alceste. Et le voilà qui se lance à fond (3 questions) dans une autre querelle, qui conteste à Célimène le droit de recevoir chez elle qui bon lui semble et quand il lui plaît! Il se conduit dans toute la suite comme un grand enfant.

536 *n'être pas chez vous*: très joli tour de phrase. On dit platement à la porte: Madame est sortie.

537ss., 546 Même raison politique qu'aux v. 490ss. Alceste ne discute plus; il exprime d'un ton rogue son mécontentement.

538 *me plaire*: vers impertinent; ton de maître.

---

520 *pour mes péchés*: expression proverbiale. Cf. 516.

523 *concevoir*: par la pensée; il faudrait le sentir. — *et jamais*: contre-rejet. Noter le rythme: 9 + 3.

527 *fâcheux*: qui donne de la fâcherie (Furet.)

528 *vu jamais*: pour éviter l'hiatus.

530 « couper chemin à un mal pour en arrêter le cours » (Ac.).

531 *de*: construction commune à 'voir' et à beaucoup d'autres verbes (Haase, 306, qui cite ce vers).

533 *tête à tête*: « façon de parler adverbiale: parler, dîner, jouer, être tête à tête » (Ac.). Nous disons 'en . . .'.

534 *le monde*: les gens. Cp. 495–96.

535 *de tous*: je n'ai rien trouvé sur cette tournure. — *de*: partitif.

536 Rimes fautives.

538 *regards*: (corrigé en 'égards' dès 1682): précautions (v. 551), ménagements. L'Académie ne donne que le sens physique du mot et les locutions 'au regard de, pour le regard de' (à l'égard, en vue, en considération, pour ce qui regarde), qu'elle dit commencer à vieillir.

539 *à*: d'un caractère à. Marque la disposition.

541 Pourquoi Célimène coupe-t-elle la parole à Alceste? — *vous gêner*: en quoi cela la gêne-t-il?

542 *ses pareils*; 543 *ces gens*: termes peu flatteurs.

548 *on ne doit*: c'est un principe. — Noter l'allitération 'brouiller-brailleurs'. La portraitiste de la scène 5 s'annonce.

SCÈNE IV

552 *encor*: ce Basque est décidément mal stylé. —*justement*: ça ne pouvait pas manquer!

553ss Les deux 'demeurez', les trois 'Je le veux' nous montrent Célimène sous son vrai jour: une personne autoritaire, dont l'irritation, réfrénée (sc. 3) et justifiée, éclate enfin. Si elle était moins distinguée, le v. 557 s'accompagnerait d'un trépignement et finirait en attaque de nerfs.

558 Le voilà proprement mis à la porte. Mais il suffit qu'on lui dise de s'en aller pour qu'il reste. Motif de farce.

SCÈNE V

LA SCÈNE DES PORTRAITS

On notera qu'Oronte, le poète du salon, n'y assiste pas. Il est allé demander satisfaction aux Maréchaux.

I. PRÉAMBULE (559–66)

Le comique, dans ce qui précède, se proportionne aux variations de l'humeur d'Alceste. Il atteint au comble dans le début de cette scène. Alceste, littéralement, y « perd le sens ». Sa quintuple sommation à Célimène, ses *non*, son *point*, son *aujourd'hui*, son insistance têtue, butée, brutale, blessent toutes les convenances et le feraient prendre pour un homme sans éducation. Le *Ah!* de Célimène exaspérée vaut ses *Je le veux, je le veux*, et exprime bien le sentiment du spectateur. Mais ce début est placé sous le signe de la farce (cf. Introduction, xxviii et v. 561); cela lui donne un certain air d'irréalité qui sauve le fond, au moins en partie.

Ce début de la scène semble dit en aparté.

---

540 *eût pu* (et non 'a pu'), soit pour la concordance des temps, soit pour éloigner l'hypothèse.

544 *gagner de*: l'Académie ne donne que 'gagner' à.

548 L'Académie donne, Molière emploie 'braillard' et 'brailleur'. Littré et Hatzfeld ne font pas de différence entre les deux formes; la première semble pourtant l'emporter.

549 *et sur quoi*...: cheville. Le v. 551, qui reste en l'air, ne vaut pas mieux.

552-3 *témoigne*: fait mine, par un mouvement. L'Académie ne donne que 'témoigner que' (3 ex.).

554 *Point d'affaire*: cf. 443.

556 *essuyer*: souffrir, des affronts, de la honte, des reproches, etc. (Ac.). Molière use largement du mot, qui, selon Sorel (1671) était alors nouveau. Aucun des nombreux exemples du Lexique (dont 14 du seul Molière) n'a un complément qui approche du mot 'cervelle' (v. 1098).

557, 558 *il*: emploi alors normal (Haase, 3). Nous dirions 'cela' ou ajouterions 'de' et un infinitif aux adjectifs.

II. LES PORTRAITS

La Bruyère est resté le maître du portrait, comme La Rochefoucauld, dont l'ouvrage a paru en 1665, l'est de la maxime. Il se peut que Molière avance légèrement sur la mode, mais le portrait offrait de tout autres ressources dramatiques que la maxime.

J'ai étudié plus haut (p. xxx) le dessin comique et rythmique de la scène. Aussitôt le cercle formé, sans aucune des banalités d'usage, le jeu des portraits commence. On dirait un cérémonial fixé une fois pour toutes. Les cercles précieux procédaient-ils ainsi? Molière a-t-il stylisé leur procédure, poussé à la pureté du type? Cela compenserait largement ce qu'il y a d'un peu convenu, d'un peu stéréotypé dans la scène.

Avec quelle soudaineté Célimène passe de l'exaspération (Ah!, v. 565) au sang-froid et à l'esprit dès que son cercle est formé! Elle se donne toute à son devoir, — et à son plaisir.

La médisance est le pain quotidien du monde; ici elle est mise en forme et élevée à la hauteur de l'art. Mais Célimène n'est pas bien méchante — ni peut-être très spirituelle. Elle a surtout de la verve, et le don de vie.

567 *Parbleu*!: l'enseigne du courtisan; le Louvre, le lever, le coucher: sa vie même; son ton de suffisance: tout l'homme en quatre vers. Cela s'appelle poser un personnage.

1. (571) *L'extravagant*

571 Célimène n'est pas encore en train, ce portrait n'est pas très caractérisé.

575 Acaste relève la balle (s'il faut, extravagant). Il est outré, indigné (ne vous en déplaise); on le voit aussi par le rythme de sa phrase, qui, de césure en césure (il y en a 7, la 7e après 'tenu') monte, pour retomber sur 'hors de ma chaise'. Cela lui paraît énorme. Cela le peint au vif dans sa suffisance et sa futilité. — Clitandre et Acaste n'auront plus d'autre rôle que de lancer des noms à Célimène et de s'extasier sur son esprit.

559–62 Quatre rimes imparfaites de suite (cf. 535–36).

562 Sur la suppression du réfléchi *se* devant un infinitif qui suit 'faire', cf. Haase 149, qui en donne un exemple moderne: faire taire. 'Expliquer' n'est pas dans sa liste.

567 C'étaient des cérémonies longues, compliquées, aussi exactement réglées que les offices de l'Église et divisées en parties comme une pièce de théâtre l'est en actes, que le lever et le coucher du Roi. Y étaient admis, par tranches, un assez grand nombre de personnes, soit en vertu de leur naissance ou de leurs fonctions, soit par une faveur spéciale, et cette faveur était très convoitée; elle classait, posait son homme. La description en tient des pages et des pages dans l'*État de la France*, de Trabouillet, qui a eu de nombreuses éditions; j'ai vu celle de 1712.

570 Langage affecté.

571 « On dit figurément qu'un homme s'est bien barbouillé dans le monde, pour dire qu'il a gâté sa réputation » (Ac.).

572 'Porter un air' et 'qui saute aux yeux' est d'un style hardi, mais juste: l'air se porte sur le visage comme le chapeau sur la tête. Selon Bouhours 87, le mot est « tout à fait du bel usage ». — *D'abord*: « dès le premier instant » (Ac.), dès l'abord.

2. (579) *Le parleur pour ne rien dire*

Ceci est déjà mieux, mais reste bien général.

582 Vers spirituel; *du bruit*: le son confus d'un verbiage qui n'a pas de sens; *écoute*: qu'on fait effort pour comprendre. — 'Voir goutte' est une expression proverbiale.

583 Éliante montre d'emblée sa douceur d'âme et sa bonne intelligence avec Philinte; préparation au dénouement. Jusqu'au v. 711 elle jouera un rôle à peu près muet.

3. (585) *L'homme-mystère*

Voilà Célimène lancée, plus précise, plus mordante. Prendre garde aux antithèses.

Timante: le seul portrait qu'on ait, plus ou moins, identifié, mais sans grand profit: peut-être M. de Saint Gilles, « un homme de la vieille Cour qui aimait fort Molière et qui l'importunait sans s'en apercevoir. C'était un homme fort mystérieux qui ne parlait jamais que tout bas et à l'oreille » (Brossette, d'après Boileau). — On fera bien de comparer à ce portrait le Théodote de La Bruyère ('De la Cour,' 61); il n'est pas sans ressembler à Timante et fait très bien ressortir ce qu'ont de général et somme toute de bénin les portraits de Célimène et l'art de Molière.

4. (595) *Le snob ou le parvenu*

Comparer La Bruyère, De la Cour, 18.

596 Raccourci d'expression piquant.

601 Noter les allitérations.—Cf. *Fâcheux*, 43–46.

---

575 *S'il faut*: tour familier, pour 'enchaîner' la réponse à ce qui précède: puisqu'on parle . . .

Gens, selon Vaugelas 462, est féminin quand il signifie 'personnes', mais seulement si l'adjectif le précède; il est masculin si l'adjectif le suit (ici, d'ailleurs, il s'agit d'un homme). Sa règle a été discutée; aujourd'hui encore « gens » est un des mots les plus difficiles à manier.

578 *chaise*: après deux essais qui échouèrent en 1617 et 1645, la chaise à porteurs fut adoptée en 1655 et l'usage s'en répandit (Quicherat, 506).

579 *parleur*: « homme qui parle beaucoup . . . On le dit plus ordinairement avec une épithète: grand . . ., éternel . . . » (Ac.).

585 *caractère*: original, type à peindre (cf. La Bruyère).

589 *débiter*: « parler bien » (Ac.), mais aussi gravement, avec un air d'importance.

grimaces: ici, mines mystérieuses. Cf. 137.

590 Bouhours 87 cite *façonner, façonnier, façon* parmi les mots à la mode. Ici, les façons sont ces mines.

599 *entêter*: au fig., donner de la vanité, de l'orgueil (Ac.).

600 *de*: on dit s'entretenir de. — *équipage*: le train, la suite, mulets, chevaux, valets, hardes (Ac.). Cf. 1436.

601 Comment les tutoierait-il, si ce n'est en parlant? — 'Tutoyer' existait aussi; c'est la seule forme que donnent Furetière et l'Académie; Molière les emploie toutes deux. En tout cas le mot se prononçait 'tutèyer'. Selon Aleman (1688), le français, « aimant la douceur, s'accommode beaucoup mieux » d'abayer, netteyer, tuteyer (Lex.). Les formes en-*oyer* ont pourtant prévalu.

étage: Furetière le premier, puis l'Académie, donnent ce mot au sens figuré.

5. (603) *La femme soliveau*

603 Vilaine insinuation, qu'on sait gré à Célimène de laisser tomber.

605 « Comme donc d'être endormi et stupide en compagnie est tout à fait désagréable . . . » (Courtin, V, 38).

606 *suer*: Célimène n'a pas peur du mot énergique; son vocabulaire est remarquable de verdeur (608, 609 etc.).

615 Courtin, V, 38: « Il faut se donner de garde de dormir, de s'allonger et de bâiller, quand les autres parlent, c'est une chose très déshonnête, . . . et ne pas tomber dans l'absurdité de ceux qui demandent, *quelle heure est-il?* »

616 *grouille*: « se remuer. Il est bas » (Ac.). Célimène veut dire qu'elle ne bouge pas . . . pour s'en aller.

Célimène se surpasse dans ce portrait. Est-ce parce qu'elle y peint une femme? C'est le seul dans la scène.

6. (617) *L'ambitieux déçu*

Ce portrait est plus bref, moins creusé, et la suite (617–633) se rapproche de la conversation. C'est un changement bien venu; ce défilé de portraits fatiguerait à la longue; le mécanisme y est trop visible.

620 'faire métier' et 'pester' font une jolie antithèse.

622 *tout ce qu'il se croit*: fin coup de patte.

7. (623) *L'amphitryon où l'on dîne*

Ce portrait n'est qu'une épigramme, et très spirituelle.

627 La charitable (et gourmande) Éliante essaie d'arrêter ce flot de traits satiriques. Le vers a de la sensualité. — L'impitoyable Célimène s'empare au vol du mot « servir » et pousse la métaphore (un plat).

---

606 *à* marque la cause.

607 *expression*: faculté de s'exprimer, dit Littré, qui cite Scarron: « Je la remerciai de toutes les forces de mon expression (*Roman comique*, II, 14) et La Bruyère, V, 19.

608 'laisse mourir', dit La Calprenède, qui serait le père de l'expression (Somaize, I, 201); 'la conversation meurt' dit Mlle de Scudéry (*Clélie*, II, 724–25; 1657). Lex.

610 L'Académie note 'donner, prêter, promettre, demander assistance': mais ici le mot a un complément. D'où l'article, cf. Haase, 61, 30 A.

611 Vers quaternaire.

613–14 Cf. v. 253. Les deux adjectifs font merveille.

613–14 *assez insupportable*: en elle-même. — *encore* qualifie 'traîne' et signifie 'en outre'; *une* est commandé par l'adjectif qui suit. 'Traîner en longueur' existe: Molière décompose l'expression.

618 *amour de soi-même* est une expression toute faite. On dirait plutôt aujourd'hui amour de soi, et amour de lui-même.

620 *pester* est donné par Bouhours (1671) dans une liste de mots « assez nouveaux ». Il était en grand emploi (Lex.).

621 Les emplois sont temporaires; les charges (civiles et militaires), permanentes; les bénéfices sont des charges ecclésiastiques dotées d'un revenu.

623 *Aujourd'hui* ne semble là que pour la rime.

8. (631) *Le critique universel*

Il est très probable que Molière, si souvent décrié par des écrivains de rien, fait ici des personnalités. Il ne manquait pas alors de critiques hargneux qui mordaient sur tout; ce portrait composite peut très bien viser un écrivain particulier, ou plusieurs.

631 Philinte vient au secours d'Éliante ou lui fait écho. — *assez*: litote; signifie 'très'. Bouhours 88 le dit « du nouvel usage ».

632 *Il est de mes amis*: réticence charmante qui annonce sympathie, indulgence? Voir la suite. Par là Célimène, selon Donneau de Visé, se montre de celles qui déchirent (?) sous main leurs meilleurs amis. — Tout cela est vivant.

649 Acaste, transporté, exprime son admiration par un juron énorme. — On dirait qu'il connaît Damis.

9. (651) *Le contradicteur éternel*

1° (651–666) Nous l'avons d'abord en action. Il dénonce une fois de plus l'hypocrisie de la politesse mondaine (cf. I, 1). Voir la définition de la Cour par La Fontaine, *Fab.*, VIII, 14, et par La Bruyère, VIII, 1, 2, 22 etc.; mais La Bruyère peint en noir.

---

626 Selon Vaugelas 118, *qui*, à moins d'être le sujet, ne devait s'employer que pour les personnes. Mais, selon l'Académie, en poésie il s'emploie dans tous les cas. Cela est vrai aussi de la prose (cf. Haase, 66–67). — *à* se répétait fréquemment (Haase 77, qui cite notre vers; cf. Boileau, *Sat.* IX, 1), mais non obligatoirement (*Tart.*, 1904); la scansion décidait.

631 *Damis*: l'*s* finale, dans la plupart des noms en *is*, spécialement quand ils sont d'origine grecque ou latine, se prononce aujourd'hui; elle tendait alors à ne pas se prononcer (Thurot, II, 37; in L.-M.).

632 *En* pouvait se rapporter aux personnes (Haase, 23).

634 *Dont*, représentant une proposition, n'exigeait pas alors le *ce* démonstratif (Haase, 79, 37 C).

635 *guindé* « se dit fig. de l'esprit, ou des choses d'esprit, où l'on affecte trop d'élévation » (Ac.). Le sens originel est 'hisser' (les voiles).

636 Cf. La Bruyère, VIII, 80: « Diseurs de bons mots, mauvais caractère » (signe). — 'Bons mots' est pour nous un mot unique et nous disons 'des bons mots': le XVIIe siècle disait 'de bons mots, de jeunes gens, de petits maîtres' (Haase, 326).

637 Le mot *habile*, selon Bouhours 98, a presque changé de sens et ne signifie plus guère 'docte et savant', mais 'adroit, qui a de la conduite'. Cependant La Bruyère l'emploie encore (I, 1), et l'Académie le définit « capable, intelligent, adroit, savant ».

639 *à* = dans.

645 'Même', adverbe, devrait venir en tête du vers, mais la scansion s'y opposait. Il fait donc l'effet d'un adjectif (nous l'écririons 'mêmes'), et le vers est coupé en 7 + 5.

647–48 Cf. La Bruyère, I, 24 et IX, 20.

648 *Regarder en pitié*: l'Académie donne cette locution, que Bossuet emploie (Lex.). On dit de même 'prendre en pitié'.

651 'Pousser' « se dit absolument et signifie aller en avant » (Furet.) C'est notre vulgaire 'allez-y.'

652 Les deux hémistiches sont des espèces de proverbes.

657-58 Ce Clitandre est décidément un plat personnage (cf. v. 603).

659ss Alceste n'a qu'en partie raison. Célimène penche du côté où ses admirateurs la poussent; la preuve en est qu'ils n'ont aucune influence sur Éliante. — Le plus beau est que ces gens là ne se doutent pas un instant que la malignité de Célimène s'exerce aussi sur eux. Ils sont là, béant d'admiration pour elle, et dans quelques heures ils se retourneront contre elle. Cela est d'une psychologie très juste; l'amour-propre a de ces aveuglements.

667-68 Est-ce bien sûr? Les ridicules et les défauts raillés par Célimène ne heurtent pas la philosophie d'Alceste. L'intervention de Philinte paraît intempestive, et ce n'est pas la seule fois qu'il perd l'occasion de se taire.

2° (669) *Le portrait du contradicteur*

669 Admirons la fécondité verbale de Célimène; elle ne dit guère qu'une chose; mais elle la retourne de toutes les manières, en gardant pour la fin le trait le plus aigu. Ici encore elle a plus d'esprit que de méchanceté. — Elle prend sa revanche des scènes II, 1-3.

679-80 Elle exagère; Alceste a les principes de son humeur; elle-même n'en a pas.

683 Pourquoi Philinte revient-il à la charge?

687ss Ici encore l'orgueil d'Alceste l'oppose au genre humain.

691 Toujours poli, il coupe la parole à Célimène; et ses *non* reparaissent, ainsi que son entêtement.

---

653 *aucun d'eux*: le pluriel est implicite dans 'en'. Le tour est dur. — *à vos yeux*: à quoi se montreraient-ils?

654 *qu'on*: sans qu'on . . . 'Que' marque l'exclusion (Haase 399, Rem. II). Cf. *Bérénice*, 1318.

655 Je ne vois rien dans Courtin sur l'usage de présenter la main. Du baiser, il réglemente l'usage avec les femmes (X, 104). — *de* = par, avec.

656 *les*: ceux qu'on fait en ce cas, que vous faites.

659 *ris* « ne se dit au pluriel qu'en vers » (Richelet).

661 Une humeur nourrie par un encens? Mais Racine dit 'nourrir un venin' (*Brit.* 116). Le mot était élégant au figuré et d'un emploi étendu. — Les v. 663-64 prêtent aussi au cœur d'étranges opérations.

665 'S'en prendre' est la forme moderne (cf. 658). Cp. 's'il (en) est ainsi, il (en) est décidé, vous vous (en) tiendrez' etc., Haase, 21.

666 Cp. Racine: « se répandre en des excès » (*Brit.*, 803); Mme de Sévigné: « se répandre sur un sujet » (III, 467).

670 *voix*: opinion; ailleurs, approbation.

674, 680: mélange contestable d'abstrait-concret.

676 *fût*; pour la concordance des temps, et pour signifier qu'il n'en est pas d'avis.

677 *charmes*, au pluriel, pour la rime.

682 'Pousser la raillerie, l'impudence' etc. (Ac.).

684 *se gendarmer*: « se tourmenter . . . pour empêcher quelque chose ou pour l'obtenir » (Ac.). Le mot est familier.

689 Second hémistiche faible, pour la rime.

690 *loueur*: cf. v. 44-46. Le mot ne s'emploie plus guère, ni son double 'louangeur' (sauf comme adjectif).

691 *quand j'en devrais mourir*: façon de parler proverbiale. On peut sous-entendre: je le dirai.

694 *on*: Philinte, qui se trouve mis en contradiction avec lui-même? Cf. v. 218–20.

700ss L'aimable théorie de l'amour!

700 *j'ai soin*: le mot essentiel.

702 Antithèse admirable! — *le pur amour*: belle expression de la langue mystique. On connaît 'le pur amour' de la quiétiste Mme Guyon, et les divers usages qu'elle en faisait.

703–04 Vers d'une naïveté grandiose. — *Moi*: on peut lui dire: « Vous êtes orfèvre, Monsieur Josse ».

705 *molles*: bonne et belle épithète.

706 *mes extravagances*: conclusion aimable! Mais le mot retombe droit sur lui. Jamais il ne s'est plus séparé de l'opinion commune, et donc n'a été plus franchement risible.

707–10 La réponse de Célimène est charmante. Elle fait ressortir, en souriant, l'absurdité d'Alceste.

Cette longue discussion nous ramène à l'idée fondamentale de la pièce — par quoi elle se justifie — et coupe agréablement le défilé des portraits. Célimène y paraît dans toute sa grâce.

10. *Les illusions de l'amour* (711–30)

Alceste n'a pas le temps de répondre. Éliante le prévient, s'engage dans une dissertation apaisante et dogmatise à son tour: à quoi l'invitent l'exemple d'Alceste et de Célimène, mais encore plus son propre penchant. Son caractère placide et son heureux équilibre s'y font sentir dès l'abord; sa parole même est posée, un peu lente. Sur le fond, elle aussi, tacitement, donne tort à Alceste de par la loi de l'amour et l'habitude générale des amoureux.

Ce morceau vient du *De natura rerum* de Lucrèce dont Molière aurait traduit dans sa jeunesse, selon Chapelain, « la meilleure partie ».[1] Ce serait pourtant de la traduction de l'abbé de Marolles, si l'on en croit celui-ci, qu'il s'est inspiré. Il n'y paraît guère.

Les G.É. et Livet (Ed., 144) signalent trois imitations ou paraphrases antérieures à Molière:

    (a) de Faret, *L'honnête homme* (1640), p. 142.
    (b) de Scarron, *Jodelet duelliste* (1652), I, 1.[2]
    (c) de Mlle de Scudéry, *Le Grand Cyrus* (1649–53), 7ᵉ Partie.

Ces adaptations ne doivent guère à Lucrèce que l'idée, quelques détails, et parfois un commencement de structure; rien n'indique qu'elles se soient interposées entre Molière et son modèle latin. Leur nombre même atteste la célébrité du passage; il devait figurer dans quelque manuel scolaire.

[1] Lettre à Bernier, 25 avril 1662. La traduction de l'Abbé de Marolles est de 1650 (2ᵉ éd., 1659). Voir G.É., V, 557, 560 note 3. Gassendi l'avait revue et corrigée.

[2] Voir les textes à l'appendice.

---

695 *avouer tout haut*: locution toute faite.

699–700 Il n'y a pas ici réellement d'anacoluthe. La place logique de 'loin de m'en cacher' serait devant 'j'ai soin' — *en*: de ce qu'ils frappent ma vue. Tout cela sent le langage de la conversation.

702 *À* marque le moyen ou la manière.

711 *Pour l'ordinaire*: l'Académie donne *pour* et *à*.

K

En tout cas, la troisième seule serait *peut-être* à retenir, — ne serait-ce que pour en comparer le style monté sur échasses et engoncé avec la franche allure, la force et la vie de Molière. La voici: il s'agit de M. de Montausier:

« Comme Mégabate est fort juste, il est ennemi déclaré de la flatterie: il ne peut louer ce qu'il ne croit point digne de louange, et ne peut abaisser son âme à dire ce qu'il ne croit pas: aimant beaucoup mieux passer pour sévère auprès de ceux qui ne connaissent point la véritable vertu, que de s'exposer à passer pour flatteur. Aussi ne l'a-t-on jamais soupçonné de l'être pour personne: et toute la violence de sa passion n'eût pu l'obliger à trahir ses sentiments. En effet, je crois que s'il eût eu une maîtresse pâle, il n'eût jamais pu dire qu'elle eût été blanche; s'il en eût eu une mélancolique, il n'eût pu dire aussi, pour adoucir la chose, qu'elle eût été sérieuse, et tout ce qu'on eût pu obtenir de lui eût été de ne lui parler jamais de ce dont il ne pouvait lui parler à son avantage ».

Despois et Mesnard (G.É.) voient là l'origine du couplet de Molière. Il faut convenir que le contact entre les deux textes est mince. Par leur idée générale ils s'opposent nettement. Ils ont un point de départ commun: tous deux commencent par une blanche, qui n'est pas dans Lucrèce, et l'appellent pâle. Mais cela pourrait s'expliquer sans peine. 1° Lucrèce commence par une noire; or le couplet de Molière oppose d'abord les femmes une à une; la noire appelait donc une blanche, qui ne pouvait se placer qu'avant ou après, et, dans l'usage commun, le blanc précède presque automatiquement le noir. 2° La blancheur de la peau est tenue pour une beauté, et toutes ces femmes se nomment par leur défaut; la blancheur ne pouvait que dégénérer en son excès, qui est la pâleur.

Il y aurait d'autres considérations à faire valoir; elles aboutiraient toutes à ceci, que Molière a *pu* s'inspirer de Mlle de Scudéry, mais que rien n'est moins certain.

De toute manière, il s'est reporté à Lucrèce, qu'il l'ait lu dans sa propre traduction, dans la traduction de Marolles, ou même dans le texte latin. Mais il reste original. Il a créé son langage, il l'a pris dans le vif de l'usage français, sans s'occuper du latin grécisé de Lucrèce ni des gauches équivalents de Marolles.

Il a donc traité son texte librement.

Il lui a laissé sa longue vitupération (plus de cent vers, 1030–1149) contre l'amour source et fléau de l'espèce humaine. Il a, dans les vers 717ss, adouci très sensiblement le réalisme injurieux de Lucrèce. Il a modernisé son texte et l'a mis au goût du XVIIᵉ siècle. Il en a retranché, il y a ajouté, il en a modifié l'ordre. Sans en respecter la lettre, il l'a serré de plus près que Marolles, et son adaptation a plus de brièveté, d'élégance et de nerf. Il est resté le maître de son inspiration.

1° Il a éliminé 8 sur 14 des petits portraits de Lucrèce:

    1. La belle aux yeux pers (Lucr., n° 3, v. 1161).
    2. La femme toute en muscles et en bois (n° 4, v. 1161).
    3. La bègue (n° 7, v. 1164).

---

713 *y*: dans leur choix; 716 aux défauts.
718 *à*: au point de.
719 *de la liberté*: dans sa démarche.
720 *port*: « maintien, contenance . . . Port de reine » (Ac.). Le vers peint; voir les allitérations en *r* et en *p*, et la coupe (2 + 4 + 6). Je conserve les virgules de la princeps.

    4. La phtisique (n° 10, v. 1166-67), à moins qu'elle ne soit devenue la maigre.

    5. La tousseuse (n° 11, v. 1167), si elle se distingue de la précédente.

    6. La mafflue-mamelue (n° 12, v. 1168), à moins qu'elle ne se soit changée en la grasse.

    7. La camuse (n° 13, v. 1169).

    8. La lippue (n° 14, v. 1169).

En somme, il a exclu les disgrâces physiques que le bon ton rejette de la conversation mondaine.

2° Il en a adouci 4:

    1. La malpropre (Lucr. n° 2, v. 1160).

    2. L'échauffée-assommante-bavarde (Lucr., n° 9, v. 1165), devenue simplement la bavarde.

    3-4. (Sous les réserves qui précèdent) la phtisique et la mafflue.

3° Il en a transposé 6.

    1. La noire est passée de 1 à 2.

    2. La malpropre, de 2 à 5.

    3. La naine, de 5 à 7.
       La géante a gardé sa place (n° 6).

    4. La muette, de 8 à 12.

    5. La phtisique, peut-être, a été remontée de 10 à 3.

    6. La mafflue, peut-être, de 12 à 4.

En somme, les portraits sont groupés par couples plus fermement que chez Lucrèce et vont du physique au moral.

4° Il a ajouté:

    1. La pâle (n° 1), par opposition à la noire.

    2. L'orgueilleuse (n° 8).

    3. La fourbe (n° 9).

    4. La sotte (n° 10).

C'est à dire qu'il est allé, selon le penchant de son siècle, aux généralités psychologiques.

711-16 Ces vers correspondent aux vers 1149-1160 de Lucrèce, et spécialement aux vers 1153-54: « C'est ce que font le plus souvent les hommes aveuglés par le désir, et ils attribuent à celles qu'ils aiment des mérites qu'elles n'ont pas ».

717 Vers gracieux et parfumé. Le jasmin est une fleur élégante.

718[1] Lucrèce: 1160: Nigra melichrus est ... — Marolles: La noire, disent-ils, est une belle *brune* (Cf. Molière) — Ernout: une peau noire a la couleur du miel.

[1] Je donne le texte de Lucrèce, pour la comparaison, la traduction de Marolles et la traduction moderne d'Ernout (1920, Les Belles Lettres) parce qu'elle est plus exacte, sans l'être encore assez.

---

    721 *de peu ... chargée*: litote ironique, et pour la rime.

    722 *négligée*: dans sa mise. 'Beauté négligée' est une expression consacrée.

    723 A quoi peut-on paraître (physiquement), si ce n'est aux yeux? Mauvaise désignation de l'organe, pour la rime. De même *Fem. Sav.*, 52.

    725 C'est à dire, digne par son cœur de porter ...

    729 *C'est ainsi*: Quod erat demonstrandum.

719 Lucrèce, 1166–67: Ischon eromenion tum fit, cum vivere non quit Prae macie. — Marolles: celle qui est si maigre, qu'elle a même de la peine à vivre, est appelée délicates amourettes. — Ernout: c'est une frêle petite chose que celle qui périt de consomption. — [Suit la phtisique si elle se distingue de la maigre: Lucrèce, 1167: rhadine verost jam mortua tussi. — Marolles: et on nomme la tendrelette celle qui est presque morte de la toux. — Ernout: se meurt-elle de tousser, c'est une délicate.]

720 Lucrèce, 1168: At tumida et mammosa Ceres ipsa ab Iaccho. — Marolles: mais la grosse et la mamelue n'est autre que cette divine Cérès, qui est si chérie de Bacchus (contre-sens). — Ernout: une mafflue, toute en mamelles, c'est Cérès elle-même venant d'enfanter Bacchus.

721 Lucrèce, 1160:... inmunda et foetida acosmos. — Marolles: la malpropre, la sale est un peu négligée. — Ernout: une femme malpropre et puante est une beauté négligée.

723 Lucrèce, 1163: magna atque immanis, cataplexis, plenaque honoris. — Marolles: la grande et la démesurée en hauteur est appelée majestueuse. — Ernout: une géante colossale est une merveille, pleine de majesté.

724 Lucrèce, 1162: parvula, pumilio, chariton mia, tota merum sal. — Marolles: la bassette ou la naine est une petite charite, elle est tout esprit. — Ernout: une naine, une sorte de pygmée, est l'une des 'Grâces, un pur grain de sel.

727 Lucrèce, 1165: at flagrans, odiosa, loquacula, Lampadium fit. — Marolles: celle qui est ardente, importune, babillarde, a l'esprit brillant. — Ernout: une mégère échauffée, insupportable, intarissable, devient un tempérament de flamme. — Molière n'a gardé que le mot « loquacula », parleuse.

728 Lucrèce, 1164: ... muta pudens est. — Marolles: on dit ... de la muette que la pudeur est cause de sa retenue. — Ernout: la muette est pleine de modestie.

Molière a laissé tomber:

Lucrèce, 1161: caesia Palladium, nervosa et lignea dorcas. — Marolles: la louche ressemble à Pallas; celle qui est nerveuse et sèche est une chevrette. — Ernout: a-t-elle les yeux verts, c'est une autre Pallas; est-elle toute de cordes de bois, c'est une gazelle.

Lucrèce, 1164: Balba loqui non quit, traulizi ... — Marolles: On dit de la bègue qu'elle ne peut se donner la peine de parler. — Ernout: La bègue, qui ne sait dire mot, gazouille.

Lucrèce, 1169: simula Sirena ac Saturast, labeosa philema. — Marolles: La camuse est de la race des Silènes et des Satyres, c'est à dire des demi-dieux, et n'est pas de plus mauvaise grâce pour être un peu satyrique. La lippue aux grosses lèvres est appelée le doux baiser. — Ernout: un nez camus, c'est une Silène, une Satyre; une lippue devient un nid de baisers.

Cette petite dissertation assez imprévue, mais qui rentre bien dans le caractère de la scène (c'est tout un bouquet de portraits en raccourci), fait sa part à Éliante, qui serait autrement un personnage à peu près muet, et convient

---

731 *Brisons là* s'emploie plutôt sans complément (Ac.).

732 *la galerie*: sur laquelle donnaient les chambres. L'Hôtel de Rambouillet avait fait loi pour les bâtiments nouveaux (Cf. Sauval, 'Histoire ... de Paris'; éd. 1724, II, 199ss).

734 *Occuper* « se dit en choses morales et spirituelles » (Furet.).

COMMENTAIRE ET NOTES

parfaitement à son humeur; de plus, elle a pour objet de détendre l'atmosphère. Mais Alceste ne l'entend pas de cette oreille là. On lui a coupé la parole, il la reprend et veut avoir le dernier mot.

11° La séance est levée (731–742)

731 Il s'exprime avec un manque de mesure choquant: ses deux *moi* et son *je soutiens* ne sont pas d'un homme courtois. Célimène lui donne justement sur les doigts.

735 L'avertissement—presque un défi — semble s'adresser à toute la compagnie et perd par là de son caractère de provocation; en fait, il s'adresse aux marquis et à Célimène. Alceste parle chez elle en maître; il a été rembarré, battu, sur toute la ligne, il est furieux; ses manières s'en ressentent. — *sors*: le présent est plus catégorique que le futur.

737-40 Les marquis finissent comme ils ont commencé par des couplets alternés égaux: tels les bergers de Virgile dans leurs chants amoebées.

741 Célimène plaisante, avec tact: mais la plaisanterie peut cacher de l'irritation.

742 L'intraitable Alceste en revient à son point de départ: faire prononcer Célimène. Il se montre en tout cela comique — et odieux. Heureusement, l'arrivée du garde sauve la situation.

Cette scène, la plus célèbre du théâtre de Molière avec les grandes scènes de *Tartuffe*, — ample, vivante, brillante, variée et souple sous une armature un peu raide — est un modèle de haute comédie. On n'y rit pas à pleine gorge, mais on y sourit presque d'un bout à l'autre, tant de la position des personnages que de leur langage. Les marquis égaient par leur jeu de poupées. Célimène brille de tout son esprit et d'une malice assez inoffensive. D'Alceste, l'humeur âcre, l'acharnement, le manque de manières peuvent choquer autant qu'amuser; mais il faut se souvenir, à tout hasard, que dans la tradition gauloise, le jaloux, et surtout le jaloux berné d'une façon ou de l'autre trouvait le public toujours prêt à rire.

---

735 *j'avertis*, en contre-rejet, a plus de force.

737 *en*: de ce que rien ne m'appelle.

738 *de*: partitif.

739 *petit coucher*: « l'espace de temps qui reste depuis que le Roi a pris sa chemise, et donné le bonsoir, jusqu'il se mette dans le lit » (Ac.). L'Académie ne donne ni 'levé' ni 'couché.' Le cérémonial était sensiblement le même, mais renversé, pour l'un et pour l'autre.

741 'En aucune sorte' ne se dit plus. Nous dirions nullement, pas le moins du monde.

742 Des trois explications que Haase 87 propose de cette construction, la seconde me paraît la vraie: *que* et *qui* se rapportent au même mot (moi).

746 La jaquette n'était pas un vêtement militaire. — *Basque*: « pièce du bas d'un pourpoint » (Ac.); aujourd'hui de la jaquette, de l'habit, etc. — Livet n'a trouvé qu'un autre nom au pluriel après 'grands': Desportes, *Diane*, I, 13: grands chaleurs. Brunot, *Doctrine de Malherbe*, 363, lui en a fourni deux autres.

747 *du dor*: De même *Don Juan*, II, 1 (et un autre exemple, Lex.). Cette déformation est-elle authentiquement populaire?

748 Confusion fréquente alors de 'qui' et 'qu'il': 'Ce qu'il vous plaira . . . — Comment, ce qui me plaira? (Pascal, *Provinc.*, VIII: Haase, 72, 35 C, Rem. I).

SCÈNE VI

Il y a des scènes de valets plus caractéristiques chez Molière, par exemple
dans l'*École des Femmes, Don Juan, L'Avare*, etc. Celle-ci est si courte, si
peu poussée, qu'elle n'appelle aucune comparaison.

SCÈNE VII

L'édit de 1651, qui interdit le duel, confia le règlement des querelles,
dettes d'honneur, etc., entre gentilshommes, à un tribunal formé des Maréchaux de France et présidé par leur doyen. Ce tribunal ne se réunissait que
pour les affaires de quelque importance et siégeait alors à la table de marbre
du Palais de justice. Entre temps, le président connaissait des affaires: il
avait à sa disposition une compagnie de garde et mandait les adversaires
pour les réconcilier. On voit dans une affaire que ceux-ci (l'un d'eux s'était
caché) furent convoqués le *surlendemain* de la querelle. En 1748, le duc
d'Aumont et le duc de Ventadour reçurent, pour finir, l'ordre de s'embrasser (cf. v. 1161). D'après le 'Recueil concernant le tribunal de Nossei-
gneurs les Maréchaux de France', par de Beaufort (cf. G.É., Livet, Éd. 147).
    Garde: le lieutenant qui commandait le poste et qu'on trouve appelé
garde (Livet).
    753 Cet innocent d'Alceste ne comprend pas ce qu'on lui veut; Philinte
(755) l'a compris au premier coup d'œil.
    758 Voilà Alceste qui remonte sur ses grands chevaux, avec son *Moi*!
perpétuel. C'est une manie, au sens précis; car il n'y a pas à discuter, encore
moins à résister. Mais il est encore sous l'impression de sa défaite dans la
scène précédente, et dans l'acte entier.
    768 Noter *allons* et *vous*; c'est pensé et écrit délicatement. L'ami se
retrouve dans l'épreuve.
    769 Molière aurait engagé Boileau à épargner Chapelain dans ses
satires, sous prétexte que ce poète était fort aimé de Colbert et du Roi lui-
même, et Boileau lui aurait fait la réponse d'Alceste, y compris le mot
« pendu », que Molière aurait reproduite. L'éditeur des G.É. suspecte
l'anecdote; il pourrait bien avoir raison: on en a tant fabriqué! D'abord, les
ressemblances verbales ne sont pas une preuve d'authenticité; elles ont
souvent pour objet d'accréditer l'invention. Ensuite, Louis Racine conte
une anecdote analogue dont on a deux versions; or, il ne met pas Molière
en cause et ne parle pas du Roi, mais du Pape (G.É., V, 391) — Boileau

---

    751 *j'ai commandement*: « faire commandement » (de la part du Roi)
(Ac.).
    755 *braver*: « regarder avec hauteur » (Ac.), défier.
    756 *Sur* « marque la cause, le motif, le fondement en vertu duquel
on fait » (Ac.).
    757 *En* marque le temps. Nous dirions *à* (cf. v. 69).
    759 *suivre* « les ordres, la loi, la règle » (Ac.). — *Disposer*: préparer (Ac.).
    761 'Voix' signifie aussi « suffrage, avis de vive voix ou par écrit » (Ac.).
Dans l'affaire citée plus haut, le président fait aux deux ducs un discours de
quelques lignes.
    768 *faire voir*: expression consacrée? (cf. 774), mais qui semble réduire
la comparution à une formalité.
    769 *Hors que*: dans l'autre exemple de Haase 396, le verbe est à l'indicatif
et également sans négation. Nous dirions: à moins que . . . ne.

égratigne Chapelain dès 1665 (Sat. III, v. 178–79); mais son attaque de fond
date de 1667 (ib., IX, 203–42); rien n'y ressemble, naturellement, à l'anecdote
ci-dessus: par contre, Boileau distingue en Chapelain l'homme de l'écrivain,
comme Alceste le fait pour Oronte (v. 1141–54).

773–74 Selon Brossette, à qui remonte l'histoire précédente, Molière
accompagnait ces deux vers d'un rire amer si piquant que Boileau, en
l'imitant, réjouit beaucoup ses interlocuteurs.

776 Et Alceste a le dernier mot, du moins il le croit. Mais quel air
martial, quelle résolution (je vais, je reviens, au présent; cf. 736), après cette
longue résistance!

ACTE III

SCÈNE PREMIÈRE

LA SCÈNE DES MARQUIS

Pour le comique, voir p. xxxii. — Les Fâcheux (I, 5; 1661) donnent en deux
vers comme l'embryon de cette scène.

1° 777 Acaste procède à l'inventaire de ses avantages. Treize raisons
d'être satisfait de lui-même.

783 J'ai du bien: premier avantage, solide, essentiel. — maison: « ne se dit
guère que des races nobles et illustres. Maison noble, ancienne, illustre,
grande maison, maison Souveraine, la Maison de France, la Maison
d'Autriche... » (Ac.). Acaste serait donc de haute noblesse.

784 quelques: litote.

788 sans vanité: il en crève. Le trait est bon.

792 sans étude: tout est là. Cf. Préc. Ridic., sc. X: « Les gens de qualité
savent tout sans avoir jamais rien appris » et Crit. de l'Éc. des F., sc. 6–7.

797 assez: autre manière de dire moins pour faire entendre plus; de même,
799, 803, les je crois.

798 Joli vers. Déjà les gravures de mode du règne de Henri III amincis-
sent la taille. Cf. l'expression « taille de guêpe ».

---

770 on: les Maréchaux. — en peine suggère peut-être que c'est faire
beaucoup de bruit pour rien.

777 Voit-on l'âme? 779 s'éblouit-on les yeux?

779 en bonne foi: donné par l'Académie. Nous disons 'de'.

786 La passe, au jeu de billard ou de mail, est l'archet ou porte par
lesquels doit passer la bille ou la boule; être ou venir en passe, c'est être
en position d'obtenir un emploi.

787 cœur: courage. — 789 affaire: d'honneur.

790 gaillard se dit aussi (3ᵉ sens) « des choses hardies, périlleuses ... »
(Ac.).

791 Vers ternaire. — 792 à: pour, suffisant pour.

793–94 faire figure: expression d'origine précieuse, ce semble; elle est
dans Somaize (Lex.).

794 La scène était encombrée de sièges sur lesquels s'installait le beau
monde. L'usage en disparut en 1759, grâce à Voltaire. Cf. Fâcheux, 13–40
et Lex.

797 adroit: de quel genre d'adresse? — air, mine: l'Académie explique
ces mots l'un par l'autre. 'Bonne mine' ne signifie pas teint frais.

802 Les femmes et le Roi: conclusion triomphale; toute la vie du courtisan.

804 *content de soi*: ces mots, décisifs, péremptoires, résument tout le discours et tombent admirablement. Acaste est à la fois gonflé de vanité et piqué qu'on méconnaisse ses mérites: le mélange est dosé à merveille.

2° 805 Clitandre découvre son jeu (il était transparent). Acaste lui opposera sa théorie de l'amour. Au point de vue dramatique, son immense vanité explique la profondeur de sa déconvenue et sa vilaine conduite à la scène finale.

805 Ce vers fait honneur à Célimène.

807 Acaste se regimbe. Son juron, ici, n'est plus un simple certificat d'origine et comme un tic; il est senti.

808 *Pouvoir* semble ici mieux qu'une cheville. Acaste, de nature et par vocation, ne *peut* pas . . .

809 Quel mépris, quelle fatuité dans ce vers!

810–12 Style précieux. — *soupirs*: cf. 806.

815ss Ce n'est pas la seule fois que la langue commerciale envahit la langue précieuse. Celle-ci déguise mal une certaine brutalité.

818 *on*: emploi excellent du mot; il gonfle le sens.

819 Vers d'une fatuité grandiose.

3° (823–47) Clitandre insiste, pousse son interrogatoire. Acaste feint d'entrer dans son jeu, multiplie les faux aveux, les fausses admissions, manifeste une désolation fausse. La vanité blessée perce à travers tout cela. Cette scène est l'une des plus fines, des plus élégantes du théâtre de Molière.

---

799 *se mettre*: s'habiller (Ac.); locution générale qu'Acaste s'applique ensuite. Pure et excellente conversation.

800 *mal venu* se construisait avec *de* et *à*; le mot manque à la liste de Haase, 299ss.

801 *Dans* se dit quelquefois des choses morales (dans la douleur etc.; Ac. et Haase, 364 C). — *puisse*: l'indicatif serait aussi correct; le subjonctif marque-t-il l'indéfini de l'estime?

804 *par* marque la dispersion, l'ampleur.

805 *trouvant*: le gérondif se rapporte au sujet implicite de 'pousser': alors que tu.

807 'Taille' désigne naturellement la stature morale.

809 Le XVIIe siècle ne distinguait pas entre 'c'est . . . à' (le tour de) et 'c'est . . . de' (le droit, le devoir, l'affaire de). Cf. Haase, 347, Rem. III.

810 *constamment*: avec constance.

813 *suite*: durée, persévérance.

814 *nie*: refuse (Furet.). L'Académie n'admet que 'dénier'.

815 *air*: « certaine manière que l'on a dans les exercices du corps, dans la façon d'agir: mine, contenance » (Ac.). Bouhours 87 trouve que le mot est « tout à fait du bel usage ».

820 'Raison 'désigne « tout ce qui est de devoir, de droit, d'équité . . . s'il vous doit, c'est la raison qu'il vous paie » (Ac.): il est raisonnable que . . .

821 *à*: en mettant, si l'on met.

828 *qui*, au neutre, qu'est-ce qui (Haase, 90ss).

834 *rebut*: (a) « action par laquelle on rebute, (b) ce qu'on a rebuté » (Ac.). Nous avons ici le premier sens; nous dirions 'rebuffade', que l'Académie donne aussi. — *laissons*: nous dirions 'laissons là'. Cf. v. 731.

824 *quelque*: nouvelle litote.

836 Cf. Gilbert, *Rodogune* (1646): « Je suis le malheureux et toi le fortuné ». (Livet, Éd., 150.) Réminiscence, ou antithèse consacrée?

838 *pende*: ce monosyllabe en fin de vers sonne bien.

839 Joli pacte! Autant vaudrait tirer Célimène à la courte paille. Mais il en sortira l'alliance des marquis (V, 4).

SCÈNE II

Célimène ne savait pas les marquis là, ce qui surprend. Elle rentre en scène parce qu'elle a entendu un carrosse s'arrêter à la porte. Dramatiquement, cela n'est pas d'une facture très serrée; mais cela se passe ainsi dans la vie.

847 La question est posée avec un sourire, mais elle équivaut à un congé. Clitandre s'en va, sur un mot qui ne manque pas d'audace. Acaste reste, parce qu'il faut un interlocuteur à Célimène, même pour ne dire qu'un vers et demi, dans la scène suivante. Puis il file, 'à l'anglaise'.

SCÈNE III

Préparation à la scène IV. Célimène y présente et y drape Arsinoé. Molière dirige les impressions du spectateur.

Prude (853) signifie sage et modeste (Furet.), sage, réglé et circonspect dans ses mœurs, ses paroles, sa conversation (Ac.), qui a de la prudence, de la sagesse (Rich.; sens conservé dans prud'homme). Mais l'Académie dit aussi « affecter un air prude, faire la prude », et, à 'pruderie': « affectation de paraître prude, circonspection excessive sur des choses frivoles qui semblent regarder l'honnêteté et la bienséance ». — Le mot, assez nouveau selon Bouhours (2e éd., p. 116; 1671), viendrait, selon Sorel (1671), des Précieuses. En tout cas, dans Somaize, II, 338, Ménage donne ces définitions:

« La *Prude* est une femme entre deux âges (cf. v. 877ss) qui a toute l'ardeur de ses premières complexions, mais qui, par le temps et le bon usage des

---

835 *et me dis*: le pronom précédait le second de deux impératifs coordonnés par 'et, ou, mais' (Haase, 436).

836 *fortuné*: heureux. L'Académie ne donne le mot que comme adjectif.

837 L'adjectif suivait quelquefois le substantif (Haase, 440). Ici la force du sens y gagne.

839 *O çà*: « On dit encore, *Or çà*, mais c'est en commençant, et l'on prononce guère l' *r* » (Ac.).

ajuster: « approprier une chose à une autre » (Ac.).

840 'Tomber d'accord de' est courant; 'que' est-il construit par analogie avec 'convenir'? — *tous deux*: pour le mètre et la rime.

841 Haase 89 (qui cite notre vers): *Qui* sans antécédent, construit avec un verbe à la 3e personne du singulier dans une phrase où la proposition principale a son sujet exprimé, équivaut à 'si l'on'; ici, à 'si l'un' (de nous).

842 *meilleure part*: latinisme (meilleure part de deux), ou suppression de l'article? — On dit 'avoir part à'.

843 'Prétendu' s'employait aussi avec mari, époux, belle-mère, gendre, beau-père, au sens de 'futur' (Lex.). L'Académie ne donne pas ce sens.

846 *du bon* (du meilleur) *de mon cœur*. 'du' marque la manière. Cp. de tout mon cœur.

occasions, s'est acquis l'art de les si bien déguiser qu'elles ne paraissent point, ou qu'elles paraissent correctes, de sorte qu'elle est toujours la même dans l'apparence, mais néanmoins toute différente dans la vérité et l'opinion »: ce qui est le portrait même d'Arsinoé.

« La *Coquette* est une espèce amphibie, tantôt fille et tantôt femme, qui a pour objet d'attraper la dupe ou le galant, et de faire enrager l'amant ou le mari ».

850 *cette femme*: façon de parler brutale, presque vulgaire. Nous voilà fixés sur les sentiments de Célimène.

854 *zèle*: en matière de morale et de religion; le mot s'emploie souvent dans la langue de la spiritualité. De même, 860, *le siècle*: le monde, la vie mondaine, opposée à la vie monastique; *courroux*: on dit le courroux du Ciel, le courroux divin; 855, *dans l'âme*, mot employé ici exactement. Tout cela ramène vaguement à l'atmosphère de *Tartuffe*.

855 *accrocher*: mot cru, qui contraste avec *âme*, *prude*, comme la conduite d'Arsinoé avec ses désirs secrets.

859 *triste*: belle épithète. Noter aussi la force et l'exactitude cruelles du mot 'abandonné'.

860 *aveugle*: spécialement sur son mérite.

862 Vers admirable, tragique.

863–64 A ces vers énergiques, mais alambiqués, comparer la franchise du v. 865. — Ce serait donc une question d'honneur, pour une femme, d'avoir des « amants »?

866 Ce vers a pour objet d'amorcer la scène V (cf. v. 216) et explique en partie l'animosité de Célimène.

871 Cette fin faiblit.

Si Célimène est légère en amour, elle ne l'est pas dans la haine. Cette sortie virulente, féroce, promet pour la scène suivante. La rivalité des deux femmes représente un aspect important de la vie mondaine.

SCÈNE IV

Sur le comique dans cette scène — la grande scène de l'acte et un autre chef d'œuvre — voir p. xxx.

Comparer à la spirituelle et brillante Célimène de la scène II, 5, l'implacable « jouteuse » de cette scène.

J'ai indiqué et j'indiquerai des traits qui rapprochent *Le Misanthrope* de *Tartuffe*. Mais dès 1663, on trouve dans *La critique de l'École des femmes* (sc. 6) comme un premier crayon d'Arsinoé. « Il y a des personnes qui se rendent ridicules pour vouloir avoir trop d'honneur. Bien qu'elle ait de l'esprit (la marquise Araminthe), elle a suivi le mauvais exemple de celles qui, étant sur le retour de l'âge, veulent remplacer de quelque chose ce qu'elles voient qu'elles perdent, et prétendent que les grimaces d'une pruderie

---

851 *est à*: marque la cause, selon Haase, 348–49. Ou le but?

854 *franche grimace*: curieuse alliance de mots. Cf. 124.

859 Un mérite abandonné et en courroux n'est pas d'un style impeccable, non plus que les vers 861, 863–64.

866 'Avoir tendresse d'âme' est l'expression consacrée encore aujourd'hui; nul besoin d'un article (de la). Cf. Haase, 320, où le vers est cité.

867 Cp. rendre respect, honneur, soumission, civilités, devoirs (Lex.). On dit encore 'rendre visite'.

868 Vers ternaire, hardiment et bien venu.

scrupuleuse leur tiendront lieu de jeunesse et de beauté. Celle-ci pousse l'affaire plus avant qu'aucune; et l'habileté de son scrupule découvre des saletés où jamais personne n'en avait vu. On tient qu'il va, ce scrupule, jusqu'à défigurer notre langue, et qu'il n'y a presque point de mots dont la sévérité de cette dame ne veuille retrancher ou la tête ou la queue, pour les syllabes déshonnêtes qu'elle y trouve. »

I. BAGATELLES DE LA PORTE (873–879)

873 *Ha!* Exclamation de surprise et de joie. On dirait que Célimène ne savait pas qui allait entrer et qu'elle ouvre les bras à Arsinoé pour l'embrasser. A cette volte-face soudaine, fantastique, on rit franchement.

874 Sans mentir! — *en peine*: le mot, un pur mensonge, a ici de la force; cp. une âme en peine. — Les deux femmes ne se sont pas vues de quelque temps; la mission que s'est donnée la prude n'y gagne pas en autorité.

875 Arsinoé n'a pas un mot de courtoisie; elle refusera de s'asseoir (878), reste là plantée comme un piquet et en vient tout droit à l'objet de sa visite (875). — *avis*: avertissement (Ac.): le premier mot qui lui vienne à la bouche et qu'elle prodiguera. — *que j'ai cru vous devoir*: donc qui sera sévère. — Étudier la musique du vers; je Viens, aVis, Vous, deVoir; QuelQue, Que, Cru: coupes et sonorités ont quelque chose d'austère. Cp. l'entrée de Tartuffe.

876 Célimène redouble d'amabilité (feinte, et dont Arsinoé n'est pas dupe).

877 Réflexion oiseuse, et glaciale.

878 Les deux adversaires restent donc debout, face à face, prêtes à engager le fer. Alceste est la cause directe et l'enjeu de la bataille; mais l'inimitié des deux femmes a des racines plus anciennes et plus profondes.

Toute cette mise en scène est parlante.

II. PREMIÈRE PASSE (879–960)
1° L'attaque (879–912)

(a) *Exorde* (879–84)
Arsinoé commence par une déclaration de principe solennelle: *L'amitié*, son premier mot, qui est d'une belle hypocrisie; puis de grands mots: honneur bienséance, honneur encore; pour clore, arrondir l'argumentation, l'amitié encore, et son cœur! La phrase est presque construite comme un syllogisme: *Majeure*, l'amitié; *Mineure*, et comme (tour logique); *Conclusion*, qui particularise la prémisse: Je viens. La variété, de scène en scène, du style de Molière et son adaptation aux caractères et aux situations ne sont-elles pas admirables?

880 *nous*: vous, moi, tout le monde.

882 L'honneur, c'est la vertu de la femme; la bienséance, c'est sa tenue dans le monde. L'accusation est complète, et la période tombe sur « honneur ».

---

870 (cf. 825): *se détache*: s'élance, attaque et mord. Le mot se disait du chien; c'est la première application qu'en fait l'Académie.

873 *Ha!* Cf. 796. Mais ici l'intervalle qui sépare les scènes sépare aussi les sons.

878 *il*: ce, cela (cf. 557–58). Vers cité par Haase, 3.

880 *aux*: dans les.

884 (1624) *Témoigner*, v. act., 'témoigner son ressentiment', dit l'Académie; mais partout ailleurs elle emploie devant le complément la préposition *de* (la haine, etc.).

(b) *L'attaque* (v. 885–92)

885 *hier*: pure invention; cp. v. 1068. — *singulière*: au sens latin: unique.
886 Qui, *on*? Elle-même. Mais tout cela est une fable.
887 *éclats*: elle-même en est pour la politique de la sourdine: très faux-dévot, cela. — Noter, v. 888, 891, 892, la papelardise des atténuations, qu'accompagne une jubilation intérieure intense.
888 *Le malheur*: sympathie feinte, et venimeuse.
889 Quatre amants, qui sont là pour le bon motif, ne font pas une 'foule' (mot injurieux, inspiré par la jalousie). Et la conduite de Célimène est-elle si rare, si scandaleuse? — Cp. *Tartuffe* 79ss; les vers 121ss tombent en plein sur Arsinoé.
890 Arsinoé les sème elle-même.
891–92 Bel exemple de charité chrétienne!

(c) *Retraite* (893–96)

893 Elle fait semblant d'en avoir été révoltée, la bonne apôtre. Mais un petit mot, *je sus*, la trahit. Si elle y allait franc jeu, elle dirait 'je pris'.
894 Le venin est dans la répétition 'je pus-pouvoir'.
895 Sur l'intention, non le fait. Pascal traite de la direction d'intention dans sa septième Provinciale; Tartuffe en résume la théorie dans les vers 1488ss, 1502ss.
896 Son âme, pas sa conduite. Et terme de spiritualité, bien employé ici.

(d) *Retour, décisif, à l'attaque* (897–904)

897 *vous savez*: elle prend Célimène à témoin contre elle-même et lui retire l'excuse de l'ignorance ou de la légèreté. Les trois vers suivants usent encore de précautions et d'atténuations qui ont pour effet et pour objet de grossir la faute de Célimène. — De même *choses*, grand mot vague qui suggère des énormités (cf. *Tartuffe*, 85).
899 *contrainte*: avec quel regret!
900 *viviez*, un subjonctif, *faisait, prenait*, deux imparfaits, prétendent encore éloigner le blâme. Mais le v. 902 passe au présent: Arsinoé découvre ses crocs; une véritable allure de serpent.
902 *conte*: ce qu'on raconte (et enjolive). — *partout*: un scandale public et retentissant.
903 *si vous vouliez*: Célimène cherche donc le scandale, par plaisir. — *déportements*: « conduite, mœurs, manière de vie . . . Il se prend plus ordinairement en mauvaise part » (Ac.) Molière (7 ex., Lex.) prend le mot dans ses deux sens; il est à croire qu'Arsinoé ne le prend pas dans le bon; mais son propos est à double entente.

(e) *Arsinoé couvre sa retraite* (905–908)

Ce qui est dit, est dit. Feindre de le retirer pour en esquiver les risques est en général une tactique futile.
905 *au fond*: nouvelle réticence, bon coup de griffe.

---

886 *où*: chez qui. — *discours*: entretien (Ac.). — *matière*: sujet (Ac.).
891 *En* n'est pas nécessaire (Haase, 24) devant 'aurait fallu'; sous entendre: qu'elle en trouvât.
899 'Contraindre' se construisait avec *de* at *à*.
911 *que*: exclusif: suppléer 'autre chose que, ailleurs que' (Haase, 399, Rem. II). — 918 *de* = sur.

906 Le Ciel ne pouvait pas manquer de venir. Tartuffe l'a constamment à la bouche: v. 879, 1079, 1142, 1182 etc.; les v. 1502–06 ne sont pas sans analogie avec la pensée d'Arsinoé.

907 *crime*: exagération absurde, gardée pour la bonne bouche. *Ombres* ou non, le mot est dit.

908 Vers-maxime. Arsinoé finit comme elle a commencé, mais sur un ton sec et définitif.

(f) *Conclusion* (909–912)
Suprême effort pour esquiver les conséquences de son 'avis' par une espèce de compliment. Mais il faut de l'audace pour en appeler à la raison d'une femme qu'on insulte.

909 *je vous crois*: nouvelle goutte de venin.

912 *tous*: on n'est pas plus généreux.
Ce qui parachève ce remarquable discours, c'est qu'il est difficile d'y doser la malignité et la conviction. Il y a là une profondeur qui résiste à l'analyse.

2° LA RIPOSTE (913–960)

Célimène répond du tac au tac; elle calque sa réponse, mots, idées et tours, sur l'attaque. Pour les mots: avis, gens, éclats etc, etc; pour les tours, les charnières et la construction générale: 879–84, 909–912 et 913–20 . . . 957–60. Cette escrime, qui a bien ses subtilités, peut paraître trop en dehors: mais elle réjouit le spectateur qui a pris Arsinoé en grippe. Après tout, elle est l'agresseur, elle s'est attiré la foudre, tant pis pour elle.

(a) *Exorde* (913–920)
Célimène, en mondaine accomplie, garde le sourire (913), affecte la reconnaissance (grâces, m'oblige, etc); quelques mots seulement marquent ses intentions (prétends etc). Mais il n'y a rien là de tortueux; la parole va droit, sonne franc.

915 *la faveur*; 917 mon amie; 919 *si doux*; on ne se moque pas mieux des gens.

(b) *Contre-attaque* (921–936–944)
Elle se divise en deux parties; la première, sauf un ou deux vers plus vifs et quelques mots piquants (en général, un seul dans le vers), se compose de généralités assez inoffensives; la seconde, précise, cruelle, ne connaît plus de ménagements.

(i) 923 *soins* (préoccupations, œuvres), *âme* (cf. 896), *zèle* (925): elle reprend le langage de la spiritualité.

925 *pruderie* s'oppose à galanterie (890).

926 Tour négatif, litote; l'expression directe est réservée pour la conclusion (936): tout voile de langage y disparaît.

929 *mines, cris*: mots évocateurs; ce vers est plus concret et plus mordant.
— *mines* (cp. 937, 1077): airs sévères ou dégoûtés, grimaces.

930 *un mot ambigu*: voir *École des Fem.*, I, 1, 4; II, 3, 6; V, 4; *Crit. de l'Éc.*, sc. 3, 6, 7. 930–34 Célimène présente adroitement sa défense à travers ces généralités.

---

937 *mine*: expression de visage, manière de se tenir.
modeste: pudique (Ac.).

938 *dehors*: au singulier, « la partie extérieure de quelque chose »; au pluriel, « les apparences » (Ac.). Nous emploierions ici le pluriel.

939 *à* dépend d'*exacte*: c'est la préposition normale (Ac.).

931–32 Noter l'opposition des mouvements que suggèrent ces deux vers. — Rimes fautives.

(ii) 937–944 Célimène abandonne tout ménagement. — La princeps, pour marquer que ces vers sont (prétendent être) une citation, les met entre guillemets.

939–45 Vers écrasants: trois couples de deux vers dont le second commence par 'mais' et oppose à la piété voyante de la dame des pratiques très peu chrétiennes. Le dessin rythmique du couplet ajoute beaucoup de force au réquisitoire.

942 *du blanc*: cf. *Tartuffe*, 203–206.

943–44 Vers sanglants, inexpiables. Célimène assouvit là une vieille rancune, elle vide son cœur; c'est un règlement de comptes, une exécution.

944 *réalités*: mot cru, évocateur. Célimène le garde savamment pour la fin.

(c) *Retraite* (945–46)
Elle est encore plus brève que celle d'Arsinoé (893–96). Sans elle il y aurait un trou dans le dessin rythmique, mais Célimène n'y attache pas d'importance, et elle n'a pas terminé son acte d'accusation.

945ss, comparer ces vers, pour la netteté et la sonorité, avec les v. 893ss. Ils mentent tous, mais les uns et les autres avec l'accent de la personne qui les émet.

(d) *Retour à l'attaque* (947–956)
Célimène revient aux généralités et fait durement la leçon à Arsinoé.

950–953 Accusations nettes d'immoralité.

956 *le Ciel*: cf. 906. La tirade finit bien sur ce mot que Célimène retourne à Arsinoé. Elle l'entend des prêtres et des religieux.

(e) *Conclusion* (957–960)
Sauf un mot dans le premier vers (âme), Célimène emprunte mot pour mot à Arsinoé sa conclusion, qui paraît combien plus dérisoire après cette attaque sauvage! Elle y revient cependant au ton du monde.

III. TRÈVE (961–974)

Les adversaires respirent un moment. Arsinoé, stupéfaite, accuse le coup (962), puis se reprend et essaie de sauver la face (963–64). — Célimène a-t-elle été aigre?

---

940 *paye*: nous écrivons 'paye' ou 'paie' et prononçons *pè*. Ici, les deux *e* (elle, paye) comptent, et le vers est difficile à prononcer. L.-M. renvoient à *L'Éc. des maris*, 1047 (cro-yent) et à *Don Garcie*, 1810 (ga-ye-té).

950 Vers intéressant: 'un peu plus' ne peut se couper et le vers se dit en 4-6-2, pour isoler 'des vôtres'.

951 *se regarder*: opération difficile, sauf devant un miroir, mais expression reçue.

954 *dans*: comme dans le plateau de la balance.

961 *reprendre*: «réprimander, blâmer, corriger» (Ac.). L'Académie ne donne pas d'exemple du mot employé absolument; Littré en donne 5, sans compter notre vers, de Pascal, Mme de Maintenon, Fénelon, Voltaire, Mme de Genlis.

assujettie: le mot implique une sujétion réalisée ou inévitable. Molière ne veut-il pas dire 'sujette'?

964 'sincère': cf. 967: bonne foi.

965 Célimène, imperturbable, enchérit. L'ironie s'aiguise quand elle passe des généralités aux applications (969ss).

967 *traitant*: en traitant, à condition de traiter. Elle entend qu'Arsinoé manque de bonne foi.

969 'Il ne tiendra qu'à vous, zèle, office fidèle, grand soin, entre nous' (Arsinoé clabaude dans les salons): avec une politesse impeccable, Célimène lui rit au nez. On sent la femme maîtresse de la situation, sûre d'elle-même et de la victoire, en face d'une adversaire déconcertée.

973ss Arsinoé ironise à son tour en feignant l'humilité. Le point est qu'elle ne poursuit pas l'offensive; en termes d'escrime, elle rompt.

IV. SECONDE PASSE (975–990)

(a) *Retour de Célimène à l'attaque* (975–984)

On aurait cru Célimène satisfaite. Elle s'acharne, et va se surpasser en cruauté: elle frappe Arsinoé à l'endroit sensible: son âge et ses 'disgrâces'. Quelle férocité, quelle sûreté de main! Et elle n'a que vingt ans!

975ss Ce premier couplet est presque tout en généralités, mais transparentes.

977 *galanterie* (cf. 890); 978 *pruderie* (cf. 925): les situations sont nettes. Le duel de deux femmes devient le duel de deux âges.

979 *par politique*: non par goût, faute de mieux.

980 *nos*: à nous autres femmes. Célimène subira donc la loi comme Arsinoé; mais, au point de vue escrime, on s'étonne qu'elle le dise. — Ce vers est déjà dur: le suivant est atroce.

981 *cela sert*: commentaire de 'politique' (979).

982 *un jour*: j'ai le temps. — *vos*: le seul terme directement personnel (avec 'Madame' au vers suivant) du couplet; il le ramasse et le fixe sur Arsinoé.

983 *l'âge*: le mot cruel est dit.

984 *on*: tout le monde, sauf, apparemment, Arsinoé. *vingt ans*: vision éblouissante! coup de massue final.

(b) *Réplique d'Arsinoé* (985–990)

Arsinoé la doucereuse disparaît. Nous avons ici la vipère, qui se dresse, siffle, et tâche de mordre.

985-6 Ces deux vers sont à dire les dents serrées; la musique en est calquée sur le sentiment. D'abord, un sifflement: *s*ertes (en tout, 9 *s*); puis un martelage: 13 *t*, 2 *d*.

---

967 *traiter*: « agir avec quelqu'un, en user avec lui de telle ou telle manière », mais ici encore l'Académie ne donne pas d'exemple du mot employé absolument.

968 *pour*, et non sur: dans son propre intérêt.

970 *office*: service (Ac.), échange de services. On dit en général 'bons offices'.

972 *de* = sur.

977-79 Huit *p* en trois vers. Hasard, ce semble.

985 *se targuer*: se prévaloir (Ac.). Mot d'origine italienne qui signifie se couvrir d'une targe (bouclier).

986 Corneille fait sonner un grand amour de mère; La Fontaine, des mérites; Racine, la volonté du Roi; Bossuet, la Réformation (Lex.).

987 *on*, pour ne pas dire *je*; emploi excellent. — *pourrait*; au conditionnel: elle avoue et nie en même temps. Elle doit avoir passé la trentaine (cf. p. 109, le texte de Ménage).

988 C'est à dire: il n'y a pas de quoi s'en vanter.

990 Arsinoé a été touchée si durement qu'elle en arrive à se plaindre. — *votre âme*: désignation acceptable de l'organe.

V. TROISIÈME ET DERNIÈRE PASSE (991–1027)

(a) *Célimène récidive* (991–1000)

Musique analogue, moins marquée. Étudier les *s*, *t*, *d* (nombre et disposition).

991 S'il n'est question que d'Alceste, elle sait (v. 866); mais le conflit remonte plus haut, et elle nie, à tort ou à raison, l'avoir provoqué: elle ne fait que se défendre.

995ss Célimène retourne le fer dans la plaie: chaque mot porte; autant de coups de poignard.

997 Pourquoi *peut*? est-ce une bravade? sans y réussir, sans que je m'en soucie? Ou une cheville?

999 Ceci est un défi, et qui, pour finir, rappelle Arsinoé au sentiment de son manque de charmes. L'actrice se fait un visage ingrat et se donne un air de duègne.

(b) *Arsinoé fonce* (1001–1030)

Forcée dans son dernier retranchement, Arsinoé fait front et rend coup pour coup.

Son discours est très curieux. En dépit de sa violence interne, il se présente comme une dissertation pesante: trois parties de 8 vers chacune, subdivisée en deux groupes de 4 vers; les compartiments sont nets, les articulations crèvent l'œil ou l'oreille. Le style, lourd, engoncé, chargé de particules logiques, tout en méandres, contraste étonnamment avec la simplicité directe et souveraine de son adversaire. Il y a du pédantisme chez cette femme.

(i) Les vers 1101–1108 comprennent 5 *que*, un *dont*, un *à quel prix*, un *comme*.

---

988 *Cas* « signifie aussi Chose, comme *Ce n'est pas grand cas*, pour dire: Ce n'est pas grand chose » (Ac.).

pour s'en: pour qu'on s'en . . . (cf. v. 302). La phrase garde ainsi d'un bout à l'autre un sens général et elle est correcte; en réalité, *on* = je, *se* = vous vous.

990 *à*: on dit en général 'jusqu'à'; cf. Corneille, *Suite du Menteur*, 559–60, le seul exemple du Lexique. — *pousser*: « offenser, choquer, attaquer » (Ac.).

991 *Aussi*, dans une phrase négative, se disait pour 'non plus,' que Molière emploie également et qui est la forme moderne. Cf. Haase, 409.

992 'Déchaîner' se disait des chiens qu'on détache et qu'on lance sur . . . Pour Sorel, le mot ne doit se prendre qu'en mauvaise part: « c'est une figure prise d'une bête farouche déchaînée, ou plutôt d'une furie, car on a accoutumé de dire une furie déchaînée » (Lex.). Il se construisait plus souvent avec 'contre' (Bouhours 92 et Lex.).

994 *puis-je mais*: du latin 'magis', plus: puis-je faire plus au sujet de, suis-je responsable de. Vaugelas 142 dit que l'expression est ordinaire à la Cour, mais ne l'en relègue pas moins, ainsi que Ménage (1672), Callières (1693) et l'Académie (1694), au style familier ou bas.

'Rendre des soins': « voir avec assiduité, faire sa cour » (Ac.).

1001 *Hélas!* exclamation de pitié, de dédain affecté, qui masque la fureur. Elle fixe le ton.

1002 *la vaine*: cf. v. 995ss. Le venin est naturellement dans ce mot, et dans *ce nombre*.

1004 *à quel prix*: expression et insinuation insultantes. De même, *foule, honnête, vertus.* — Par contre, *engager,* d'après les nombreux exemples du Lexique, n'a pas en principe de sens péjoratif.

1006ss Abstraction faite de leur lourde construction, ces vers, pris un à un, sont vifs, nets, d'ailleurs tout proches de la conversation. Pour une fois, Arsinoé parle clair: elle incrimine les mœurs de Célimène.

(ii) 1010-1013: deux *qui*, en cascade; 1013 *et de*: formule d'inférence; *nous pouvons tirer des conséquences*: langage de docteur. Il y a 3 conséquences, 1014-1016, annoncées par 3 *que*; ce n'est pas une démonstration légère: Célimène devrait en être écrasée.

1010 *J'en vois*: elle-même.

1013 *nous*: nous autres femmes honnêtes.

1014 *acquiert avances*; 1016 *acheter*; (1004 *à quel prix*); cf. 815ss., Comm.

(iii) 1017 *donc*: elle conclut en forme. La suite tombe dans le galimatias, peut-être en raison de la tension du sentiment. En contraste, le v. 1022 est d'excellente prose familière.

1024 Vers parfait; Arsinoé termine sa tirade par une flèche bien lancée (l'accent est sur *veut*); Célimène n'a pas fait mieux plus haut. Et Arsinoé, à son tour, l'a morigénée et lui a administré une leçon.

VI. LE MOT DE LA FIN (1025-40)

1025 Nullement émue, avec une aisance parfaite, Célimène prend Arsinoé au mot: *ayez-en donc.* C'est un défi.

1026 *rare*: impertinence nette, comme 'efforcez-vous'; *plaire* est le degré minimum de l'amour.

1027 Arsinoé s'avoue vaincue (elle a retrouvé son calme) et quitte la partie.

1029 *déjà*, et le v. 1030, sauvent sa dignité.

1030 Défaite singulière; le carrosse n'a-t-il pas attendu à la porte? la visite ne pouvait pas être bien longue. Il n'en sera d'ailleurs plus question. La rencontre d'Arsinoé et d'Alceste était nécessaire, du moment que Molière admettait cette complication dans son intrigue.

---

998 *y*, à la chose, est le complément de faire.

1005 *roule*: va; emploi familier, que l'Académie ne donne pas.

1009 *par* suit le verbe réfléchi comme il suivrait le verbe passif. — *défaite*: excuse artificieuse (Ac.).

1017 On trouve 'enflé' d'une victoire, d'une nouvelle, de leurs ligues, de s'être vue, de son savoir (Lex.).

1018 *brillants*, « quelquefois substantif », se dit des diamants, des perles, des ouvrages de l'esprit (Ac.), d'une victoire, des yeux (*Tart.*, 127; *Fem. Sav.*, 864).

1020 *De* marque la cause. Je ne trouve rien sur cette construction.

1024 Qu'*amants* soit (Livet) ou non suivi d'une virgule, il faut mettre là un silence.

1025 *affaire* se dit de toutes sortes de choses (Ac.).

1027 *Brisons*: cf. 731.

1029 *le . . .*: qu'on prend en pareil cas.

1030 *encor* qualifie 'attendre'. — *Obliger* se construisait avec 'de' et 'à' (Ac.).

L

1031 Célimène revient à la correction d'une maîtresse de maison, — non sans larder encore Arsinoé de quelques épigrammes.

1034 La malice reparaît.

1035 *à propos*: pour qu'elle-même s'en aille et la laisse avec Alceste, qui entre en scène à ce moment précis; il n'a rien entendu de ce qui précède (cf. v. 1041ss). La scène est encadrée entre deux mentions d'Alceste (cf. 866.)

1039-40 *bonté, aisément*: impertinences suprêmes.

Cette scène puissante a un intérêt double.

Dramatique: elle constitue le « point tournant » de l'action (et par là elle est bien à sa place vers la fin du 3ᵉ acte), va renouveler la position réciproque d'Alceste et de Célimène, décidera en partie du dénouement.

Psychologique: elle éclaire à fond le caractère de Célimène. Elle, si prudente au second acte, si attentive à ménager les influences dont elle dispose, si réfractaire aux conseils et aux blâmes d'Alceste, elle perd ici toute modération et écrase son ennemie. Nous la savions impérieuse et obstinée (II, 1-3); nous n'allions pas jusqu'à lui connaître cette capacité de haine ni même, dans la bataille, cette maîtrise de soi, cette sûreté de coup de griffe, cette résolution implacable, ce brio. Elle paiera cher sa démesure; c'est par là que la Némésis l'atteindra; sa langue et sa plume la perdront.

Des reflets de Tartuffe apparaissent sans aucun doute chez Arsinoé; mais cela ne signifie pas que Molière ait voulu faire de cet épisode une sorte d'escarmouche dans la bataille. Épique à sa manière, la scène est aussi comique. La déconfiture de la prude met en joie le Français moyen; c'est tout plaisir pour lui qu'elle soit humiliée, fustigée, dans le duel qu'elle a cherché et qui n'a pas pour objet de venger le Ciel et la morale. Mais les prudes n'ont pas le monopole de ces manigances. Molière traite avant tout un thème dramatique: il exploite et pousse à bout, selon son habitude, l'opposition des caractères. Évidemment, Célimène prend à son jeu, comme à ses portraits, un plaisir d'artiste, et l'élégance souveraine de sa tactique transforme la scène en un spectacle d'art, où le rire, le sourire, ont leur juste place.

SCÈNE V

La vengeance d'Arsinoé commence, sur le champ, et dans le propre salon de sa rivale.

Pour être dûe au 'hasard', cette scène n'en est pas moins dans la logique de la situation: d'une façon ou de l'autre, Arsinoé ne va pas rester sur sa défaite. Le raccourci dont Molière s'est avisé lui permet d'agir sans tarder et devant le spectateur. — Alceste revient en toute hâte de chez les Maréchaux qui lui ont imposé des excuses; il est furieux, et Arsinoé ne va pas dire un mot qui ne le hérisse.

1031 Haase 149 donne 'arrêter' parmi les verbes devant lesquels s'omet le pronom réfléchi 'se'.

1033 *cérémonie*: « civilité et déférence que les particuliers se rendent les uns aux autres par honnêteté » (Ac.).

1036 *à* = pour.

1037 'un mot d'écrit, de réponse, d'excuse' (Ac.)

1039 *Soyez*: restez. L'Académie ne donne pas ce sens.

1042 *attendant* = en attendant. Ce tour paraît forcé.

1043 *pouvaient*: latinisme probable, pour 'auraient pu.'

I. LA TENTATION (1041–1098)

1° Arsinoé l'amadoue par la flatterie et le tente par l'ambition: deux moyens classiques de séduire un homme.

Trois groupes de 4 vers: c'est son rythme préféré.

(*a*) 1041–44 Bref exorde: deux vers qui 'enchaînent'; puis, en deux vers, à brûle-pourpoint, une 'déclaration'.

1041 *Vous voyez*: elle explique à Alceste la sortie de Célimène, se recommande de la 'volonté' de sa rivale et se réclame de ses 'soins'!

(*b*) 1045–48 La 'déclaration' se précise.

1045 Un énoncé de principe, comme d'habitude, puis son application à Alceste. — *En vérité*: terme solennel, comme un serment. — *sublime*: et Alceste qui n'aime pas les compliments! Cette outrance dénote un manque de finesse . . . prodigieux.

(*c*) La tentation commence (1049–52)

On ne comprend pas que pendant 50 vers et malgré quatre rebuffades, Arsinoé s'acharne à vouloir pousser Alceste à la Cour. Même manque de finesse; mais quels arguments invoquer?

1048 *mon cœur*, l'offre est nette, et le mot n'est pas une cheville.

1050ss Vers de peu de tact.

1053ss La première des quatre rebuffades d'Alceste. Elles commencent toutes par une exclamation que suit une cascade de questions où paraît son humeur.

2° Suit une longue discussion (1057–1098) dans laquelle Arsinoé combat les objections d'Alceste, allègue son mérite et termine en lui offrant formellement son appui.

1061 Alceste lui coupe la parole; elle l'agace. Un hérisson: de quelque côté qu'on le touche, on se pique.

1073–74 Vers excellents: le second est resté proverbial.

1047 Selon Ménage (1672), les charmes se distinguent des appas en ce qu'ils désignent toujours des « beautés qui agissent par une vertu secrète et magique » (in Cayrou). Cf. *Phèdre*, 1231. — On dit encore 'jeter un sort, un charme.'

1053 'Prétendre à,' la construction actuelle, est la seule que donne l'Académie (le mot manque à la liste de Haase, 369ss). On dit d'ailleurs 'avoir des prétentions sur'.

1056 *me plaindre que*: après les verbes affectifs cette construction est alors fréquente (Haase, 191); nous disons 'de ce que'. — *à la Cour*: complément de 'fait', semble-t-il.

1057–58 Mêmes rimes qu'aux v. 1049–50.

1058 *ces*: emphatique (latinisme).

1061 *laissons*: nous ajouterions 'là'; cf. v. 731.

1074 Il s'agit sans doute de la Gazette de Robinet; celle de Loret s'est arrêtée le 26 mars 1665.

1075 *vous montrer mieux*: vous mettre en plus beau jour, ou 'vous' est-il un pronom réfléchi?

1077 *mines*: le mot est au singulier dans les 17 exemples, dont 7 de Molière, qu'en donne de Lexique. On disait (Ac.) et nous disons 'faire mine de.'

1078 *machines*: adresses, artifices pour avancer le succès d'une affaire (Furet.). Racine emploie aussi 'remuer'.

1081 Alceste ne remercie même pas Arsinoé. — Pourquoi cette longue diatribe contre la Cour? Rancune secrète contre Oronte et les Maréchaux (v. 1094ss)? C'est un homme humilié qui parle là.

1090 Joli vers, plus léger, plus détaché que les autres.

1095–98 Si Molière n'a pas voulu ces quatre rimes, il les a maintenues. En vue de quel effet? Cf. v. 1143–46.

1096 Allusion évidente à Oronte; mais le vers 1097?

II. LA VENGEANCE D'ARSINOÉ (1099–1132)

Arsinoé abandonne son offre. Sans transition ni préparation, elle essaie de la jalousie après l'ambition: les deux grands ressorts. Elle essaie de ruiner Célimène dans son esprit.

1100 *il faut*: elle en a besoin, la bonne âme! — *vous plaigne*, **1109** *afflige*: c'est la sympathie qu'on affiche dans les révélations de ce genre pour les faire passer.

1105–06 Alceste montre ici sa droiture. — Il est mal renseigné: Arsinoé a donc bien caché son jeu. Célimène, plus fine, n'en a pas été dupe.

1107 *ma conscience*: le bout de l'oreille reparaît. Et la fausseté: elle feint de ne penser qu'à Alceste.

1110 *avis*: on dirait que c'est sa mission sur terre d'en donner (v. 875 etc).

1113 (cf. 390) *toute mon amie*: ces mots donnent plus d'autorité à son jugement; *nomme* est plus haut, plus sonore, que 'dis' ou 'déclare'; et il fallait rimer.

1116 Vers pénétrant, d'une humilité rare chez Alceste.

1117 *charité*: la troisième des vertus théologales; Alceste veut dire qu'elle en manque.

1120 *il faut . . .*: c'est un peu tard, quand tout est dit.

1121–24 Par une curiosité naturelle, mais funeste, Alceste provoque lui-même son malheur. Il y a ici une touche de tragédie.

1129–30 L'antithèse est si naturelle qu'on la trouve chez Malherbe (*Larmes de Saint Pierre*, strophe I), à peu près dans *Cinna*, 1147, et sans doute ailleurs.

1131–32 Quel est au bout du compte le sentiment exact d'Arsinoé? Aime-t-elle Alceste, ou ne chasse-t-elle que le mari? — **1132** Vers bien cru pour une prude.

Cette scène forme la péripétie; elle crée une incertitude. Que va-t-il advenir des trois personnages?

1079 *en main*: « mener cheval en main, avoir quelqu'un en main pour quelque affaire » (Ac.). Le sens n'est pas péjoratif.

1081 *y*, **1082** *en*: se rapportent à 'cour' (1076).

1085 *vertus*: ironique.

1091–92 L'Académie déclare archaïque l'emploi du pronom déterminatif pour l'article (Haase, 53).

1093 Haase 409 cite ce vers. — *perdant*: cf. v. 302.

1096 *Messieurs Tels* est le seul pluriel possible de Monsieur un tel. Je n'en trouve pas d'autre exemple. Le P. Garasse emploie 'Monsieur Tel.'

1098 *cervelle*: « partie molle du cerveau . . ., petite cervelle . . ., manque de cervelle » (Ac.). C'est le sens ici.

1099 *laissons*: cf. 1061. — *chapitre*: matière, sujet . . . propos sur lequel on est; le chapitre des gens d'affaires (Ac.). — *de cour*: cf. v. 651.

1107 *en effet*: réellement (Ac.).

ACTE IV

SCÈNE PREMIÈRE

Nous avons aperçu Éliante: nous n'allons vraiment la connaître que dans cette scène.

I. ALCESTE DEVANT LES MARÉCHAUX

1141ss Alceste se montre généreux pour Oronte, qui n'agit ni n'agira en 'galant homme'. Mais les vers 1149-50 nous avertissent de ne pas prendre ses paroles au pied de la lettre. Ce récit a une allure dialectique et oratoire dont il faut tenir compte.

1143 *pris de travers*: non; mais Alceste va s'expliquer.

1144ss Boileau est-il ici l'original d'Alceste? Cf. 769.

1159 'Pour l'amour de, je suis fâché, de bon cœur' permettent l'embrassade. On verra le compte que les deux hommes tiennent de ce replâtrage.

1160 Alceste ne retire pas son premier jugement. Il se tire d'affaire par un distinguo d'ailleurs raisonnable et inévitable. Oronte et lui se partagent, inégalement, les honneurs de la guerre.

II. ALCESTE VU PAR ÉLIANTE (1163–1202)

(a) Alceste le misanthrope (1163–68)

Nous pourrions bien avoir ici le jugement de Molière sur Alceste (cf. Introduction, p. xvi).

1117 *se serait*: aurait bien pu, dû se passer. Latinisme.

1120 *il faut*: il n'y a qu'à.

1121 Le second hémistiche est du remplissage.

1125 *c'est assez dit*: il n'y a plus rien à dire.

1127 *faire foi*: convaincre, assurer (Ac.).

1128 *donner* (prêter) *la main*: aider une dame à marcher, ou à monter en carosse (Bouhours, *Rem. Nouv.*, 1693; in Cayrou). Les gravures du temps nous ont rendu ce geste familier.

1131 Style ultra-précieux.

1138 On les appelait 'Messieurs les Maréchaux'. — *prudence*: au sens latin: sagesse.

1142 *gloire*: « honneur, estime, réputation » (Ac.).

1144 Nous disons 'les vers'.

1146 *en*: nous disons 'de'.

1149 *train*: de vie, de maison: valets, chevaux . . ., particulièrement gens de livrée (Ac.). Le mot s'employait absolument.

1151 *je suis* . . .: « formule de dénégation » (Ac.).

1152 *en*, renvoyant à *ses*, n'est pas très correct.

1154 *que*: cf. v. 654. — *Sur, à, sous* s'employaient. Nous disons 'sous'.

1155 'Tout' s'omettait devant un second et même un troisième substantif coordonné, même s'ils étaient de genre différent (Haase, 369–70). Vaugelas 559 en exige la répétition, surtout si les substantifs ne sont pas du même genre.

1165 Le verbe *se piquer* (se glorifier; Ac.) a souvent pour complément un mot abstrait (cf. Lexique, 3 pages d'exemples). Vaugelas (*Nouv. Rem.*, 1690) et Sorel (1671) s'en moquent et le condamnent. Une femme à qui on disait qu'elle passait pour se piquer de faire des vers répondit qu'elle ne se piquait que de son aiguille (Lex.).

1167 *siècle d'aujourd'hui*: expression étrange.

(b) Alceste l'amoureux (1169–1202).

Il se peut que lui aussi, Philinte, exprime la pensée de Molière (cf. Introduction, p. x).

1172 *il s'avise*: non; il a été pris.

1175 Nous retrouvons la placide Éliante et ses moralités. — Même idée dans *Rodogune*, 359 et *La Suite du Menteur*, 1221.

1179 Question très importante: cf. v. 1784, Comm. La réponse d'Éliante, toute fine et délicate qu'elle est, appelle des réserves.

1190 Philinte semble bien ici sonder les sentiments d'Éliante avec une arrière-pensée. Il est d'ailleurs sincère (cf. v. 205ss, 243ss, 1205–06).

III. LE CŒUR D'ÉLIANTE (1191–1212)

Éliante, sans hésitation et en toute simplicité, mais avec mesure, expose l'état de son cœur; on dirait qu'elle a pensé à la question. La confession est délicate pour une jeune fille (v. 1191); de là vient peut-être l'embarras de son langage, à moins que sur un cas sentimental assez subtil et du domaine de Marivaux plutôt que de Molière, elle ne se plie d'instinct aux contournements de la préciosité. En somme, elle ferait, le cas échéant, un mariage de raison et d'estime, dont le goût ne serait pas exclu. — La situation était délicate: Molière ne pouvait pas créer de rivalité entre Philinte et Alceste; il a résolu son problème au prix de l'abnégation quelque peu exceptionnelle de Philinte.

1168 Ce vers, pour un moderne, se scanderait en 8 + 4.

1171 *De* marque la cause et la manière; on dit 'être d'humeur à'. — *dont*: « Dieu a formé l'homme *du* limon de la terre » (Ac.). Voir Haase, 79 B.

1174 'Où' se rapportait correctement à une personne (Haase, 81.)

1177 *ces*: encloses dans le rapport des humeurs.

1181–82 Rimes fautives pour l'œil.

1184 'Que' ne dépend pas de 'parfois'. Il s'emploie quelquefois seul à la place d'afin que, sans que, lorsque, de peur que, à moins que (Ac.); ici, alors que. Cp. *L'Avare*, III, I: « Comment voudriez-vous qu'ils traînassent un carrosse, qu'ils ne peuvent pas se traîner eux-mêmes. »

1185 *cette*: tour familier.

1186 On ne construit un adverbe de quantité avec l'article défini que quand il y a inversion (Haase, 328; le vers y est cité). — *s'imagine*: nous dirions 'ne (ou 'ne se') l'imagine'.

1187 *dire vérité*: cf. *Le Menteur* 1079, *Éc. des Fem.* 814; *Tart.* 1340. L'Académie note 'contenir vérité'.

1188 Nous dirions 'd'un tout autre'.

1191 *en*: à propos de cela.

1193 *tendresse*: pour Célimène; le mot « se prend quelquefois pour la passion même de l'amour » (Ac.).

1194 *pour*: l'Académie ne note que 'dans', dont Molière fait aussi usage, et 'à'. Mais le Lexique cite 8 exemples de 'pour', dont 4 de Molière, 2 de Corneille, les autres de Racine (*Andr.*, 1404) et de Bossuet. Nous dirions 's'y'.

1195 *si c'est que*: s'il ne tenait qu'à moi de. Ni l'Académie ni le Lexique ne donnent ce tour. Cf. Haase, 199, Rem.

1199 *on*: Célimène. — *couronner . . .*: style précieux.

1201 *le refus souffert*: cf. v. 469.

1200 *me résoudre*: mot très important pour Philinte, qui va pouvoir se proposer, sous condition, et pour Éliante, dont il aide à comprendre le revirement (v. 1259ss).

1202 Une femme peut répugner à épouser un homme dédaigné par une autre. Le sentiment d'Éliante prouve l'équilibre et l'indépendance de son jugement.

1208–12 Galimatias précieux.

Cette fin de scène, donne, sans fracas, un beau spectacle de raison et d'amitié. — Appartenait-elle au plan primitif de la pièce ou est-elle une addition tardive? — Elle a pour objet de préparer la scène suivante et le mariage final.

SCÈNE II

Alceste, bien entendu, paraît aussitôt, avec sa demande en mariage; c'est du théâtre 'bien fait'. Il enlèverait donc à Philinte, sans l'ombre d'un scrupule la femme qu'il aime? Mais il est bouleversé et ne se souvient peut-être pas des v. 243–44, dont la discrétion contraste si fort avec le v. 1209. Et puis nous savons bien que tout cela n'est pas réel; Molière exploite une situation dramatique.

Molière a utilisé dans cette scène et dans la suivante des vers de son *Don Garcie de Navarre*, comédie héroïque jouée sans succès en 1661 et publiée seulement en 1682. Don Garcie est une sorte de monomane; Alceste n'en est pas à ce degré d'aberration. Molière met au point son langage. Par ce qu'il garde, retouche ou rejette, on peut mesurer le progrès de son goût et de son talent depuis cinq ans.[1]

La comédie héroïque et la comédie pure et simple ne sont pas sur le même plan. Jusqu'à quel point la scène du *Misanthrope* est-elle comique, et en quoi? Un homme détrompé qui vient, dans la première chaleur de son indignation, s'offrir en mariage à une autre femme, et qui lui en dit naïvement la raison, prête à rire, surtout dans la tradition gauloise, et ses imprécations y aident. Un pareil manquement aux usages et convenances toucherait à l'indélicatesse ou à la bouffonnerie, s'il ne provenait d'une douleur sincère; mais cette douleur ne masque ni n'excuse l'impulsivité de l'homme. Le comique sera donc mêlé: ici, franc; là, frôlant le tragique; et plus que jamais relatif à la disposition du spectateur. Mais n'oublions pas que l'infidélité de la femme, à tous les degrés et sous toutes ses formes, était alors, et de temps immémorial, le thème préféré de la farce.

[1] Voir à l'Appendice.

1202 *y*: à recevoir ...

1204 Des bontés qu'ont des appas! Et cela dit à la femme elle-même!

1207 *eux deux*. Le Lexique ne cite que ce vers et une phrase de Montaigne. L'Académie ne donne que 'tous deux', qui est la forme moderne.

1211 'heureux' se rapporte à 'je', compris dans 'les miens'. — *y*: à la faveur.

1217 En général, c'est l'offenseur qui fait, rend raison.

1218 *constance* (amoureuse; cf. 1250), non fermeté.

1219 *puisse*: subjonctif d'indétermination.

1221 *déchaînement*: cf. 992.

1222 *aventure*: accident heureux ou malheureux (Ac.).

1224 Qui se rappelle, sinon l'esprit? Désignation de l'organe pour la personne.

1° *La trahison de Célimène* (1217–1230)

Noter: 1217, la brusquerie de l'entrée en matière et son caractère énigmatique; 1220, l'énormité du langage d'Alceste, comme si cet accident était rare et n'était point prévu dans sa philosophie: toujours l'être d'instinct et d'orgueil, un enfant de quinze ans à sa première déception; 1227ss, ses balbutiements: il suffoque. Tout cela est comique, et fait pour le comique.

1220–30 Ces vers, des exclamations de tragédie, sont empruntés à *Don Garcie*, soit textuellement, soit pour l'idée. Ils sont, bien entendu, une parodie.

1230 Enfin, nous y voilà. Le morceau est joliment filé.

2° *Discussion de l'affaire* (1231–45)

1231ss Comparer la question de fait, simple, directe, irréprochable, d'Éliante avec les propos désobligeants de Philinte. En voulant concilier, il irrite et enflamme. Les réactions d'Alceste (1234, 1243) sont justes.

1238 Noter la concentration du second hémistiche.

1236 Excellent vers, spirituel.

1239 Admirable aveuglement! Oronte est son seul rival sérieux. — Le billet de Célimène devait être du même genre que ceux de la scène finale. Les sc. V, 2 et 4 en prouvent la banalité.

1245 Ce vers offre à Alceste l'occasion de faire sa demande; il la saisit au vol; sa fureur est épuisée.

3° *Alceste s'offre à Éliante* (1246–76)

1245 Alceste coupe la parole à Éliante. — Il la connaît depuis longtemps, fait d'elle un cas extrême, n'a vu qu'en elle de la sincérité (1786); mais l'estime ne conduit pas une âme orageuse à l'amour (v. 248).

1246ss Vers peu délicats et peu adroits. Il offre à Éliante un rôle flatteur! C'est comique, tant c'est énorme.

1249, 1251 *Vengez-moi*: trait d'un égoïsme ingénu, et qu'Éliante relèvera (1252). — *parente*: il a l'inconscience de le lui rappeler! — Il fallait fournir à Éliante des raisons pour changer d'idée (cf. 1197ss); Alceste se charge de les lui fournir, et en abondance.

1251 *qui doit*: hommage juste, mais trop visiblement intéressé. — 'Horreur' est un mot bien gros.

1252 *Moi*: exclamation de surprise qui fait mal augurer de la réponse. — *Comment?* N'imagine-t-elle pas ce que lui veut Alceste?

1254–55 *prendre vengeance, punir*: Alceste récidive.

1227 *Qui*: au neutre. Cf. 828.

1238 *Produire*: « exposer à la vue » etc. (Ac.).

1238 *Disgrâce* « signifie aussi infortune, malheur » (Ac.).

1244 *votre intérêt*: ce qui vous regarde, vos affaires. Sens fréquent. Cf. *Andr.*, 276.

1248 'Pouvoir' marque l'effort, ou cheville.

1248 'Cuisant' est un mot familier.

1251 *trait*: « bon ou mauvais office » (Ac.).

1254 Nous disons 'tirer vengeance', que l'Académie donne également.

1257 *Service*: attachement qu'un homme a auprès d'une dame, dont il tâche d'acquérir les bonnes grâces (Furet.); de même l'Académie. Bon exemple de style précieux.

1264, 1271 'Faire dessein' et 'faire un dessein' sont donnés par l'Académie.

1255-58: Ce défilé de substantifs (5) flanqués d'autant d'adjectifs trahit-il chez Alceste une certaine conscience de sa bévue? Ce n'est pas probable. Il parlerait alors comme un gaffeur qui essaie de réparer sa gaffe, et qui l'aggrave.

1259 *Je compatis*: nous sommes fixés: c'est un refus, mais qui s'enveloppera de sympathie, de grâce, de raison et de tact (souffrez, je ne méprise point).

1263-68 Petite dissertation morale comme Éliante les aime. Autre preuve de tact: généraliser, c'est désenvenimer. Le v. 1266 est exquis.

1269 Encore des *non*! trois d'un coup! Et ses protestations de rupture vont aboutir à quoi? A une volte-face.

1270 *je romps*: au présent; c'est chose faite.

1272 *je me punirais*: cf. v. 1255. Quel justicier!

1275-76 Il n'a pas compris qu'Éliante refuse.

SCÈNE III

Cette grande, admirable scène, peut-être la plus belle, en tout cas la plus émouvante de la pièce, est bâtie sur une donnée de farce (cf. Introd., xxviii). La question du comique s'y pose impérieusement.

I. LES TRANSPORTS D'ALCESTE (1277-1314)

(a) *Imprécations d'Alceste*

1277ss La vue de Célimène déchaîne la fureur d'Alceste. C'est ici (1279-1280) qu'il faut imaginer la physionomie parlante de Molière, son jeu outré, ses roulements d'yeux et ses grimaces (cf. Lexique, à Grimace).

1278 Célimène, alertée par le v. 1277, fait front immédiatement, sur un ton d'étonnement amusé (cf. 1285). — *Ouais*!: « Interjection ... de surprise » (Ac.). Elle semble dite en aparté, et convient mieux à Harpagon (*Av.* IV, 2) qu'à Célimène; elle est plus bourgeoise qu'aristocratique.

1281-84 Imprécations de tragédie (cf. *Horace*, 1301-1318), donc parodie. Le v. 1284 est d'ailleurs de comédie pure.

1285 Célimène continue son jeu.

(b) *Alceste accuse (1286-1320)*

On notera comme il reste dans le vague, sauf le mot 'trahison' (v. 1288). Son réquisitoire est nuancé, raisonnable et juste; c'est une pièce de logique, qui procède par paragraphes dont les articulations sont nettes, trop nettes peut-être (1289: voilà; 1295: mais; 1301: aussi; 1305: mais); le tout emporté par une ardeur interne d'élan presque torrentiel qui aboutit aux menaces burlesques de la fin (1308-14).

1268 *d'un amant*: cf. 27, 185; = d'amant.

1270 *retour*: changement, vicissitude des affaires ... Un homme avec qui il n'y a pas de retour (Ac.). Nous disons encore 'sans retour'.

1273 L'Académie ne donne qu' *à l'approche de*. Cf. Racine, *Thébaïde* (IV, 2). Manière de dire abandonnée en ce sens.

1287 *raison*: sujet (Ac.).

1288 *Témoins* « se dit quelquefois de choses inanimées, épées sanglantes, plaies, etc. » (Furet.). Alceste n'en a qu'un; mais la passion exagère, et il fallait faire le vers.

1291 *on*: vous.

1292 Vers d'une concision remarquable. Le soupçon fait chercher la preuve, donc le malheur; le hasard le fait 'rencontrer'. — *mes yeux*: ici la désignation de l'organe s'admet.

1294 L'astre qui présidait à la naissance et selon lequel se tirait l'horoscope de chacun. Cette superstition, si Alceste y croit, convient à un homme tout passion.

1295 Menace; suivie (1297) d'une concession; suivie (1301) d'une distinction: le tout parfaitement logique, et juste. Que reste-t-il contre Célimène? Sa trahison gratuite. — Elle réenflamme (1307) la fureur d'Alceste, il fait mine de battre Célimène! Ceci est nettement une situation de farce. La force logique, entraînant son homme, se change en force brutale, mais c'est celle-ci qui, par dessous, a nourri l'autre. — Toute cette tirade est, de sentiment et de style, un compromis entre la fureur élémentaire d'Alceste, qui pousse au comique, et les convenances de la haute comédie.

1295 *présumer*: « juger par induction » (Ac.). Terme de logique.

1311 « Percé jusques au fond du cœur D'une atteinte imprévue aussi bien que mortelle » (*Le Cid*, 291).

1315 Nullement troublée, Célimène, comme au v. 1278, coule la question de fond dans la question de forme. Mais elle le prend de plus haut. Sa brièveté sèche contraste avec la verbosité d'Alceste, qui recommence à se plaindre mais en moins de mots.

II. LA DISCUSSION SE PRÉCISE (1321–38)

1° 1321 En voilà assez de ce débat stérile. Célimène se décide à poser, sans ambages, en un vers, la question de fait: *quelle* trahison? Elle doit bien se douter de quoi il s'agit: mais elle veut savoir. Appellerait-elle 'trahisons' ses coquetteries? Sont-ce des trahisons? Oui, au point de vue de l'Amour. Mais aime-t-elle?

1324 Alceste tombe dans le panneau; comment l'éviter? Il tire le billet de sa poche, le montre à Célimène — sans nommer, ici ni plus loin, son informatrice (Célimène ne la devine-t-elle pas?); c'est jouer le jeu correctement.

1326 Le billet n'est pas signé (1331). Célimène a reconnu son écriture: elle ne le reniera pas. — Elle n'a pas dû le lire (voir pourtant v. 1334), sans quoi elle saurait à qui elle l'a écrit, à moins qu'elle ne joue l'ignorance (?), ou qu'elle n'ait écrit tant de billets qu'elle s'y perd. Il lui faut amener Alceste à dire le nom.

1296 *dépit*: « fâcherie, chagrin mêlé de colère. Crever de dépit » (Ac.). Le mot a perdu de sa force.

1297 *puissance*: nous disons 'pouvoir'.

1299 *entrer dans un cœur*, comme dans une place forte. Expression précieuse.

1302 Désignation caractéristique de l'organe.

1311 *dont*: par lequel; marque la manière.

1317 *votre vue*: façon de parler vieillie, bien qu'on dise encore 'à sa vue'.

1320 *enchanter*: charmer, ensorceler, par magie (Furet.).

1322 'Double' est l'adjectif de 'duplicité'.

1323 *mettre à bout*: réduire un homme à ne pouvoir plus que faire, que dire (Ac.).

1324 Nous dirions: reconnaissez. L'Académie ne donne pas ce sens — non plus que celui d'écriture pour 'traits'; mais ici elle le suggère, et le Lexique en donne quelques exemples.

1325 *découvert*: produit au jour? que je vous découvre?

Pour cela, elle répond évasivement, sur un ton de légèreté affectée (1327), puis se raidit, interroge sèchement (1329, 1332), revient à son ton cavalier, accuse Alceste de folie, en riant (1335); poussé à bout, il lâche le nom qu'elle voulait savoir: Oronte.

Tout cela est conduit de main de maître. Alceste entendait la soumettre à un interrogatoire, c'est elle qui le mène par le nez.

1335 'Sans mentir' est délicieux d'impudence.

2° *Célimène montre les griffes* (1339-70)

(a) 1339 *Oronte!* Elle se jette sur ce nom, a l'air de fondre sur Alceste comme un oiseau de proie. — A-t-elle peur d'Oronte et de son influence?

1340 *les gens*: il continue à ne pas les nommer et il met Arsinoé au pluriel pour mieux dérouter les soupçons. A-t-elle exigé le secret?

1341 'Je veux': concession, terme de logique, qui signifie qu'il n'en croit rien.

(b) 1344 *Une femme!* Célimène paie d'audace. On dirait qu'elle prend Alceste pour un benêt, prêt à tout gober, ou se croit capable de le mater, quoi qu'il arrive. Mais Molière sacrifie au comique la vraisemblance psychologique; car Célimène est fine, et son énorme suggestion ne l'est pas. — Livet (Éd., 156) renvoie à Quinault, *La comédie sans comédie* (1654), où une soubrette joue le même tour à son maître. Et il signale un contact, mais bien banal: « Ce succès me ravit. — Il n'est pas temps de rire » (III, 4; cf. *Mis.*, 1286). Quinault est-il la source? Il était célèbre et Molière l'avait sans doute lu. Mais ce tour, qui est dans la pure tradition gauloise, a dû servir bien avant lui. — En tout cas, la situation est franchement comique. Chose curieuse, on rit de l'impudence de Célimène comme d'un tour bien joué, on l'admire presque aux dépens du pauvre Alceste qui en est la victime, et qui a raison. Il est le faible, celui qu'on roule, et le rire joue toujours contre ces personnages là. C'est pourquoi certains le trouvent immoral. Mais il n'est possible que parce qu'on prend tout cela pour un jeu.

1346ss Alceste n'avale pas la bourde. Il a repris son sang-froid, sa lucidité. Sa réponse est irréfutable. Tout va bien quand il ironise. Mais en injuriant (1349ss) il se perd; il fournit à Célimène l'échappatoire désirée. Célimène se fâche et se refuse à toute explication; c'est la tactique classique en pareil cas.

1329 On dit toujours 'par la raison que'; mais on emploie plus souvent 'pour' (Haase, 379).

1331 *seing*: signature. Un blanc-seing est une feuille laissée en blanc, mais signée.

1334, 1343 *vers*: Vaugelas 373-74 réserve 'vers' (versus) pour les lieux et 'envers' (erga) pour les personnes. Même après lui, en vers, la scansion décide (cf. 1386, 1742). Mais aujourd'hui sa règle a prévalu.

style: « manière de composer, d'écrire, d'agir, de parler » (Ac.). Mais Célimène a-t-elle lu le billet?

1341 *consentir que*: pour 'à ce que', Cf. v. 425.

1342, 1343 *en*: pour cela. — *en effet*: en fait.

1344 Nous disons, moins bien: à une femme que.

1347 *trait*: « se dit aussi des actions qui ont quelque chose de singulier: un trait de perfidie » (Ac.).

1351 *biais*: travers (Ac.), moyen détourné. Prendre de biais, c'est ne pas prendre de front; biaiser, c'est ruser.

1352 En tourner le sens pour les appliquer à une femme.

1356 Célimène lui coupe la parole — à juste titre, ici — d'un ton sec et hautain. Noter le *moi* final.

1359 Sans s'emporter! le conseil ne lui va pas mal.

1361 Noter la différence de ton entre les *non* apaisants d'Alceste (1359) et le *non* de Célimène. Et noter (1363) que dans l'insistance d'Alceste il entre maintenant de la prière, peut-être de l'anxiété. La défaite s'annonce.

1365ss En quinze vers la situation s'est retournée. Tout cela est comique, et pitoyable: le dégonflement soudain d'une grande colère, l'aplatissement d'une énergie grondeuse, dès que la femme montre les dents. Cette Célimène est forte. Et elle a vingt ans!

III. 1371–1390

1° *Alceste capitule*

1371–80 Ces vers paraissent être un aparté. — Le v. 1374 donne le schéma de la scène comique qui précède.

1371 Il s'avoue vaincu et supplie Célimène de lui permettre au moins d'être dupe . . . s'il le peut.

1386 *affecter*: il croit donc plus ou moins à un jeu de sa part?

1387 Mais comment? A moins de le dire écrit pour une femme ou de le nier?

1390 Vers poignant, presque sublime, d'amour imploré, subi — sans illusion. Cf. Introd., p. xxxiv.

Ces derniers vers sont de ceux qui ont fait croire que Molière a mis sa propre histoire sur la scène. Ils démontrent plus sûrement sa large humanité et son sens profond des choses du cœur. Il se peut, dans l'abstrait, que le thème prête à un traitement comique; mais le pathétique de la faiblesse humaine s'y exprime avec tant de clairvoyance et en termes si pénétrants que nous sommes vaincus par l'émotion. Nous avons là, ce me semble, l'un des sommets de l'œuvre de Molière.

1355 *un*: que vous auriez pu commettre? Emploi bizarre. — L'Académie donne 'manque' (défaut, besoin) et 'manquement' (faute d'omission). 'Manque' a prévalu.

1356 *moi*: mot grammaticalement en l'air et qui sonne ainsi plus sec; tour de conversation. Cf. *Tartuffe*, 575.

1359 *sans s'emporter*: l'un ni l'autre. Façon de parler proverbiale? — L'Académie donne à 'prendre' une foule de compléments; 'souci' n'en est pas.

1376 'Faire gloire' est donné par l'Académie. Nous disons encore 'se faire gloire'.

1377–78 Figure hardie. — Les deux constructions 'ne' et 'ne . . . pas' étaient admises (Haase, 261). Selon Vaugelas 408, il est « incomparablement plus élégant » d'omettre 'pas' et 'point' avec 'pouvoir'.

1379 *généreux*: magnanime, de nature noble (Ac.). C'est l'un des mots du siècle dans sa première moitié. Cf. Lanson, *Le Héros cornélien et le Généreux selon Descartes*, Rev. d'hist. lit., 1894 et *Hommes et Livres*, 1895.

1381 *ici*: en ce moment, dans ce cas. Le mot reviendra souvent dans la suite, et plus d'une fois pour faire le vers.

1383 *pour vous*: dans votre intérêt.

1387 *rendre innocent*: « rendre ne s'accorde pas avec les participes, ni avec toutes sortes d'adjectifs »; construction peu goûtée des délicats (Bouhours, 139). Molière en use largement.

2° (1391-1435) Célimène condescend à se justifier... en morigénant Alceste.

Sa sécheresse foncière ressort de ce couplet. Pas un mot venu du cœur (l'alerte a été chaude); un plaidoyer, une dissertation en forme, pour *prouver* qu'elle ne *peut* pas être coupable du « crime » dont Alceste l'accuse. — Le plaidoyer se divise comme d'habitude en paragraphes.

(*a*) Exorde.—1392 *l'amour*: par ce seul petit mot, bien exagéré — une goutte de baume sur la blessure, une sorte d'aumône — elle le reprend, tout en le grondant comme un enfant.

1393 *Je voudrais bien savoir*: formule argumentative, preuve négative.

1394 *feindre*: il est vrai qu'elle ne feint guère. Relever dans ce couplet les mots par lesquels Célimène assure sa dignité.

1395-96 Son cœur ne penche d'aucun côté, parce qu'elle n'en a pas. Elle n'est fidèle qu'à elle-même.

(*b*) 1397 *Quoi*!: exclamation, mouvement oratoire; le plaidoyer s'échauffe, les questions se pressent. — Noter l'élégance étudiée des vers qui suivent.

1399 Pesée difficile pour un homme jaloux.

(*c*) 1401, 1403 *Et puisque, puisque*: tours logiques; ils posent la prémisse du raisonnement. — *notre* (à nous autres femmes) généralise l'argument.

1405-08 Application de ces prémisses à l'amant: sorte d'induction. Le raisonnement est en règle. C'est tout un cours de morale amoureuse qui résume le code précieux. — Remarquer de plus la symétrie de l'argumentation: 4 (2 + 2) vers pour les prémisses, 4 (2 + 2) pour les applications.

(*d*) 1409 Conclusion. *Allez*: Célimène termine comme elle a commencé. Et elle est si convaincue de la justesse de son raisonnement (cf. impunément, coupable, etc.) que la colère la reprend et qu'elle enveloppe ce qui lui est revenu de 'bonté' dans un reproche et une menace sous condition.

1411 *simplicité*: mot admirable. — De même, en fin de tirade, *légitime*. Pauvre Alceste!

Tout n'est pas mensonge dans cette démonstration. Célimène n'y croit pas, quant aux faits; mais elle y croit, en tant que théorie mondaine. Intérêts personnels à part, on dirait la discussion d'un cas de jalousie dans un salon précieux.

1388 Mauvaise physiologie. Cette tirade est assez fortement marquée de préciosité. — *prêter, donner les mains*: consentir, céder, croire.

1393 *qui*: ce qui. Emploi courant. Cf. Haase, 93.

1394 *bassesses*: au pluriel, pour la scansion. D'ailleurs, la bassesse se monnaie en bassesses.

1397 *assurance*: au sens actif: action d'assurer. L'Académie ne donne que le sens passif: certitude.

1399 *garant*: « caution qui répond du fait d'autrui ou du sien » (Ac.). 'Garantie' avait un sens technique (ibid.).

1407 'S'assurer': croire, être persuadé (Ac.). Le verbe se construisait avec *à, de, en, sur* (Lex.).

1408 *Pas* ou *point* accompagnaient souvent 'ne...que' (Haase, 268-9; notre vers y est cité). Sur *point*, cf. v. 5.

1410 *considérer*: « estimer, faire cas » (Ac.).

1411 L'Académie donne 'vouloir du mal' (art. vouloir) et 'vouloir mal' (art. mal). Nous disons encore 'vouloir mal de mort à'.

simplicité: « naïveté..., aussi niaiserie... » (Ac.).

1412-13 *bonté, estime*: synonymes précieux d'amour.

IV. 1415–1435

Alceste y voit clair, mais se soumet

1415 *Traîtresse*: exclamation de comédie qui souvent n'a pas grand sens; ici, elle mêle le reproche et la tendresse.

1416 *sans doute*: sûrement. — *si doux*: (cf. 1392, 1410–11–12). Pauvre Alceste! il se contente de peu.

1417 (cf. 1384) Le sentiment de la fatalité est toujours lié à la faiblesse de la volonté, tout le roman sentimental le prouve. Il y aurait donc du préromantisme chez Alceste?

1418 *foi*: loyauté, plutôt qu'amour. Alceste essaie d'y lier Célimène par un abandon total: sentiment illusoire, mais émouvant. — *âme*: le mot, ici, est bien employé.

1419–20 Alceste se donne une excuse: il veut faire une expérience psychologique!

1421 Vers charmant de facilité et de grâce.

1425 Cette explosion d'amour, si naïve, si romanesque, à la fois si amusante et si touchante, soulève la question de l'âge d'Alceste; elle semble d'un homme très jeune et dont c'est le premier amour (cf. v. 1220). Elle est comique aussi, mais sympathiquement, par sa disconvenance totale avec e caractère de Célimène, qu'il est douteux que l'éclatant sacrifice d'un cœur eût jamais satisfaite à lui seul; mais le mot « tout » du v. 1432 sous-entend des avantages substantiels. — Cette sensibilité de roman s'accorde assez bien avec la philosophie générale d'Alceste.

1435 Ce vers et l'entrée de Du Bois détendent immédiatement l'atmosphère.

SCÈNE IV

Cette scène semble assez gratuite. La précédente n'est pas montée au point d'exiger un contraste violent, surtout si Molière l'a voulue comique; et quant au procès, la scène V, 1 suffisait. Molière s'y est abandonné à son « génie »; il l'a faite peut-être dix fois; elle est de facture éminemment moliéresque: filée longuement, riche en jeux de scène et en répétitions, découpée en compartiments.

Du Bois est habillé, déguisé plutôt, en courrier — pour suivre son maître dans sa fuite — et chaussé des bottes que mentionne le 'Mémoire de décorations'. Molière lui a donné de la particule, qui n'était pas signe de noblesse à elle seule.

1414 Je ne trouve rien sur 'faire un sujet'.

1419 *Quel*, pour 'ce que', était fréquent après 'trouver' et 'voir' (Haase, 92, Rem. II; cf. *Andromaque*, 1085).

1423–24 Rimes mauvaises.

1425 *Aucun*, avec le sens de 'personne', s'employait dans les propositions négatives (Haase, 113, Rem. II).

1426 *En*, après 'réduire', s'employait plutôt que *à* (Haase, 359, qui cite notre vers, et *Mithridate*, 1096).

1427 *en naissant*: à votre naissance; se rapporte à 'vous'.
Rien est à la fin du vers, pour la rime, mais il a ainsi plus de force; cp. v. 1432.

1429 *sacrifice*: langue précieuse, comme 'joie' et 'gloire' (v. 1431): noter la sonorité triomphale de ces deux mots.

1° 1436–48 Deux jeux de scène: Du Bois hésite à parler, puis parle ou plutôt rabâche pour ne rien dire.

Noter: 1437 des mystères; il y en a deux. — 1438 le 'nous' classique du bon serviteur; 1441–46 cinq répétitions, inexpliquées.

2° (1449–70): *les deux visites reçues par Du Bois*

1449 Description traditionnelle.

1452 Il a donc essayé de le lire, en bon domestique.

1460 *doucement*: voir *Tartuffe*, V, 4. — C'est Du Bois (1461) qui se décerne ce certificat. Trait de condition.

3° (1471–fin). *Du Bois se fouille et se refouille*

Ce jeu de scène se trouve dans Quinault, *L'Amant indiscret* IV, 4 (1654; imp. 1664). Molière le lui doit-il? C'est possible; mais les farceurs ont dû l'exploiter maintefois.

1472 *j'aspire*: le mot est fort; Alceste est inquiet.

1480 Excuse d'Alceste pour revenir aussi tard, mais encore à temps.

La scène est agréable, mais conventionnelle.

ACTE V

SCÈNE PREMIÈRE

Cette scène nous ramène au premier acte. Alceste a maintenant deux griefs positifs contre la société: il a perdu son procès et est impliqué dans un « crime » imaginaire. Aussi sa véhemence va-t-elle croissant. Sa nouvelle diatribe, enflammée et amère, ne compte pas moins de 17 interjections. — On pourrait se demander à quelle date Molière a composé ce morceau; les pièces ne sont pas toujours composées dans l'ordre où on les lit.

1435 *figuré*: accoutré. Emploi unique en ce sens (Lex.). — *Monsieur* est ironique.

1448, 1467 *Ne* sans 'pas' était une survivance de l'ancien français (Haase, 261ss).

1453 *de* = sur; sc. qu'il s'agit.

1454 *Diable d'Enfer*: l'Académie donne l'expression.

1457 'Ensuite' est préposition (ensuite de quoi) et adverbe (nous ferons le reste ensuite) (Ac.). Nous dirions 'après'.

1470 *la*: article superflu, ajouté pour la scansion.

1471 *envelopper*: « fig. cacher, déguiser » (Ac.). Cf. v. 1162.

1473 *fait*: fini. — *au diable*: cf. v. 334.

1474 *qui*: ce qui. — 'Tenir' a quelquefois la même signification que ses composés (Ac.): retient.

1476 *embarras*: « confusion de plusieurs choses difficiles à débrouiller » (Ac.). On trouve 'démêler' une affaire, des détours, un tracas, des débats, une imposture, etc.

1478 *Ne* se supprimait souvent après 'empêcher' quand ce verbe était affirmatif et n'était pas à l'infinitif (Haase, 278, Rem. II.).

1479 *souffrir à*: construction par analogie avec « permettre » (Ac.). De même Corneille, *Pol.*, 579, et Pascal, *Prov.*, IX.

1484 *de ce que* . . . est le complément de 'détourner'.

1488 Vers quaternaire.

1. *Le procès et ses suites* (1481–1524)

Je rétablis dans ce morceau la ponctuation de Livet.

Quelques vers d'introduction (1481–84), quelques vers de conclusion (1521–24); entre eux l'âpre dénonciation du train du monde.

(*a*) 1481–99

1485 Alceste pose le principe, puis (1487ss) donne ses raisons, qui sont comme toujours personnelles et intéressées. Facture toute classique, maintefois constatée plus haut.

1487ss Alceste croit en son droit de toute sa force; ainsi font la plupart des plaideurs.

1488 *pudeur*: pudeur publique, respect de la justice et honte de l'injustice. Tous ces synonymes ne nous apprennent rien sur la nature du procès.

1489 *en tous lieux*: illusion de plaideur? Ou l'affaire a-t-elle fait tant de bruit? Il est curieux que le dénouement en coïncide avec le drame d'amour.

1492 Excellent vers, souvent cité.

1493–1500 Style singulièrement bariolé; mais Alceste ne recherche que l'expression énergique, flétrissante.

1495 *la bonne foi*: du public, qui croit à la justice de l'arrêt.

1499 *un arrêt*: qu'y a-t-il là d'étonnant? tout procès se termine par un arrêt. Mais le mot signifie aussi « saisie de la personne ou des biens » (Ac.). Est-ce là le sens? Le mot décisif semble être 'il fait': par brigue.

(*b*) 1500–1504 *Le libelle*

Même obscurité sur le 'livre' que sur le procès. Selon Grimarest, l'auteur d'une *Vie* de Molière hautement romancée, il s'agirait là d'un libelle que le parti dévot aurait fait courir sous le nom de Molière dans l'affaire de *Tartuffe*. On n'en a pas trouvé trace.

(*c*) *Le rôle d'Oronte* (1505–16)

Ces quelques vers importent à la scène suivante.

1489 *équité*: 'justice' vaudrait mieux; l'équité est une qualité des juges, de la loi. Et publie-t-on l'équité?

1490 *foi*: créance, assurance.

1495 *toute la bonne foi*: tous les gens de bonne foi.

1496 Excellente antithèse.

1498 *tourner*: la définition de Furetière, « corrompre la forme et la bonté ordinaire » n'explique pas la métaphore. Faut-il entendre 'tourner sens dessus dessous', en injustice (cf. *renverse*), ou «donner un tour à » (Ac.)?

1499 *couronner*: « mettre la dernière perfection à . . . Couronner sa vie par une généreuse mort » (Ac.). *Couronner un forfait*: alliance de mots. Cf. Racine, *Brit.* 190.

1499–1502 Sur cette anacoluthe, cf. v. 302. Le mouvement intérieur commande exactement le style.

1500 *l'on*: les juges? le public?

1502 *et de qui*: cf. 124 et 626. — *est même*: c'est à dire la lecture même, seule.

1503 Nous disons 'les dernières rigueurs'; tous les exemples de l'Académie sont au singulier.

1505 *murmure*: bruit sourd qui court de quelque affaire (Ac.); fait campagne sourdement.

Noter comme la phrase renaît perpétuellement d'elle-même sur le mot initial *et*. Cela marque la véhémence du crescendo.

1504 *fourbe*, *front*, *faire*, 3 *f* au début et sur les syllabes accentuées des mots; 1509–14: 4 rimes en *é*, soutenues par 2 rimes en *ère*: si c'est un hasard, il est heureux; l'harmonie aiguise, parfait la pensée.

(*d*) *Conclusion* (1517–24)
Ces vers parfont le *cadre* de la tirade; ils généralisent et nous ramènent à la philosophie d'Alceste.

1517 Et voici le 'Morbleu!' qui fait explosion à la fin de ces discours.

II. LA SITUATION VUE DE SANG-FROID (1525–54)

Philinte met les choses au point. Alceste ne veut rien entendre; il montre une fois de plus son entêtement, sa violence, son personnalisme intraitable.

1540 Ici éclate la déraison d'Alceste; les gens pratiques ont dû le trouver puéril, et rire de lui.

1544 S'imaginer que la postérité se souciera de son procès!

1547 Soit 100,000 francs or, au moins, d'avant 1914.

1549 Toujours ses généralisations. Et quelle conclusion: une immortelle haine! C'est de l'aberration.

1551 Il coupe la parole à Philinte et lui rejette à la face ses propres termes.

1553 *front*: mot désobligeant; *en face*: est-ce donc un sacrilège?

1509 Toute ardeur est empressée.

1510 *pensée*: nous dirions plutôt sentiment.

1511 *honnêteté*: probité, non politesse.

1512 Vers d'une concision intéressante et très bien fait: il l'aurait trahi (trompé) en ne lui disant pas la vérité, et par là il aurait trahi la vérité elle-même.

1516 *fût*: ce subjonctif après un verbe de supposition accompagné d'une négation était usuel. Cf. Haase, 195.

1519 *zèle vertueux*: expression insolite; on dit 'zèle pour la vertu, de vertu'.

1521 'Forger' commande ailleurs mensonge, dessein, amusement, ruse, menterie, bourdes, etc.

1523 'Humains': n'a guère d'usage que dans le style soutenu ou poétique (Ac.). Le mot suggère-t-il l'inhumanité qui fait ressembler les hommes aux loups?

1526 *tout*: cheville. On dit couramment 'le mal . . .'.

1529 *rapport*: « récit, témoignage »; au sens légal: « récit qu'un juge fait d'un procès devant d'autres juges » (Ac.).

1531 *tour*: « trait de subtilité . . ., d'habileté, ruse, finesse » (Ac.).

1532 *a permission*: de qui? Haase 334 cite ce vers. Cf. 174.

1535 *constant*: certain (Ac.). 'Conster' s'emploie encore en ce sens dans la langue juridique.

donné: Haase 334 interprète ce mot comme au v. 59. Faut-il comprendre 'donné trop (de foi) à'?

1538 *pouvez*: il le peut aussi du libelle. Cheville?

1546 C'est à dire 'mauvaiseté' — Rimes imparfaites; de même aux v. 1553–54.

1548 *pester*: quelle dissonance entre ce mot et les mots solennels qui le suivent!

M

1554 *les horreurs*: mot bien gros, et au pluriel, encore (pour la scansion). — *tout*: c'est beaucoup dire.

Il est évident qu'Alceste compromet une cause juste par ses exagérations. Dès qu'il enfourche son dada, il donne l'impression de n'être pas normal.

III. LA PHILOSOPHIE DE PHILINTE (1555–1576)

Philinte se dit d'accord avec Alceste sur le fond des choses. Mais, d'un pessimisme tout aussi radical, il tire (v. 1561) une leçon virile et sage. Il a tort, cependant, de se ranger parmi les apologistes du passé (laudatores temporis acti); si telle est la nature humaine, ce n'est pas d'aujourd'hui (v. 1557) que le monde va mal. On sait que la philosophie du progrès est postérieure à 1666.

Dans la forme, son discours est curieux; il tourne progressivement à la dissertation: 1559 est-ce une raison que; 1564 si; 1565 si; 1567 puisque; 1569 Et de même que . . .; avec ces derniers mots la phrase a l'air de s'en aller à vau l'eau. Alceste exaspéré lui coupe la parole et ne lui cache pas ce qu'il pense de ses 'raisonnements'.

Le flegme de Philinte semble pourtant l'avoir apaisé. Pour une fois clairvoyant, il tire la leçon qu'impose son humeur; il n'y a plus, entre lui et la fuite au désert — que Célimène. Préparation au dénouement.

IV. CONCLUSION (1577–fin)

1578–79 La question n'était donc pas réglée? (IV, 3, 1415ss). Mais maintenant il s'agit d'obtenir le consentement immédiat de Célimène au mariage.

1581ss Philinte propose de monter chez Éliante parce qu'il serait de trop dans la scène suivante. Alceste refuse de l'accompagner, parce que la scène resterait vide. En fait, elle le reste; la présence d'Alceste invisible dans un coin, ne sauve que par une fiction la loi de l'enchaînement. La raison de métier se dissimule donc imparfaitement sous la raison psychologique.

1584 Vers touchant, qui fait pardonner bien des choses à Alceste. La fin de la scène IV, 3 ne l'a donc ni convaincu ni apaisé.

1553 *me*: à moi, complément d'*excuser*. Cf. Haase, 352 C, qui cite ce vers.

1565 *dociles*: pour la rime? — Noter la coupe (moderne) du vers: 7 + 5 ou 4 + 8.

1567–68 *On* = nous; d'où, au v. suivant, '*nos* droits' (ce mot au pluriel, pour faire le vers). Tour assez dur. — *dans*: alors que nous sommes dans.

1572 L'Académie donne 'perdre, passer, tuer, couler, pousser *le* temps', mais dans des phrases toutes générales. 'Votre temps' n'aurait pas fait le vers.

1573 *Se retirer* « signifie aussi quitter le commerce du monde . . . Dans ce sens on dit quelquefois absolument parlant: il s'est tout à fait retiré » (Ac.).

1576 Opération difficile. — Nous dirions 'mettrais'. Mais on trouve 'jeter' un obstacle, des menaces, des vœux, des pleurs, un crime, des soupirs, etc. (Lex.; cf. Académie).

1577 L'Académie ne donne que 'sans discussion'.

1580 *faire foi*: cf. 1127. — *me*: datif d'intérêt.

1586 *obliger*: « signifie encore porter, exciter, engager » (Ac.).

1589 *de* = sur.

SCÈNE II

1. *Oronte somme Célimène de se décider*

Oronte met Célimène en demeure de congédier Alceste « dès ce jour »; or la journée tire à sa fin (1480); c'est donc une mise à la porte immédiate qu'il exige. Or il l'a déjà dénoncé aux Maréchaux et il a livré à Arsinoé un billet écrit pour lui-même. Ce mélange de férocité et de sournoiserie dépasse la comédie: il anticipe sur La Bruyère.

1587 *Oui*: la conversation continue: où a-t-elle commencé? — *c'est à vous*: il a donc déjà fait sa demande — *des nœuds si doux*: le mariage; mais il est curieux que le mot ne soit jamais prononcé dans la pièce.

1588 *m'attacher...*: il sent le prix de sa personne.

1589 *il me faut*; 1592 *vous ne devez point*; 1593 *après tout*; 1596 *enfin*: c'est une véritable sommation.

une pleine assurance: un oui ou un non, pas de finasserie; et (1593) une *preuve*: l'homme apparaît là entier, avec sa volonté froide, implacable.

1597 Célimène lui oppose son réflexe habituel de défense, élude la question, et en pose une elle-même, assez futile, et qu'elle sait telle.

1599 Oronte l'y ramène fermement, durement (il ne faut point; il s'agit; choisissez; ma résolution): c'est un ultimatum. De lui on ne se joue pas. Avec quelle fermeté, quelle sûreté de main il manie Célimène!

11. *Alceste intervient* (1603–fin)

1603–1608 Alceste ne fait que répéter Oronte, mais combien celui-ci a été plus net, plus sec!

1609 Ici commence entre lui et son rival une sorte de duo très amusant (cf. Introd., xxx). Leur entente contre la femme, leur courtoisie affectée et gourmée, irréprochable chez Oronte, quelque peu acrimonieuse chez Alceste (v. 1611, 1614, 1616) sont prises sur le vif.

1611 *jaloux...*: mots amenés par 'flamme importune' ou par la rime; l'hémistiche est dans *Don Garcie*, 1870.

1592 *Feindre*, « v. neutre, hésiter à... Ne s'emploie guère qu'avec la négative » (Ac.). Cf. Haase, 347, Rem. IV.

1596 *De* manque devant 'bannir'; légère irrégularité (cf. 795, 813).

1598 *à qui*: on attendrait 'que' — *vu parler*: de même Racine, *Bér.*, 1409: vu enseigner. Selon Andry de Boisregard (1689), 'voir' se dit quelquefois pour 'entendre' (je l'ai vu chanter, haranguer) et se rapporte à la personne qui parle, non à sa voix: « l'usage a autorisé ces façons de parler, et même elles ne choquent point la grammaire » (Lex.).

1599 De *falloir*, verbe actif, le Lexique ne cite qu'un exemple (*Fâcheux*, 322: 4 de 's'en falloir'). L'Académie donne seulement les locutions courantes: il lui faut un habit, que lui faut-il?

1604 *ici*: en cela. — *s'accorde à*, pour 'avec'; construction commune à plusieurs verbes (Haase, 45; 's'accorder' n'est pas dans sa liste).

1608 *expliquer votre cœur*: jargon. Cf. v. 1618.

1610 *Aucunement* signifiait 'en quoi que ce soit' ou 'nullement' et se construisait avec ou sans négation. Richelet et l'Académie n'admettent plus que le sens négatif (Haase, 112 B).

Fortune se disait de la bonne et de la mauvaise; d'où l'épithète. 'Bonne fortune' a aujourd'hui un tout autre sens.

1620 C'est ce dont Célimène est le plus incapable.

1623ss Le style trahit son embarras par son incohérence (1625, 26, 27, 33, 34). Livet (Éd., 157) note qu'à la représentation « Célimène s'applique à rester dans l'équivoque, en laissant croire à chacun, par son jeu, par ses regards, qu'il est le préféré ». Ce jeu, s'il ne remonte pas à Molière, ne s'impose pas; il est un peu voyant: les deux hommes regardent Célimène.

1625 Le sait-elle? Ni Oronte ni Alceste ne le savent.

1626 Qu'est-ce donc? Sa politesse, son bon cœur (v. 1631).

1630 *en face*; 1632 *en présence*: vaut-il mieux les dire derrière leur dos ou les écrire à leurs rivaux? (V, 4). Même Célimène a des naïvetés.

1635 *de plus doux témoins*: qui sont? Vers émollients.

Joli cours de casuistique précieuse. Comparer ce français contourné au français ailleurs si net de Célimène.

1637 Oronte reprend comme si elle n'avait rien dit; mais il est courtois. A son vers et demi Alceste en oppose huit et demi; 1638, il demande; 1639, il exige (adouci par 'j'ose'); 1643, il ordonne; 1643-44, il enferme Célimène dans un dilemme; 1644, il annonce une décision immédiate, irrévocable. Le contraste des deux langages est frappant.

1647 Oronte, sans se départir de sa politesse, appuie Alceste. Les deux rivaux s'unissent contre la femme.

1649 Célimène se dérobe encore.

SCÈNE III

Éliante arrive à point nommé pour tirer Célimène d'embarras; du moins celle-ci l'espère; mais elle est vite détrompée. Sa solitude s'accroît; l'heure de l'hallali approche. Cet acte, sauf la sc. 1, est l'acte de sa défaite et de son châtiment.

1611-12 'Rien' signifiait 'quelque chose' ou 'nulle chose'; dans les deux cas la négation 'pas' ou 'point' est de trop (Haase, 115, Rem. V). — Cf. *Femmes Savantes*, 483.

1615 Trois *e* qui se prononcent de suite. — *y*: à votre amour.

1619 *où* peut être un masculin ou un neutre. Cf. 73.

1620 'Trancher' (décider) s'employait absolument (Ac.). — *choisir de*: *de* partitif (Haase, 328, Rem. V.).

1623 Nous disons 'instances', au pluriel, ou 'insistance'.

1626 Cf. l'ironique 'entre les deux mon coeur balance' (hésite). Mais un cœur qui ne balance pas, puis qui n'est pas suspendu, c'est par trop filer la métaphore.

1629 *gêne*: « torture, tourments; son plus grand usage est au figuré» (Ac.). Cf. *Androm.*, 343.

1633 *lumière*: « éclaircissement, indice » (Ac.). — Ce galimatias précieux n'a d'excuse et de raison d'être que l'embarras de Célimène.

1634 (cf. 96) *rompre en visière*: dire sa pensée crûment. Le Lexique ne donne, sur 11 exemples, qu'un autre emploi absolu du mot.

1639 *éclat*: netteté aveuglante.

1644 *arrêt*: l'Académie n'en donne que le sens légal.

1645 *de ma part*: de moi-même, à moi seul. Cf. 269.

1646 Ce qu'il devrait se tenir pour dit, c'est le congé qu'il verra dans ce silence, et non, mal ou non, ce qu'il en pense. Cp. 1668. — Ce couplet finit très bien sur le v. 1644; les deux suivants ont pu être ajoutés pour l'alternance des rimes.

1649 *caprice*: fantaisie . . . (Ac.) déraisonnable.

Dramatiquement, cette scène inattendue a pour objet d'assurer la présence indispensable d'Éliante au dénouement, et aussi d'étoffer quelque peu son rôle. Moralement, elle donne à Célimène une leçon méritée (v. 1662). Philosophiquement, elle la ramène au sens et à la portée de la pièce.

1653ss Célimène résume exactement la scène précédente. Seul le v. 1559 apporte du nouveau. Elle y invoque la grande loi du monde: cela se fait ou ne se fait pas.

1660–62 Éliante, avec sa droiture et sa netteté coutumières, lui donne tort. Les v. 1662 et 1668 sont excellents.

1663ss Encouragés par ce renfort, Oronte et Alceste repartent à l'assaut avec une vigueur nouvelle (il faut, il faut; il ne faut que; je ne veux que). Même forme de dialogue que plus haut. Et Alceste y a encore un mot déplaisant: 'détours' (v. 1064). — Noter les 4 rimes en *é*; voulues ou non, leur sonorité aiguë semble en harmonie avec l'ardeur de l'attaque.

SCÈNE IV

Cette scène résout le conflit de la scène III en un conflit plus large; elle tire momentanément Célimène d'embarras, mais pour lui infliger des mortifications plus cuisantes.

Les marquis, donnant suite à leur pacte (v. 840), se sont montré et ont échangé les billets qu'ils ont reçus de Célimène: ils accourent à la curée.

En route, ils ont « trouvé », c'est à dire racolé(?) Arsinoé et l'amènent; il leur faut un témoin, un public, ils organisent leur petit guet-apens.

Arsinoé les accompagne avec enthousiasme. Au plaisir de voir sa rivale humiliée, elle joint l'espoir de pêcher un mari, Alceste, en eau trouble. En outre, et surtout, elle ne peut pas, au point de vue technique, n'avoir fait qu'une apparition à l'acte III et disparaître.

Tout cela sent un peu la hâte et les arrangements de théâtre.

Célimène est prise au piège. Mais l'acharnement de ses adversaires lui ramène en quelque mesure la sympathie. Ils n'ont pas ombre de sentiment, rien que de la vanité blessée, et on peut trouver que le châtiment passe la faute, qui est en somme vénielle. Le rire, mêlé de malignité, dépend de la disposition du spectateur.

1653 *y*: à me persécuter. — 1661 *y* (= à moi) renvoyait couramment à un mot masculin ou féminin (Haase, 26, II). Vaugelas 94 observe que cet emploi est « une faute toute commune parmi nos courtisans ». L'Académie l'approuve en 1704.

1661 *adresser* n'est pas dans la liste des verbes réfléchis dont on omettait le pronom régime 'se' (Haase, 149ss). — L'Académie donne un 'adresser' neutre qui signifie « toucher droit où l'on vise. Vous n'avez pas bien adressé ». Mais il ne se construit pas avec être.

1665 *lâcher la balance*: pencher d'un côté ou de l'autre. Dans les balances à fléau, on tient souvent l'aiguille au zéro entre deux doigts pendant qu'on charge le plateau et on la lâche pour peser. Est-ce de là que vient cette expression? L'Académie ne la donne pas.

1666 *à*: par analogie avec 'continuer'. L'Académie donne l'emploi neutre du verbe.

1672 *dans, à*; l'Académie donne les deux constructions.

1677 *du fond*, seulement, de son âme.

I. LES BILLETS DE CÉLIMÈNE (1669–1732)

1° *Entrée en matière* (1669–1682)

1669 *tous deux*: Acaste débarque Arsinoé (qui n'a rien à voir dans l'affaire des billets). A une courtoisie ironique, affectée (sans vous déplaire), il mêle du dédain et de la hauteur: le personnage se soutient finement. Clitandre aussi: il est plat.

1671 A-propos truqué par l'auteur.

1673 Arsinoé en est réduite à se présenter elle-même; elle a lieu de s'excuser en effet, après la sc. III, 4.

1675 *trouver*: « rencontrer quelqu'un ..., qu'on le cherche ou non » (Ac.) La fin du vers semble recommander le second sens. — *se sont plaints à moi*: à quel titre?

1676ss *mon cœur*: nous retrouvons la prude, à 544 vers de distance, avec sa phraséologie, ses gros mots, ses insinuations venimeuses, son patelinage. D'acte en acte, Molière se remet 'dans la peau' de ses personnages avec une souplesse merveilleuse; ou plutôt ils vivent en lui.

1681 *j'ai bien voulu*: c'est une grâce qu'elle lui fait.

2° *Les billets* (1683–98)

1685–87ss Vers curieux. Les marquis procèdent comme des magistrats; ils font reconnaître à la coupable et vérifier par les intéressés l'authenticité des pièces. Confusion ou dédain, Célimène ne répond et ne répondra pas.

1690 *assez*: litote ironique.

    (11) *sans nulle vanité*: Cp. son propre portrait, 781ss.
    (14) *l'homme aux rubans verts*: Alceste. Cf. p. 69.
    (19) *Voici votre paquet*: à Oronte.
    (22) *ses vers*: cela pique Oronte à l'endroit sensible.
    (27) Clitandre lit le billet d'Acaste.

Ce portrait est le plus mordant de tous.

Tout ce petit débinage n'est pas bien méchant et il n'y a pas lieu de le prendre au tragique; il est même comique que les marquis colportent eux-mêmes dans le monde l'opinion qu'on a d'eux; ils n'auront pas tous les rieurs de leur côté. Mais ils sont vaniteux et jaloux. Il reste au passif de Célimène qu'elle égratigne dans ses billets les gens à qui elle fait bon visage.

1679 *mes yeux*: ce sont eux qui opèrent; mais c'est son esprit qui a démenti; l'écriture n'est pas niable. — *démentir*: 'contredire' (Ac.). Cf. *Andromaque*, 1548. — *témoins*: cf. 1288.

1680 *discords*: « Discorde. Il n'a d'usage qu'en vers et ne se met guère qu'au pluriel » (Ac.). Déjà Vaugelas 496 avait déclaré que le mot ne vaut rien en prose, mais est bon en vers (la suite de son article est moins affirmative).

1681 « Tenir, faire compagnie » (Ac.). 'Tenir' subsiste.

1688 *civilité*: honnêteté, courtoisie (Ac.). On dit toujours 'la civilité puérile et honnête'.

1689 *main*: écriture (Ac.). On dit toujours 'avoir une belle main'.

1690 *de le lire*: qu'on le lise, d'être lu (Haase, 206–7).

Le billet de Clitandre

    (1) *de* marque la cause.
    (2) *que je n'ai*: cf. 1056.

1692 *cela*: méprisant. — Comment cela s'appelle-t-il?
1697 *petits*: il n'avale pas le mot. Son ton fiérot et pincé est très amusant.
1698 Les marquis sortent; ici commençait une scène V.
1700 *tout*: la correspondance allait donc bon train.
1702 Vers spirituel et mordant. C'est la vengeance d'Oronte.
1703 *trop dupe*: il s'accuse d'un manque de clairvoyance, remercie même
Célimène; le sentiment de sa valeur (1706) le met au dessus du procédé.
Il est plus dur dans sa dignité et son orgueil que les marquis dans leur colère
rentrée. Ce n'est pas lui qui irait publier cette petite mésaventure.

---

(5) *grand flandrin*: mot dérivé de Flandre; allusion à la haute taille
et à la démarche nonchalante des Flamands; grand corps mou, dégin-
gandé.
(8) *Revenir* se prend quelquefois pour 'plaire' (Ac.); l'expression
subsiste, mais elle est peu élégante.
(12) « *Donner la main* à quelqu'un: lui donner la main droite et le
lieu d'honneur en marchant » (Ac.).
(14) 'N'avoir que la cape' etc. se dit « fig. d'un cadet de bonne
maison, qui n'a point de bien » (Ac.).
(15) *à vous le dé*: à vous de jeter le dé, à vous le jeu, à votre tour.
L'Académie ne donne pas l'expression.
(17) *bourru*: « fantasque, bizarre, extravagant; esprit bourru, humeur
bourrue » (Ac.). Se dit d'une étoffe: rude, rèche.
(19) *Voici votre paquet*: expression familière, qui s'entend de soi.
L'Académie ne la donne pas.
(20) *veste*: « Espèce de camisole qui est ordinairement d'étoffe de
soie, qui va jusqu'à mi-cuisse avec des boutons le long du devant et une
poche de chaque côté » (Richelet). Quicherat (516) la mentionne pour
1670; Oronte devance la mode.
(20) *s'est jeté*: exagération précieuse.
(22) *sa prose*: sa conversation.
(22) *en*: dans la. Le Lexique donne de nombreux exemples de
'mettre en'. On dit 'se mettre dans la tête,' et 'se mettre martel en tête'.
(24) *Trouver à dire*: manquer (Furet.); « trouver qu'il manque quelque chose . . . Il se dit aussi des personnes, on vous a bien trouvé à dire
dans cette compagnie » (Ac.). Le Lexique en cite 8 autres exemples
(Montaigne, Chapelain, Bossuet, etc.). — 'A dire' traduit le latin 'dicen-
dum', dont il faut parler pour en regretter l'absence (Cayrou). Les expressions « il y aurait à dire, trouver à dire (ou plutôt redire) » sont restées,
avec le sens de 'critiquer'.
(28) « Faire le doucereux, c'est faire l'amoureux, le languissant auprès
d'une dame » (Furet.).
(32) *en* désigne Clitandre, ce semble.
1695 *De quoi* marque « aussi la matière, le moyen, le sujet: de quoi
manger, rire, fouetter un chat » (Ac.).
1700 Il ne l'a pas vu écrire, il n'a vu que les lettres écrites.
1701 Mauvais style précieux.
1704 *un bien*: 'faire du bien' (Ac.), 'faire le bien de' (Lex.): *un* particularise l'expression. — *me faisant*: en . . .
1705 'Profiter de' n'est pas donné par l'Académie; le Lexique ne cite
que notre vers; L.-M. renvoient à *G. Dandin*, I, 4: de quoi y ai-je profité? —
un: son coeur à lui (le 'bien' du v. 1704); cela est singulièrement dit.

1706 *Vous perdez*: lui même. Excellente concision.

1707–08 Il n'a pas oublié la scène du sonnet, ni les sc. V, 2, 3; sa flèr'
finale est pour Alceste.

1708 Il sort; ici commençait une scène VI.

3° *Arsinoé — Alceste* (1709–32)

1709 Arsinoé intervient dès qu'Alceste est mis en cause et manifeste
son indignation par un 'Certes . . .' scandalisé.

1710 *émouvoir*: bel emploi, par ce qu'il a de vague.

1711–12 Prose pure; condamnation sans ambages.

1714 *bonheur*: chance (imméritée).

1715 *idolâtrie*: culte excessif, mal placé.

1716ss Alceste n'est pas dupe; il lui coupe la parole, la rabroue brutale-
ment, et éprouve une fois de plus le besoin d'appeler les choses par leur
nom (payer).

1720 *zèle*: le mot est piquant, appliqué à Arsinoé.

1721–22 Il est presque grossier. — *pourrai*: simple futur, ou le mot a-t-il
toute sa force?

1723–26 Quatre rimes en *é*, dont l'harmonie s'assortit bien au ton dédaigneux et pincé d'Arsinoé. Les quatre rimes qui précèdent (*èle*, *é*) semblent
accidentelles; mais y a-t-il appel musical du premier groupe au second?

1723 Excellent emploi de *on*; il marque du dédain.

1724 *vous avoir*: expression crue et vulgaire, à dessein. De même 1727
rebut (cf. 834; nous disons 'les restes'), *marchandise*. Nous retrouvons Arsinoé
avec son aigreur recuite.

1730 *Moi*, par contre, sonne fièrement, mais le vers est prosaïque, presque
vulgaire.

1707 L'Académie ne donne que 'faire obstacle' (ce qui est le tour
actuel), 'mettre obstacle'. Une fois de plus Molière décompose l'expression.

1708 *conclure affaire*: était-ce une locution toute faite? L'Académie
ne la donne pas.

1710 *me* semble le complément des deux verbes: je me sens qui m'émeus.
'Émouvoir' n'est pas un verbe neutre.

1712 Molière décompose l'expression 'prendre part à'; mais on dit
aussi 'prendre beaucoup de part, une bonne part à.'

1716 *devait-il*: latinisme: aurait-il dû.

1717 «Vider des affaires, des procès, ses comptes, pour les terminer»
(Ac.). De là à 'intérêts', il n'y a pas loin.

1719 « On dit aussi embrasser, épouser, prendre la querelle de . . .
pour dire prendre le parti » (Ac.).

1724 *Tant*, pour 'si', est fréquent (Haase, 249). — *Empressé* se construisait avec *de* et *à*. Cp. 'se presser de'.

1726 Déjà Vaugelas 541 et 99–100 distingue entre *créance* (= confiance;
foi) et *croyance*, bien que les deux mots reviennent à peu près au même. Et
il faut les prononcer l'un et l'autre 'créance', « pour prononcer délicatement et à la mode de la Cour ». Contre son attente, la différence des ortho-
graphes s'est maintenue et a entraîné une différence dans la prononciation.

1729 « Le porter haut »: être altier, fier, audacieux; se prétendre de
grande qualité (Ac.), trop s'en croire. L'expression « est prise de l'équita-
tion; on dit d'un cheval qu'il porte haut quand il relève fièrement la tête
au lieu de s'encapuchonner » (Lex.; rapprocher sa tête du poitrail).

1732 Elle se retire: ici commençait une scène VII.

Arsinoé est donc vaincue, comme va l'être Célimène; la prude et la coquette sont renvoyées dos à dos par Molière. Mais l'une l'est à son corps défendant, l'autre le sera en somme par son choix.

II. ALCESTE ET CÉLIMÈNE (1733–1784)

1733 *je me suis tu*: je ne vous ai pas dit votre fait comme les autres. Ce silence est méritoire pour un homme de l'humeur d'Alceste; mais combien plus remarquable, celui de Célimène! Quoi! Pas un mot pour sa défense au cours de cette longue épreuve? Ni riposte ni contre-attaque? Ses accusateurs y prêtaient, cependant, et jamais, jusqu'ici, elle n'a manqué de présence d'esprit, d'audace, ni de mordant. Elle s'est défendue par le mépris (v. 1741): c'est la défense ordinaire de ceux qui n'en ont pas de meilleure, et elle en avait. Sans doute elle craint la vengeance d'Oronte, d'Acaste et de Clitandre, tous trois influents et bien en cour (v. 490–91, 542–48). Et Molière l'a voulue humiliée. Mais des raisons techniques ont dû aussi décider de son plan. La pièce s'allonge, il est temps d'en finir, et il faut que l'explication finale avec Alceste ressorte en plein relief, sans discussion antérieure qui en brouille le dessin. — Alceste s'est tu, mais il n'a pas pris la défense de Célimène.

1736 Il en demande la permission: cette modération lui fait honneur.

1736ss Célimène plaide coupable, sans réserve: *crime, raisonnable* (l'un des mots du siècle), *haïr, j'y consens*. La clé de son exceptionnelle humilité se trouve dans le mot *confuse* (1739), c'est à dire, étourdie, accablée. Et pourtant, n'entre-t-il pas quelque adresse, ne glisse-t-elle pas quelques réserves dans cette soumission, qui reste sa meilleure défense? 1737 *lorsque . . .*; 1744 *je dois*; 1745 *j'ai pu*; 1747 *Hé*: a-t-elle escompté, provoqué cette réaction? Mais c'est sans doute subtiliser.

1751–56 Ce ton de moralité détaché, contemplatif, très XVIIe siècle, est nouveau chez Alceste: il s'harmonise à ce qu'il y a de mélancolique dans cette fin de scène. Pourquoi faut-il qu'il revienne aussitôt à ses violences d'expression? C'était le moment de rentrer sa rudesse, en dépit de la loi de persistance des caractères.

1758 Dans son âme, mais non dans son langage.

1761 Il pose ses conditions; elles sont sévères et ne souffrent pas de délai.

1763 *désert*: le mot qui peut le plus épouvanter Célimène; *faire vœu*: terme solennel, de la langue religieuse.

1731 C'est à dire 'de soupirer encor'.

1747-48, 1751-52, 1759-60: rimes répétées; inadvertance.

1749 *avec ardeur* dépend de 'je veuille'.

1759 *me*: datif d'intérêt.

1761 Cp. Boileau, *Épitre au Roi*, 112: « Si mon cœur en ces vers ne parlait par ma main » (On lit dans *Le Triomphe de Pradon* (1684): «D'ordinaire le cœur parle par la bouche [ce qui n'est guère moins ridicule]; ici c'est par la main; cela a du moins la grâce de la nouveauté »). Benserade: « Je baise ici les mains à vos beaux yeux ». Et Massillon: «Tel est l'homme, o mon Dieu, entre les mains de ses seules lumières » (Livet, Éd., 159-160; G.É.).

1762 L'Académie donne « faire dessein », le Lexique en cite 5 exemples, dont un autre de Molière.

1766 *vos écrits*: ses billets.

1766 *Réparer*: comment? par la pénitence qu'elle s'infligerait à la manière des pécheresses qui allaient pleurer leurs fautes au désert? Il se fait des illusions; leur retraite et leur mariage n'arrêteraient pas les clabaudages, et lui-même récolterait la meilleure part des gorges chaudes.

1767 *éclat*: scandale. Mais est-ce seulement l'éclat qu'un noble cœur abhorre?

1768 *permis*: par qui, ou quoi? Sa dignité? Le monde? En ce cas, le voilà bien sensible à l'opinion d'un monde qu'il méprise et hait. Et il prend les choses bien au tragique. Le XVIIᵉ siècle en avait vu d'autres, jusque dans les sphères les plus hautes. — L'amour se commande-t-il ainsi? Cela s'accorde-t-il avec les v. 1747–50?

1769 *Moi*! recul instinctif, sursaut d'effroi et d'horreur: tout l'être de Célimène proteste contre cette solution héroïque. Et le sentiment est si naturel, si juste, qu'il lui ramène en quelque mesure la sympathie.

1770 *m'ensevelir*: on le dit aussi d'un couvent.

1772 Voilà le langage de l'amour. Il coupe toute échappatoire à Célimène. Elle essaie pourtant d'un accommodement.

1774 Vers exquis. Qu'on essaie de remplacer « âme » par « femme ».

1777ss Et voici l'accommodement: point de désert; le mariage, soit. Mais en quels termes elle y consent! Ils trahissent une si parfaite ignorance de cet absolu de l'amour si bellement exprimé encore au v. 1782, qu'Alceste est fixé. Leur 'amour' n'a été qu'un long malentendu; il portait en lui un vice congénital. Du moins, pour une fois, Célimène a été honnête; Alceste devrait lui en savoir gré; il se devrait à lui-même de lui exprimer ses regrets, de lui dire adieu; et le rideau tomberait sur ce mot (Voir *Bérénice*). Mais il ne serait pas Alceste s'il agissait ainsi. Et il retombe à ses rudesses coutumières.

1779 *Et l'hymen*: qu'allait ajouter Célimène? Ici, l'interruption est justifiée.

1784 Célimène se retire; ici commençait une scène VIII.

C'est le moment de s'interroger sur la nature et la qualité du sentiment qu'elle éprouve pour Alceste.

A en croire Éliante, elle ignorerait ce qui se passe dans son cœur; elle aimerait quelquefois sans le savoir, et parfois croirait aimer alors qu'il n'en est rien (v. 1179ss).

Je ne vois rien dans la pièce qui justifie cette interprétation, d'ailleurs très séduisante et très moderne, mais qui s'accorde si bien avec l'humeur moralisante d'Éliante qu'elle en devient suspecte. Dira-t-on que Célimène a vingt ans, et que ce n'est pas l'âge où l'on voit clair en soi-même? Pourquoi non? Pourquoi cette jeune femme, si habile à louvoyer entre ses adorateurs, si audacieuse et si décisive dans ses manœuvres, si volontaire, aurait-elle dans l'âme une telle dose d'inconscience? Elle a été mariée et n'a rien d'une ingénue.

Il ressort de toutes ses paroles, de tous ses actes, qu'elle n'aime pas, ce qui s'appelle *aimer*. Elle n'aime personne qu'elle-même; une mondaine, une

---

1771 Si, comme il est nécessaire, . . .

1773 On dit 'contenter ses désirs' (Ac.).

1776 *dessein*: résolution (Ac.). L'Académie ne donne pas 'prendre . . .'; le Lexique en cite 4 autres exemples, dont Racine, *Andr.*, 715: « le dessein en est pris ».

1778 « Serrer les noeuds de l'amitié », dit l'Académie.

1779 *détester* (du latin detestari): 'Réprouver, avoir en horreur. Détester ses péchés » (Ac.).

coquette de sa trempe est par définition incapable du sentiment absolu, de l'aliénation de soi et de l'absorption dans un autre qu'est l'amour. Où a-t-elle même un mot venu du cœur? Elle n'a pas de cœur. Un instant d'abandon? Elle calcule tout le temps. Une seule chose l'intéresse, sa réputation d'esprit, sa situation sociale; charmante, oui, aimable, non; et c'est son esprit sa grâce, sa médisance même qui lui attirent des admirateurs — provisoires —, dont aucun, par un juste retour, ne semble éprouver pour elle un sentiment bien vif. Les mots *cœur* et *âme* peuvent revenir cent vingt fois dans la pièce, ils ne sont, à de très rares exceptions près, que des chevilles ou du jargon précieux. Et en aucun temps l'ordre du cœur n'est la loi du monde, non plus que l'ordre de la charité.[1]

Si *Le Misanthrope* devance, par quelques nuances fugitives, la sentimentalité du XVIIIe siècle, il n'est à aucun degré une pièce sentimentale.

Célimène semble pourtant distinguer Alceste; elle lui a même dit qu'elle l'aime (v. 505, 1392; ne l'a-t-elle dit qu'à lui?). Mais qu'est-ce qui l'attire en lui? Son caractère bourru, le plaisir de dompter un ours mal léché? Rien ne l'indique. Sa naïveté, la faiblesse qui se dissimule sous ses airs grondeurs? Se flatte-t-elle de le mener mieux que les autres par le nez? Car ses autres soupirants ne sont pas gens faciles à manier. Mais observons que les rares paroles gracieuses qu'elle a pour lui sont toujours provoquées par lui, sont de sa part à elle des paroles de circonstance, des actes de défense, et qu'elle n'en prendrait pas l'initiative; il lui arrive même de l'humilier devant ses rivaux (v. 669ss). Elle le ménage, pour le garder; une coquette n'aime pas voir ses adorateurs déserter son salon, et la quitter.

Mais ces rivaux, que veulent-ils? Épouser Célimène? Il faut le croire, car ce n'est dit nulle part dans la pièce (sauf au v. 1587). Clitandre, Acaste, sont hors de jeu; Célimène les ménage, les craint (490ss, 542ss), mais ne voit en eux, au surplus, que des meubles pour son salon. Reste Oronte, le seul rival sérieux d'Alceste; encore la scène du sonnet a-t-elle peut-être précisé, hâté, enflammé ses intentions matrimoniales. Mais il n'est pas un homme avec qui on badine, et Célimène ne se soucie pas de se donner un maître. Sur Alceste lui-même, Molière n'a pas multiplié les précisions; nous ne savons rien de lui, sinon qu'il a du bien, ne vaut pas Oronte pour la noblesse (v. 433), méprise la Cour et refuse d'y paraître. Mais son caractère au moins est clair. Il est de ces hommes qui n'en finissent pas de grogner, et dont l'énergie s'évapore en grognements. Si Célimène avait été de taille à jouer le grand jeu, elle aurait accepté sa condition, l'aurait suivi au désert, et trois mois après l'aurait ramené triomphalement à Paris, toujours grognant.

On aimerait savoir quel souvenir elle a gardé du mariage et de son mari.

En somme, elle aime en Alceste l'amour qu'il a pour elle, qu'il est seul à avoir, elle l'« aime » de l'aimer. Un hommage de cette qualité flatte en général une femme. Mais elle aime encore mieux sa liberté. En fin de compte,

---

[1] Les mots 'cœur' et 'âme' ne sont guère du vocabulaire de Célimène. Sauf erreur, elle emploie l'un 8 fois, l'autre 4 fois. Et ce jargon spécial apparaît assez tard dans la pièce (v. 855, 923). Cela a peut-être du sens, Célimène usant assez largement par ailleurs du langage précieux.

1780 Nous disons 'à lui seul'.
1783 *sensible*: « qui se fait sentir » (Ac.).
1784 (et 1771) *fers, feux, flamme*: la trinité précieuse. Cette langue continue à sévir dans toute cette fin.

elle préfère à Alceste son indépendance et sa situation sociale, même diminuée. Il n'est pas sûr qu'elle ait jamais songé sérieusement à l'épouser.

Ils peuvent bénir le Ciel de ne pas se marier; ils se seraient rendus atrocement malheureux. Molière s'est montré bon géomètre des choses du cœur en ne les mariant pas; au dénouement, sinon ailleurs, il a aussi montré, pour l'un et pour l'autre, un généreux esprit de miséricorde.

Quant à son rôle, va-t-il dans le droit sens de la pièce? L'insincérité, avec son envers de médisance, subit en elle une défaite cuisante; sur la sincérité d'Alceste, elle remporte la victoire, et les deux personnages sont renvoyés dos à dos, pour des raisons contraires, l'un pratiquant ce que l'autre réprouve. C'est qu'ils pèchent l'un et l'autre par excès. Mais aussi le dénouement est purement de situation et d'intrigue. Il règle le sort des personnages, il ne prétend pas résoudre la question sociale et morale que pose la pièce. A cette question là, point de réponse, du moins absolue; quoi que disent et fassent quelques individus, le monde ira toujours son train.

III. LE DÉNOUEMENT (1785–1808)

1785 La pièce pourrait finir là; elle aurait fini là au XIXᵉ siècle. Mais il reste deux personnages, Philinte et Éliante, dont le sort n'est pas réglé. A vrai dire, on le prévoit facilement, et il ne nous importe guère. Molière, selon la doctrine du temps, a cru devoir fixer le point et terminer la comédie par un mariage.

Nous y gagnons du moins qu'Alceste finit en homme de sens, en noblesse et en beauté. Nous l'avons là tel qu'il est peut-être en soi, quand il vit hors du monde et qu'il n'est pas possédé par son démon.

Il renonce à épouser Éliante (cf. IV, 2), en termes d'une convenance parfaite, sauf un détail (v. 1793–94).

1797–98 Éliante, en somme, demande Philinte en mariage, mais en termes qui sauvent sa dignité; Philinte ne pouvait pas s'offrir devant Alceste.

1799 Noter la vivacité de Philinte.

1801 Alceste leur donne comme sa bénédiction, mais son vœu, comme tous les vœux, comporte une incertitude mélancolique. Cette fin approche du genre sentimental.

1807 Philinte a tort et raison de déconseiller la retraite à son ami. Alceste commence à se connaître (1791), son épreuve n'a pas été vaine; une cure de solitude et de réflexion lui fera du bien, — à moins qu'elle ne l'aigrisse définitivement, si ses souvenirs, son humeur, sa bile le jettent dans une misanthropie incurable.

1785–98 Étudier les rimes.

1795 *Et qu'enfin* . . .: Éliante interrompt-elle Alceste à cause du mot 'rebut'? — *suivre*: l'Académie donne 'suivre sa pensée, sa passion, son caprice' etc.

1796 Dernière désignation de l'organe. — *De* est normal; Molière emploie aussi *à*.

1797 C'est à dire 'sans que je m'inquiète'.

1808 'Rompre un (le) dessein' se lit dans Malherbe, Corneille, le Dictionnaire de l'Académie.

APPENDICE

(pour les vers 711-730)

TRADUCTIONS ET IMITATIONS

De Faret, *L'honnête homme* (1640), p. 142.

    Elle n'aura point de défaut qu'il ne déguise par quelque terme d'adoucissement; si elle a le teint noir, il dira qu'elle est brune, et que telle était la plus grande partie des beautés que l'Antiquité a admirées; si elle a les cheveux roux, il approuvera le goût des Italiens et des autres nations qui les aiment ainsi, et celui des poètes les plus délicats et les plus amoureux qui ne vantent jamais que les cheveux de cette couleur; si elle est trop maigre et trop petite, elle en sera d'autant plus droite et plus agile; le trop de graisse ne sera qu'embonpoint; l'excès en grandeur passera pour une taille de Reine et d'Amazone; et enfin, il couvrira chaque imperfection du nom de la perfection la plus voisine.

De Scarron, *Jodelet duelliste* (1652), I, 1.

A la Belle, je dis que ses plus grands appas
Sont ceux qui sont cachés et que l'oeil ne voit pas,
Que son esprit me plaît bien plus que son visage.
A la Laide, je tiens presque un même langage;
J'ajoute seulement qu'elle a je ne sais quoi
Qui fait que la voyant, je ne suis plus à moi.
Enfin également de toutes je me joue;
De ce qu'elles ont moins, c'est dont plus je les loue;
Aux Sottes, de l'esprit, aux Vieilles, de l'humeur;
Aux Jeunes, qu'avant l'âge elles ont l'esprit meur;
La Grasse se croit maigre, et la Maigre, charnue,
Aussitôt que de nous elles est entretenue.
Aux petites, je dis que leur corps est adroit;
Aux Grandes, que leur corps, quoiqu'en voûte, est bien droit;
A celle que je vois d'une taille bizarre,
Qu'ainsi le Ciel l'a faite afin d'être plus rare;
Aux Minces, qu'une Reine a moins de gravité;
Aux Grosses, qu'elles ont beaucoup d'agilité;
Aux Propres, que j'admire en eux la nonchalance:
Tout cela sans me faire aucune violence.

De Regnard, *La Coquette* (1690) II, 7.

Quand on la nomme un mal et doux et nécessaire,
C'est qu'on lui voit toujours quelque vertu pour plaire.
Si le Ciel ne l'a pas faite avec un beau corps,
Il aura sur l'esprit répandu ses trésors;
Si des biens de fortune elle n'est pas fournie,
Elle se fait un fonds de son économie;
La sotte d'ordinaire a l'esprit complaisant,
La folle quelquefois plaît par son enjouement;
Dans une femme, enfin, toujours quelque mérite
De ses petits défauts aisément nous raquitte.

                        In Livet, *Éd.*, 144-145.

(pour l'acte IV, Sc. 2, 3)

Le Misanthrope et *Don Garcie de Navarre*

Interlocuteurs: Don Garcie (G.), Don Alvar (A.), Done Elvire (E.)

Mis.	*Don Garcie*, IV, 6–7	*D.G.*
1217	G. Ah! sois un peu sensible à ma disgrâce extrême.	1777
1219	A. Qu'avez-vous vu, Seigneur, qui vous puisse émouvoir?	1230
	G. J'ai vu ce que mon âme a peine à concevoir,	
	Et le renversement de . . .	
	Ne m'étonnerait pas . . .	
	C'en est fait . . . le destin . . . Je ne saurais parler.	
	A. Seigneur, que votre esprit tâche à se rappeler	1235
1227	A. Mais, Seigneur, qui pourrait . . . — G. Ah! . . .	1238
1228	Vers identiques	
	Un homme, sans mourir te le puis- je bien dire?	1240
	Un homme dans les bras de l'infidèle Elvire!	1241
	Le sens et les mouvements des v. 1241–51 sont analogues, mais sans contact verbal.	
1277	G. La voici. Ma fureur, te peux-tu retenir?	1255

Don Garcie, IV, 8.

Elvire entre en scène, et la scène IV, 8 rejoint *Le Misanthrope*, v. 1281. Les v. 1277–80 n'ont de commun avec *Don Garcie*, 1256–59, que l'accumulation des questions.

1281–4	G. Vers identiques.	1260–63
	Puis les textes se séparent, avec un mouvement commun aux v. 1286–94: Ah! vraiment . . .	
1287	G. Rougissez maintenant . . .	1274
	Et le masque est levé de votre trahison.	1275
1289–1302	Vers identiques.	1276–89
1303	G. Et, son arrêt livrant mon espoir à la mort.	1290
1304–08	G. Vers identiques.	1291–95
1309	G. Non, non, n'espérez rien après . . .	1296
1310	G. Vers identiques.	1297
1311	G. Trahi de tous côtés, mis dans un triste état.	1298

La suite diffère dans les termes; le nombre des vers est le même de part et d'autre.

Don Garcie, II, 5

1315	E. O ciel! quel est ce mouvement?	550
1316–22	G. Vers identiques.	551–57
1323	G. Mais tous moyens de fuir vont lui être soustraits.	558
1324	G. Vers identiques.	559
1325–26	Sens analogue, termes différents	560–61
1327–28	E.G. Vers identiques.	562–63
1329	E. L'innocence à rougir n'est point accoutumée.	564
1331	G. Ce billet démenti pour n'avoir point de seing . . .	566

Mis.   *D.G.*

1332   E. Pourquoi le démentir puisqu'il est de ma main?   567
1365   E. Non, c'est pour un amant que ma main l'a formé   574
       Et, j'ajoute de plus, pour un amant aimé.

Don Garcie, IV, 8

1371   G. Juste ciel! jamais rien peut-il être inventé   1390
       Avec plus d'artifice et de déloyauté?
1381   G. Vers identiques.   1396
1382   G. Ingrate! vous servir . . .   1397
1383   . . . l'effort . . .   1398
1384   G. Vers identiques.   1399

Don Garcie, III, 1

1401–02   E. Vers identiques.   804–5
1403   E.   . . . en tout temps rigoureux   806
1404   Oppose un fort obstacle . . .   807
1405–06   E. Identiques.   808–9
1407   E.   . . . , alors qu'il ne croit pas   810
1408   E. Ce qu'on ne dit jamais . . .   811
1411   E. Laissez, je me veux mal d'une telle faiblesşe (II, 6)   729

Don Garcie, I, 3

1421   E. Quand vous saurez m'aimer comme il faut que
                 l'on aime   248
1422ss   Comparer ces vers avec les v. 217–22, 249–50 de *D.G.*
1429   G. Afin que de ce cœur le noble . . .   223
1430   Pût du Ciel envers vous réparer . . .   224
1431   Et votre sort tenir des mains de mon amour   225
1432   Tout ce qu'il doit au sang dont vous tenez le jour. 226

INDEX DES MOTS ET DES TOURS EXPLIQUÉS

(Les chiffres renvoient aux vers)